文化吉林

白城卷

弘揚長白山文化
打響吉林特色地域文化品牌

王儒林

　　吉林有文化，而且吉林文化有底蘊、有潛力、有特色、有希望。從前郭縣王府屯距今約一百萬年的石製工具到距今十六萬年的樺甸仙人洞和距今三萬年的榆樹人，從燕趙文化東進到漢武帝設四郡，從扶餘、高句麗、渤海文明的興衰更替到遼金、清朝問鼎中原，從抗日烽火、解放硝煙到新中國老工業基地的紅色記憶，從二人轉、吉劇、長影到吉林期刊、吉林歌舞和吉林電視劇現象，勤勞智慧、淳樸善良、勇於開拓的吉林人民在白山松水間創造出絢麗多彩的地域文化，成為中國文化版圖上一道獨特風景。

　　文化與山素來結緣，正如泰山之於魯，嵩山之於豫，黃山之於皖，長白山是吉林的象徵、吉林的品牌。吉林文化始終與長白山難捨難分、血脈相連，集中體現於長白山文化之中。長白山文化發源和根植於吉林沃土，是包容吉林各民族文化、蘊含吉林發展歷史、反映吉林人性格特質、凸顯吉林氣派的「大文化」；是中華民族「多元一體」文化的重要組成部分，源遠流長、博大精深，構成了吉林文化的骨骼和脊梁。在地域文化越來越受到人們關注、文化軟實力越來越成為衡量一個地區核心競爭力的重要指標的當今時代，大力弘揚作為吉林文化標誌性符號的長白山文化，把這份寶貴的文化資源保護好、挖掘好、利用好、開發好，對於打響吉林特色地域文化品牌，鑄造極具時代內涵的吉林精神，提升吉林文化軟實力，凝聚吉林改革發展正能量，無疑具有十分重要的現實意義。

近年來，我省大力推進以優秀吉林地域文化為主要內容的長白山文化建設，出臺了《長白山文化建設規劃綱要》，啟動實施了長白山文化建設工程，在長白山文化資源保護研究、挖掘整理、開發利用等方面做了大量工作，取得了顯著成績。我們要進一步加強長白山文化理論研究，豐富長白山文化內核和外延，進一步加強長白山文化遺產的發掘、保護和展示推介力度，擴大長白山文化的影響力，進一步加強對長白山文化內涵的拓展和提升，把長白山文化資源更好地轉化為文化產品、文化事業和文化產業，推動長白山文化建設躍上新臺階，推動吉林文化大發展大繁榮，為實現富民強省目標、中華民族偉大復興、中國夢做出貢獻。深入挖掘、研究、整理長白山歷史文化，既是一項宏大浩繁的系統工程，又是一項功在當代、利在千秋的基礎工程。希望有更多有識、有志之士投身長白山文化建設事業，讓這份寶貴的文化資源更好地服務於當代，惠澤於未來。

由省委宣傳部組織編撰的《長白山文化書庫》系列叢書，是長白山文化建設工程的重要標誌性成果。叢書從基礎研究、地方特色、主要藝術門類三部分，對長白山文化的歷史資源進行了全面細緻的挖掘和整理，堪稱長白山文化研究與普及的鴻篇巨製，不僅對研究和宣傳長白山文化大有裨益，而且對培育吉林文化品牌、樹立吉林文化形象也將產生積極的促進作用。在叢書即將付梓之際，謹表祝賀並向全體工作人員致以問候。

主編寄語

莊　嚴

　　長白奇迤蘊靈秀，松江悠長毓文傑。千百年來，雄渾壯美的白山松水賦予了肥沃豐饒的吉林大地以生機和活力，滋養了吉林人民勤勞睿智、堅韌進取、寬容開放的精神品格，積澱了多元融合、底蘊深厚、色彩斑斕的地域文化。這獨具魅力的吉林特色地域文化猶如一株馥郁芳香的花朵，在中華民族文化百花園中爭妍綻放。

　　文化是經濟發展之根，是社會發展之源。省委、省政府高度重視文化建設，制定出台了《長白山文化建設規劃綱要》，把吉林省歷史文化資源工程列入宣傳思想文化工作「六大工程」之一。省委宣傳部深入貫徹落實省委、省政府的要求，開展《長白山文化書庫》建設，啟動實施了《文化吉林》叢書編撰工作，將其作為全省宣傳思想文化工作的重要舉措，周密部署，精心組織，強力推進，取得了預期成果，為全省人民奉獻了一份珍貴的精神食糧。

　　《文化吉林》叢書是《長白山文化書庫》中全景展現特色地域文化的重要組成部分。年初以來，我省廣大宣傳文化工作者以對家鄉、對歷史、對文化事業的高度責任感和使命感，不畏繁難，勤勉執著，嚴謹認真，精益求精，在資料收集、遺產挖掘、書稿撰寫等方面付出了大量艱辛的努力，進行了許多開創性的探索和實踐，圓滿完成了這次編撰任務。叢書編撰秉承傳播和弘揚吉林文化的理念，梳理總結吉林文化資源，提煉昇華吉林文化精髓，激發增強吉林人的文化自覺、文化自信，使優秀文化更好地服務於吉林的發展振興。

《文化吉林》內涵豐富，圖文並茂，辭美情摯，引人入勝，是人們認識吉林、瞭解吉林、研究吉林的概覽長卷，是吉林文化走向全國，面向國際的真誠心聲。叢書真實勾勒了吉林文化歲月滄桑的歷史縱深，生動展現了吉林文化多姿多彩的時代律動，帶我們走進吉林地域文化演進的舞台，親身感受風雲激盪的文化事件，出類拔萃的文化人物，領略淵深源遠的文化景觀，妙趣橫生的文化傳說，體驗琳瑯紛呈的文化產品，淳樸濃郁的文化民俗。叢書將吉林文化的發展脈絡、現狀和未來，客觀詳盡地展現給廣大讀者，是一部能夠讀得進去、傳播開來、傳承下去的佳作精品。

　　鑒往以勵志，展卷當奮發。《文化吉林》這套融史料性、知識性、可讀性於一體的叢書，為我們進一步保護、研究、開發吉林地域特色文化提供了重要史料資源。作為後繼者，當代吉林人有責任、有義務肩負起將吉林文化充分融入社會主義核心價值觀，推動吉林文化發展進步的歷史使命，讓優秀傳統文化在繼承中創新，在創新中前行，在全國文化發展大格局中唱響吉林「聲音」，打造吉林文化品牌，樹立文化吉林形象。

第三章・文化名人

第四章・文化景址

第五章‧文化產品

第六章・文化風俗

第一章 ──

文化發展概述

　　盛世修文，文以載道。歷史在不斷地創造著文化，文化在不斷地書寫著歷史。無論從歷史還是從文化角度來欣賞吉林西部這顆璀璨而又聖潔的草原明珠──「查干浩特──白色之城」，都會給人帶來無與倫比的感慨、賞心悅目的愉悅、別具風情的享受和心嚮往之的衝動。

九曲洮河水、滔滔嫩江浪，沖積出橫亙億萬年的瀚海方圓。這裡的每一片草原，都刻著金戈鐵馬、叱吒長歌的往事；這裡的每一塊磚瓦，都留著不屈不撓、拓荒奮進的歷史；這裡的每一個面孔，都淌著奔放大氣、豪爽樂天的血脈。這是一首綿延千年的長歌，昭示著歷史的波瀾壯闊；這是一幅穿越時光的畫卷，彰顯著歲月的五彩斑斕；這是一本兼容並蓄的巨作，收藏著區域的艱辛開拓。白城文化屬於歷史，屬於現實，屬於世界，更屬於自己。在開放、交流、融合的大時代，期待能用截取的一幅幅篇章，在廣闊天地中展現出這方水土的與眾不同。

　　在東經 122°78'，北緯 44°82'，祖國「雄雞」版圖的眼部，鑲嵌著一顆絢麗的草原明珠──白城。

　　白城市位於吉林省西北部，嫩江平原西部，科爾沁草原東部。東南與吉林省松原市的前郭爾羅斯蒙古族自治縣、乾安縣接壤，南與吉林省松原市的長嶺縣毗鄰，西北與內蒙古自治區的科爾沁右翼中旗、突泉縣、科爾沁右翼前旗相

▲ 白城市新區廣場「飛黃騰達」雕塑

連，東北與黑龍江省泰來縣、杜爾伯特蒙古族自治縣、肇源縣隔江相望。自古就是農耕文化、游牧文化、漁獵文化交流、交鋒、交融的前沿，今天還有漢、蒙、滿、回、朝鮮、錫伯等三十個民族在這裡生存繁衍。獨特的區域特徵、豐富的文化構成、長久的歲月積澱，造就了白城文化的輝煌燦爛。

從白城的文化遺存看，現有遺址遺跡八百六十處，發現各類可移動文物四萬餘件，分布期自舊石器時代晚期前至解放戰爭時期，時間跨度漫長，代際演替鮮明，呈現出既厚重又現代、既延續又發展的總體特徵。按時間分布斷代，可以分為五個時期、五大類型。

▲ 通榆縣興隆山新石器時期遺址出土的陶人

第一個時期是文化萌芽期，主要構成為石器文化。從舊石器時期晚期到新石器時期，通過考古，在白城發現五種文化類型的文化遺存，即靶山文化類型遺存、富河文化類型遺址、左家山文化類型遺址、昂昂溪文化類型遺存、紅山文化類型遺址。一件件巧奪天工的石器、一個個美輪美奐的陶器，既昭示著白城文化的久遠，更為以後漫長歲月中的發展奠定了主基調。

第二個時期是文化起步期，主要構成為青銅文化。在距今四千至兩千年前的青銅器時期（相當於我國歷史上的夏商周至西漢時期），白城文化在嫩江流域呈現出集中式、跨越式的發展。在嫩江兩岸的大安市和鎮賚縣境內，共發現青銅時期遺址八十餘處。各式各樣的青銅祭器、兵器、飾品，把遠古先民的生活形態完整

▲ 契丹文銅鏡

地保留了下來，極具考古意義和研究價值。二〇〇〇年，最為集中、最為突出的大安月亮泡鎮漢書文化遺址被確定為國家重點文物保護單位，為東北地區青銅器時期文化研究提供了重要內容、形成了重要支撐。

　　第三個時期為文化塑形期，主要構成為游牧文化與漁獵文化。在距今兩千至一千年前後，即相當於我國歷史上的漢代至隋唐、遼金時期，在游牧民族走上歷史舞台、留下刀光劍影的時候，白城文化也隨之呈現出爆發式的發展態勢，形成了今天文化構成的主要特徵。

　　這個時間線中，首先繁榮的東胡、鮮卑、扶餘等游牧民族。東胡族主要活動在今天白城境內嫩江以西的通榆、洮南、洮北，嫩江以北的鎮賚，以及霍林河進入大安的部分區域，作為以游牧為生的民族，東胡人崇尚自然，崇拜日月、星辰、水、火等自然萬物，以熊、虎、鹿、狼等動物為圖騰，在宗教、文化、音樂、舞蹈、飲食、農業等方面，留下了屬於自己難以磨滅的獨特印記。扶餘族是我國東北古代三大族系之一的「濊貊」族的後裔，在中國典籍中，其名最早見於司馬遷《史記・貨殖列傳》：「燕北鄰烏丸、夫餘。」它是伴隨著扶餘國的建立才為中原所知的。扶餘族因為曾經立國，形成了較為完備的等級制度，其最高統治者是王，在王以下由馬加、牛加、豬加、狗加組成的最高的

權力機構。權力的集中造成了文化的興盛，扶餘以本族文化為本體，吸收中原文化、鄰族文化，形成了衣尚白、重錦飾、貴貂裘等服裝特徵，直接影響了後世游牧文化的衣著特色。鮮卑族與東胡、扶餘文化相承相融，更加注重對祖先的崇拜、更加信奉萬物有靈。在這個內核的牽動下，在祭拜天地、婚喪嫁娶、飲食起居等方面，形成獨特民風民俗，比如祭祀時以豐厚為榮、婚喪時以禮重為上、起居上以簡樸為宜、生活上逐水草而居，等等。特別是自鮮卑族起，民歌的藝術形式逐漸豐富，產生了牧歌、思鄉曲、敘事歌、戰歌等體裁。鮮卑族進入中原、統一北方後，這些民歌體裁融合中原文化後實現新的發展，形成了《敕勒歌》《木蘭辭》等不朽經典，為中華文化的構成、豐富和發展，做出了重要貢獻。鮮卑的游牧文化，雖經千年流逝，仍光彩熠熠。現今，白城境內仍存有大安漁場墓地、通榆縣甄匠鋪屯墓葬、塌了蓋屯北陶

▲ 西漢鴨嘴鼎

窯址等一批遺址遺跡，無聲地彰顯了那個時期的繁榮昌盛。

　　代之而起的是契丹、女真等民族。契丹族對漁獵文化特別鍾情，為白城文化注入了新的內涵。遼中晚期，遼聖宗耶律隆緒為加強對松花江以東的女真族和洮兒河以北室韋族的防禦和控制，在位於今天白城市洮北區德順鄉的城四家子古城，設置了節度使級政權機構——長春州，行使對這一區域的管轄。長春州建制後，白城因為水肥草美、雁飛魚躍，進入了遼代王公貴族的視野，逐漸成為當時極具盛名的漁獵之地。遼太平二年（1022 年）正月，遼聖宗耶律隆緒率文武百官和遼國最精銳的部隊鷹軍，首次來到位於今天白城市境內的納水

▲ 城四家子古城城內遺址發掘鳥瞰圖

（嫩江）、魚兒濼（月亮泡）和長春州（城四家子古城）進行捺缽，並就此把今天的白城一帶定為大遼國皇帝春季的捺缽之地。此後，遼興宗耶律宗真、遼道宗耶律洪基、天祚帝耶律延禧幾位遼國皇帝，在一百多年的時間裡，幾乎每年的春天都要到白城一帶進行捺缽。在遼代，捺缽雖是漁獵，但長達幾個月的捺缽期，國家的軍政大事都要在長春州辦理。長春州事實上成為遼中晚期皇帝行宮，這對白城文化的繁榮起到了巨大的推動作用。考古發現也印證了這一點，城四家子古城今天遺址尚存，其建築規模之大在區域僅見，發現文物之多在周邊罕有。以城四家子古城為中心，一百公里半徑內，還發現三百餘處遼代遺址以及大量文物，形成了一個非常集中、非常完整的考古斷

▲ 城四家子城址出土遼代大安八年文字瓦

代，足以證明白城在當時的區域文化地位。考古中發現的碑文、典章、官印，對遼代史學研究提供了重要支撐；特別是精美的玉器、銀器，凸顯了白城當時的繁榮。女真族從文化構成看，與契丹比較相似，以狩獵、農耕、畜牧為主要的生產生活方式。史載他們善捕貂，食其肉，有五穀、牛、馬、麻布，有馬不乘，但以為財產，多豬，亦善彎弓騎射。由於遼、金文化上的相似性，女真族滅遼建立金朝後，並沒有對

▲ 女真族文字

白城文化造成毀滅性打擊，反而進一步促進了白城文化特別是漁獵文化類型的發展。女真族繼續沿用了遼代長春州古城，改名為金泰州，並將內地的女真人相繼遷居此地，對白城這一區域進行了大規模的開發。金朝時的白城在遼代契丹人開發的基礎上，白城文化特別是漁獵文化又有了進一步的發展。第三次全國文物普查發現，白城境內有金代遺址三百餘處，出土了大量的生產工具和生活用具，充分證明了女真族深耕細耘、用心經營的歷史。

其後崛起的是蒙古族，對白城的控制直至近代。一二〇六年，成吉思汗在斡難河畔建立蒙古國。作為金的敵國，成吉思汗通過現在的白城地區，持續不斷地對金用兵，直至金滅國。據史學家考證，白城的地名也來源於這一時期。相傳當時成吉思汗兵分兵三路進攻金國，左路軍尤其二弟哈薩爾率領，進占了金泰州，即今天的城四家子古城。哈薩爾上萬大軍的營帳駐紮在這裡，連起來就像是一座白色的城市。所以蒙古人口口相傳，稱這裡為查干浩特，漢譯為白色的城，這就是今天白城地名的由來。蒙古滅金後，白城成為成吉思汗四弟斡

▲ 通榆縣興隆山出土的三枚元代官印

赤斤的封地。元朝時期,先後在城四家子古城設置了泰寧府、泰寧路,使城四家子古城在朝代更迭中,依然保持著區域中心城市的地位。朱元璋建立明朝以後,白城仍是北元勢力的重要活動區域,元遼陽行省丞相納哈出曾率部在這裡與明朝軍隊長期鏖戰,留下了許多遺址遺物。

綿延至明末,一六三六年三月,漠南蒙古科爾沁等十六部四十九個台吉們齊聚盛京瀋陽,一致承認皇太極為蒙古大汗的正統繼承者,是自己的君主。從此,漠南蒙古十六部歸附大清王朝。清王朝為了加強對蒙古各部的統轄,在蒙古部族中實行盟旗制的統治方式。今天白城的五個縣(市、區),分別屬於當時的科爾沁右翼中旗、科爾沁右翼前旗、科爾沁右翼後旗和扎賚特旗。蒙古控制白城期間,游牧文化重新上升為主流,並與遼金遺留下的漁獵文化交匯、融合,形成了獨具區域特徵的文化類型,並一直影響到今天。現在白城地區的許多文化風俗雖與蒙區相近,但都各有差異,這就是文化融合後的產物。比如,從民俗看,冰上捕魚、大雁放飛等風俗,都獨具區域特色;從美食看,與蒙區的全牛宴、全羊宴相比,白城還有自己的全魚宴、全豬宴等美食,極具地域特徵。因為這個原因,很多文化名人到白城,都感嘆「進瀚海大地、感千年歷史、看三省民俗」。

第四個階段是文化轉型期，主要構成是農耕文化。在蒙古族的控制下，白城長期是游牧漁獵之所。直到一九〇二年，鑒於沙俄對東北的窺伺，清政府實行「移民實邊」政策，開始在科爾沁右翼地區招墾放荒，大批來自山東、河北、遼南的移民湧入白城，開始墾荒種地，建立村屯。為了加強對遷入新區移民的管理，一九〇四年以後，清朝政府開始在今天的白城境內設置政權機構，先後設置了洮南府、靖安縣、開通縣、安廣縣、鎮東縣和大賚廳。一九一二年，「中華民國」成立後延續了清朝末期白城地區的建制。這段墾荒的歷史、農耕的歷史，極大地促進了農耕文化在白城的發展繁榮。特別是不同區域的移民湧入，把各地不同的民俗民風、民間文化都帶到了白城，形成了廣納兼具、體量獨特的文化特徵。

　　第五個階段是文化延展期，主要構成是紅色文化。白城作為中國共產黨在東北創建的最早的革命根據地，解放戰爭時期，中共遼吉省委、遼北省政府、遼吉軍區都曾駐紮在這裡，陶鑄、閻寶航、鄧華等老一輩革命家也都在這裡工作戰鬥過。獨特的革命鬥爭歷史，湧現出夏尚志、劉海明等一批革命英雄，為豪放粗獷的地域文化又增添了革命的亮色、鬥爭的蘊味。

　　夏尚志出生於吉林省鎮賚縣，一九四五年十月，帶兵到白城接收地方政

▲ 原「中共遼吉省委」辦公舊地

權。十月十七日，夏尚志在蘇聯紅軍的支援下收編了公安隊，解散了由日偽殘餘士紳成立的政務委員會，接收了洮安縣（今洮北區）；嗣後，他又帶人接收了大賚縣（今大安市）、鎮東縣（今鎮賚縣）等地，建立了黨的政權。在其後的土地改革運動中，他首先將自己家的所有田地、牲畜和浮財全部登記後分給貧苦農民，樹立了一個共產黨人的高尚形象。劉海明時任嫩江軍分區騎兵團團長，在解放洮安縣（今洮北區）過程中，面對敵人糾集的七個縣、號稱萬人的「光復軍」圍攻，奮力抵抗。激戰三天後，在寡不敵眾突圍過程中，為掩護戰友而不幸犧牲。為紀念革命烈士劉海明，當時的遼北省政府決定將洮安縣城的「回通路」改名為「海明路」，在白城城區裡留下了永久的革命記憶。這些鮮活的革命英雄、英勇的革命事蹟，為白城文化發展留下了新鮮的題材、可歌的群塑、濃重的筆墨，進一步增添了紅色文化的意蘊。

這五個時期、五大類型，標定了白城有別於其他地域、融匯融合的文化根脈和文化傳承。淵源有序的五大類型，從遠古一路走來，其間不知發生了多少石破天驚、烽煙滾滾、生死存亡、悲歡離合的故事。這些故事有的隨著朝代的更迭而長埋於地下，有的被載入史冊永久留存，更有的掛在百姓口頭流傳至今而「活靈活現」。

「回顧是為了傳承，傳承還需開拓」。新中國建立之後，白城文化明確了新的方向，注入新的血脈，也實現了新的發展。特別是改革開放以後、十七屆六中全會以來，文化建設更是不斷大步跨越，一派繁榮景象。

文化傳承實現新發展。為留住白城文化的根與本，形成白城特色、白城風格乃至白城氣派。以滋根養脈為核心，啟動了文化保護開發工程。發展方向上，明確了游牧文化、漁獵文化、農耕文化、紅色文化四大保護傳承類型，並在此基礎上挖掘了洮兒河文化、龍文化、鶴文化、濕地文化、軍事文化等子類型，構建了文化保護傳承的完整框架。在框架下，系統挖掘、梳理和申報區域內非物質文化遺產，共列入省級非遺二十項、市級非遺一百二十八項，留下了白城文化傳承的原生態風貌。基礎建設上，堅持走園區引領集聚之路，投資建

▲ 白城「文化產業一條街」

設一批投資大、影響遠、帶動力強的文化園區。以民風民俗、民間藝術產業化為切入點，建設了集旅遊一條街、美食一條街、娛樂影視城、文化活動廣場、文化產品批發中心於一體的文化產業園區；以書法藝術為切入點，建設了集碑林、展館、交流大廳於一體的通榆墨寶園文化園區；以鶴文化為切入點，集博物館、鶴園於一體，建設了向海、莫莫格兩個鶴文化產業園；以濕地文化為切入點，集濕地保護、濱水開發、民俗美食於一體，建設了嫩江灣濕地公園；以東北佛教文化為切入點，集寺廟、研究會於一體，建設了華嚴寺、香海寺。經過前仆後繼的努力，形成了「一區八園」的建設布局。目前，正在以軍事文化、歷史文化為切入點，籌建白城軍事文化產業園區、城四家子古城保護開發園區，屆時白城文化園區乃至文化傳承還將呈現一個新的面貌。在抓建設促傳承的同時，堅持不懈地在修繕保護上下功夫。對萬福麟故居、吳大帥府、天恩地局、德順雙塔等一批重點文物單位，克服重重困難，進行了大規模的修繕保護，保障了文化的根系不斷、血脈長傳。文藝創作上，堅持舊瓶新酒理念，對

原有文化進行再塑型、再提升、再延展，從歷史文化投眼，編輯了《白城文化之旅》《白城簡史》，集中對白城的歷史文化進行深刻詮釋，並以現代化視野進行重構和解讀；從軍事鬥爭投眼，正在籌拍電視劇《陶鑄在遼吉的歲月》《皇天后土》等，集中展現白城作為解放戰

▲ 白城首屆文學獎頒獎大會

爭重要根據地經過的血火歲月、昂揚的鬥爭精神；從濕地鶴鄉投眼，投拍了「田野」系列電視劇，其中《永遠的田野》曾在央視一套熱播。

　　文化建設實現新躍升。古老的白城疾行在現代化的征途上，文化是重要的先導力量。針對現代文化發展特徵，白城文管部門、文化人堅持以文藝創作和傳播為主線，以文藝協會和團體為紐帶，以點帶線、以線帶面，蹚出了一條大發展、大跨越的輝煌道路。以文聯為平台，先後探索組建了作家協會、書法家協會、美術家協會、音樂家協會、戲劇家協會、民間藝術家協會、舞蹈家協會、攝影家協會、詩詞楹聯學會、企業家文聯等十一個子協會。通過協會帶動，現已發展出三千八百餘人規模的文化創作者及愛好者隊伍，覆蓋文學創作、書法、音樂、美術、戲劇等藝術門類。以文廣新局為平台，先後組建了吉劇團、大眾劇場等單位，專業演出人員發展到三百餘人，演出隊伍發展到十七個，專業場館發展到八個，場館容量發展到六萬餘人，為文化傳播拓寬了渠道。以廣播電視台為平台，現有廣播電台四座、公共廣播節目五套、電視台五座、公共電視節目六套。全市有線電視用戶七萬九千多戶，廣播綜合覆蓋率百分之九十九點二五，電視綜合覆蓋率百分之九十九點九四。近年來白城廣播電視節目創優成果豐碩，獲獎作品檔次和質量明顯提升，二〇一〇年至二〇一四年，省級一等獎獲獎比例均在百分之三十以上。白城的廣播電視精品類節目已居全省前列，被稱之為「白城現象」。

白城市委、市政府在文化建設的過程中，既注重文藝的普及、傳播，也注重精品的雕琢、打造，更注重文化名家的培育、推介。由市委宣傳部先後設計推出「十評百佳」「五個一」「優秀文化品牌評選」「精品文化名錄」等一批平台載體，為白城文化的發展繁榮推出了一批精品、塑了一批品牌、樹起了一批標竿。舞蹈方面，自主創編的《寸子舞》應邀參加了全國「十藝節」展演，並獲得三個優秀獎；電視劇方面，《嫩江》《地下八千年》等多部紀錄片獲得省優秀紀錄片扶持項目，《永遠的田野》在央視一套播出，並獲得第十二屆中國精神文明建設「五個一工程」獎優秀電視劇獎，《我的土地我的家》獲得第二十九屆中國電視劇「飛天獎」長篇電視劇一等獎，《地下八千年》首次入選第二十七屆中國電視金鷹獎展播作品；舞台劇方面，《白沙灘》《良子》等在全省公演，創編國內唯一一部寓教類百集《中華好成語系列短劇》；文學藝術方面，詩詞界

▲ 白城廣電大廈

夏永奇獲得詩詞創作的基尼斯紀錄，任林舉創作的《糧道》獲得魯迅文學獎，張國慶、丁利、葛筱強分別榮獲吉林省委、省政府「第十一屆長白山文藝獎」個人成就獎、個人優秀作品獎。伴隨著名作佳作的產生，一批有開拓精神、德藝雙馨的文藝名家脫穎而出，音樂界的李剛、編劇界李永群、繪畫界的李玉龍、書法界曹伯銘等均在全國創出了良好的聲響；一批從群眾中培植出來的、迅速成長起來的「草根」明星大量湧現，京劇票友高長志走上央視綜合頻道春晚舞台，實現了央視春晚白城節目零的突破；老年舞蹈愛好者王穎婕帶領人均年齡近「花甲」的老年舞蹈團隊，應邀赴央視音樂頻道參賽，十七歲男孩王帥

自編「白鶴舞」亮相《星光大道》。群文活動方面，組織開展「歌舞鶴鄉·放飛夢想」群眾文化系列活動。二〇一三年，向國家文化部申報了「歌舞鶴鄉·放飛夢想」群眾文化系列活動示範項目並通過。該項目共設計「吉鶴迎春」「鶴鳴仲夏」「鶴舞金秋」和「冬臨鶴苑」四大系列，在兩年創建期內計劃組織開展一百五十場次系列活動。二〇一四年，示範項目順利通過了省文化廳的中期督導檢查，爭取二〇一六年順利通過國家的檢查驗收。「歌舞鶴鄉·放飛夢想」群眾文化系列活動有效地引領了全市群眾文化活動的開展，已成為國家級地方特色文化品牌。組織開展「快樂運動·幸福鶴鄉」群眾體育系列活動。二〇〇八年至二〇一四年，每年舉辦全市全民上冰雪活動、「小馬拉松」比賽、游泳比賽、職工乒乓球賽、青少年乒乓球賽、籃球賽、羽毛球賽、老年門球賽等全民健身系列活動，同時發展壯大各類群眾體育組織。全市每年舉辦各類全民健身活動和比賽一百三十多次，參與人數達到四十多萬人次。

▲ 「歌舞鶴鄉·放飛夢想」系列群眾文化活動

　　文化開發實現新突破。黨的十七屆六中全會後，白城市委、市政府把握時代脈搏，著重推進文化與改革並行、與經濟融合，在產業化開發上實現新的突破。針對現有的文化事業單位、國有文化企業，全力抓改革、提效益，通過重

組、剝離、招商等辦法，完成轉企改制，核銷事業編制一百二十一名，註冊成立白城吉劇團、白城市歌舞團、金鹿電影院等一批文化企業，推動了文化事業單位、國有文化企業進一步鬆開綁、放開腳、闖市場，為文藝事業發展注入了新的動力。突出現有文化亮點，在規模化開發、商業化運作上下功夫，推動「文化＋旅遊」「文化＋農業」「文化＋商貿」「文化＋電商」上下功夫，形成「文化＋」的產業發展格局。「文化＋旅遊」，著重是推動文化與旅遊相結合，對景區景點深挖文化淵源、發掘文化產品，以更深刻的文化內涵吸引遊客、提升效益。近年來，我們緊抓機遇，對全市旅遊資源進行重新整合（全市境內擁有國家 A 級景區十三個，其中 4A 級風景區四個）充分挖掘利用，提出以發展生態旅遊為主導，以「一線八點」精品旅遊線路為引領，立足「濕地鶴鄉、生態白城」整體形象定位，全力打造「濕地生態遊、民俗風情遊、軍事體驗遊」三大品牌，精心培育濕地生態、軍事體驗、民俗風情、草原風光、鄉村休閒、歷史文化六大系列旅遊產品，努力把白城建設成為東北地區重要的旅遊目的地和生態旅遊強市。同時，借鑑「串點成線、輻射帶面」的科學發展理念，以打造生態旅遊精品線路為契機，首次提出謀劃白城市旅遊產業「一線、八點、五區、五鎮」總體發展框架，即一條生態旅遊主線串聯八大重點生態旅遊區（嫩江灣國家濕地公園、月亮湖水利風景區、莫莫格生態旅遊度假區、查干浩特生態旅遊度假區、白城軍事文化產業園、城四家子古城──清代雙塔文化旅遊

▲ 國家4A級自然保護區向海美景

區、向海生態旅遊度假區、通榆墨寶園文化旅遊區），打造五大不同類型和功能的生態旅遊經濟區（東部水域風情旅遊經濟區、北部濕地生態旅遊經濟區、中部都市休閒旅遊經濟區、西部民俗風情旅遊經濟區、南部濕地文化旅遊經濟區），重點培育五個具有濃郁地域特色的生態旅遊小鎮（大安市的月亮泡鎮、鎮賚縣的莫莫格蒙古族鄉、查干浩特旅遊經濟開發區的嶺下鎮、通榆縣的向海蒙古族鄉、包拉溫都）的發展空間格局。現在白城已初步形成了以向海、莫莫格為核心的濕地生態風光遊；以查干浩特、姜家店草原為代表的草原風光、蒙古族民俗遊；以平台實驗基地和黑水靶場為依託，設計打造集展示、體驗、科普、愛國主義教育於一體的軍事體驗遊；以嫩江灣、哈爾淖及月亮湖等為載體的休閒度假遊；以洮南府、城四家子古城和漢書遺址為代表的人文歷史景觀遊；以哈爾淖、向海、月亮湖冬捕為載體的冰雪節慶遊，進一步推進了白城旅遊產品上水平、上檔次。文化＋農業（農副產品、手工製造等），主要是依託具有文化內涵的東北小米、東北三寶、柳編等，積極發展加工業，推出了「鶴鄉」「洮兒河」「洮河灣」等一系列冠以地域文化品牌綠色農副產品，產品深受市場歡迎，現已打入英、法、德、美、澳等市場。「文化＋商貿」，著重依託非特質文化遺產中的亮點，用信貸扶持、政策激勵、審批簡化等方式，推動商業化運作，湧現出老關東石雕、闖關東年畫、手工納繡、刺繡、蒙古族鑲嵌畫、剪紙等知名產品，在全國範圍占據了市場、形成了影響。全市現有風雷數字互動電視雲服務平台、鎮賚博藝柳編草編生產線項目、查干浩特旅遊經濟開發區紅色旅遊項目、大安市春光玻璃工藝製品改造項目、通榆縣專業網絡影院項目、通榆縣墨寶園續建項目等二十二個文化產業項目。二〇一〇年至二〇一四年，由市委宣傳部牽頭向上申請扶持的文化產業項目有十六個，到位扶持資金近五百萬元。「文化＋電商」，著重推動文化創意產業（電子商務業）發展，由市委宣傳部牽頭成立了文化創意產業協會，三十九家文化企業吸收其中，通過抱團打捆集中吸引資金、開發創意項目，構建了從政策到市場再到創意的閉合內環，推動文化創意產業蓬勃發展。以通榆墨寶園阿里巴巴雲商城、「村淘」

電子商城、中國郵政「郵購」電商（店鋪）一體站等平台，開拓發展線上、線下銷售模式。據統計，以「鶴文化」「嫩江文化」等冠名農產品共計四十九個，其中網售品牌三十一個，網售率達百分之六十三，銷售額逾七千萬元；其他多種文化產品也實現部

▲ 東北亞博覽會白城「鶴」文化綠色農副產品展區

分上線銷售，但體現出零、散、小，不規範、規模小的特點，現正在積極籌備整合，力求實現規模效益。預計二〇一五年中旬成立「文化產業電子園區」，完成打捆整合銷售。在現有「文化＋」的基礎上，我們正全力延伸內涵，謀劃啟動了白城文化綜合體項目、軍事文化產業園項目，推動文化建設進一步集群集聚，形成鏈條式發展格局。對這些文化企業、文化項目，不僅要扶上馬，更重送一程。在文化交流、文化推介中，特別注重緊抓文博會等平台，把企業、項目、產品作為重要內容，全力向外推介，在更大範圍內擴大白城文化產品的影響。二〇〇九年「向海舞鶴」成功入選「吉林八景」前三甲，二〇一〇年大安嫩江灣風景區被評為國家級濕地公園，大安農業科技示範場被評為國家級農業旅遊示範點，二〇一一年鎮賚縣被授予「白鶴之鄉」，二〇一二年白城市被中國詩詞楹聯協會命名為「楹聯文化城市」，二〇一二年大安市榮獲「中國休閒垂釣之鄉」，通榆被命名「中國丹頂鶴之鄉」。二〇一三年向海 4A 級旅遊景區被評為首批全國低碳旅遊示範區。二〇一四年，白城市向海國家級自然保護區榮膺省級生態旅遊示範區。以地域特點「鶴鄉」「洮河」等品牌命名的綠色農產品，二〇一〇年至二〇一三年，在東北亞博覽會簽約額年均過億元。二〇一〇年至二〇一四年間，白城文化產品正在加速向品牌化、標識化、市場化、產業化、集團化的方向迎頭並進、砥礪前行。據統計，截止到二〇一三年末，全市文化產業增加值達到六億七千萬元。

▲ 白城市文聯舉辦中韓攝影交流展

　　文化服務取得新成效。文化的源頭活水在群眾，市領導始終把親民惠民作為核心要務，一以貫之來抓。把握群眾的精神文化需求，推動公共文化服務提檔升級，形成貼近群眾、融入群眾、服務群眾的良好局面。堅持抓基礎、建網絡，著力推進公共文化設施建設，打造網格式的基礎設施建設布局。在市（縣）一級，著重推進群眾藝術館、圖書館、博物館「三館」建設，打造原點。現已累計建設建成群眾藝術館（文化館）六個，其中國家一級館一個、二級館兩個、三級館兩個；圖書館六個，其中國家二級館一個、三級館五個；博物館六個，其中國家二級館一個、三級館一個。在鄉鎮和街道一級，著重推進鄉鎮文化站、社區文化活動中心建設。現已累計建設七十四個鄉鎮綜合文化鎮、二十二個城市社區文化活動中心。在鄉村和社區一級，著重推進農村文化大院、文化書屋、基層文化共享工程服務站點和社區文化活動室建設，打造支點。九百一十八個農村文化大院，二十二個城市社區文化活動中心，九百一十八個農家書屋，九百一十八個文化信息資源共享工程基層站點，一百一十個城市社區文化活動室，均達到全覆蓋。全市還建有四百二十七個城鄉健身路徑，

預計在「十三五」期間達到全覆蓋。截至目前，白城人均擁有公共文化（體育）基礎設施面積達到了一點六平方米，市、縣、鄉、村四級公共文化服務體系網絡已基本形成。二○一四年至二○一五年，計劃在生態新區建設總面積為十二萬平方米的新文化體育中心，目前正在籌備當中，爭取在「十三五」期間建成，屆時全市公共文化服務基礎設施將基本達到國家級標準。全市公共文化服務設施網絡日趨完善，已成為文化傳播的主陣地、群眾文體活動開展的重要平台。通過三級網絡建設，形成統分結合、覆蓋廣泛的公共文化設施服務網絡，保障了公共文化服務的支撐條件。堅持建平台、搭載體，在常態化、機制化、平台化上下功夫，著力繁榮群眾文化活動，讓群眾時時處處有文化可看、有活動可參與。著眼走下去、請上來，依託群眾藝術館、圖書館、博物館「三館」建設，推出了文藝節目進社區進鄉村、文藝工作者進社區進鄉村、群眾文藝會演、世界讀書日、圖書進社區、農民書畫展、非遺作品系列展覽等載體，建立了文藝走基層的工作機制。強化國際文化藝術交流，二○○七年至二○一四年，舉辦「中韓國際攝影交流展」「亞細亞水彩畫聯盟畫展」等國際文化藝術交流活動十餘次。著眼基層困難群眾的文化需求，壯大文化志願者隊伍。二○一三年，成立文化志願者服務中心，各縣（市、區）成立分中心，並設立服務點。目前，填表登記的文化志願者已近三千人。強化文化人才培訓，依託省人才培養計劃、圖書管理員培訓工程、網絡培訓工程等組織各類各級培訓三萬餘場（次）。開展送戲、送電影、送書、送全家福照片「四下鄉」活動。據統計，二○一○年至今，累計送戲三千七百餘場（次），送電影八萬餘場（次），送書二十萬餘冊，送新春春聯、全家福照片一萬六千餘幅，保障了基層困難群眾的文化訴求，促進了文化公平。把握春節、元旦等節會，推出了新年音樂會、新年讀者茶話會及優秀讀者表彰會、迎新春書畫展、迎新年民風民俗講座、元宵節燈謎有獎競猜活動、元宵節秧歌會演、草原之夜、古城歡歌等常態化的節會文化活動。此外重點開展愛國「紅色」系列活動，以「十一國慶」「抗戰勝利」等契機，延伸出書畫（展）、攝影（展）、徵文、競賽、演講等系列

活動，保障了群眾在節會期間特殊文化、「紅色」文化服務需求。針對群眾文化的發展脈絡，推出了舞蹈大賽、青年歌手大賽、老年好聲音大賽、京劇名家名票戲迷大聯歡、京劇票友大賽、週末廣場音樂會等。以新媒體、手機報、優視網、白城之窗等網端、手機客戶端的新興媒體為平台，緊扣主旋律開展「微」系列活動，微心願、微徵文、微電影等。一系列兼顧「大眾」與「小眾」不同文化藝術訴求的群文活動，載體豐富、形式多樣，井噴式繁榮的文化活動有序開展，極大地豐富了群眾精神生活、滿足了群眾文化訴求，凝聚了群眾文化熱情，匯聚了共建白城文化、共建美好家園的廣泛合力。

多年來，尤其是「十二五」期間，在省委、省政府的正確領導下，白城市委、市政府帶領全市廣大幹部群眾，積極應對困難挑戰，堅持以推進改革創新為統攬，以提升發展質量和民生福祉為目標，以轉變政府職能和工作作風為保障，大力實施「三大戰略」，實現了國民經濟穩中求進、民生改善力度明顯增強、文化事業繁榮發展的良好格局。

▲ 白城城區新貌鳥瞰圖

第二章 ——

文化事件

舉大野長煙，奏歲月足音。一萬年前，當第一堆篝火燃出的第一縷炊煙從這「八荒極遠」的塞北曠野冉冉升起，這裡的先民便告別茹毛飲血的原始，邁出鏗鏘的腳步，從蠻荒向文明走來，創造和發展了燦爛的古代文化和充滿歷史光輝的現代文明……

白沙灘出土猛獁象化石

二〇〇五年九月二十八日，鎮賚縣白沙灘「引嫩入白」渠首泵站施工時，在施工現場距地表二十一米深處，發現了一具猛獁象牙頭骨化石和兩個門齒化石，一隻長為二點七米，另一隻長為二點四一米，頭骨中保留有猛獁象臼齒化石。出土的猛獁象化石，現存放在鎮賚博物館。

猛獁象，學名真猛獁象，又名毛象，也稱長毛猛獁象。屬古脊椎動物，哺乳綱，長鼻目，真像科。猛獁是韃靼語「地下居住者」的意思，曾經是世界上最大的象。它身高體壯，有粗壯的腿，腳生四趾，頭特別大，在其嘴部長出一對彎曲的大門牙。一頭成熟的猛獁象，身長達五米，體高約三米，與亞洲象相近，無下門齒，上門齒一般長一點五米左右，向上、向外捲曲。臼齒由許多齒板組成，齒板排列緊密，約有三十片。體重可達六至八噸。它身上披著黑色的細密長毛，皮很厚，具有極厚的脂肪層，厚度可達九釐米。猛獁象的身體結構特點使其具有極強的禦寒能力。科學家認為，地球上的猛獁像是死於突如其來的冰期。由於死亡後屍體即遭凍結，故未來得及腐爛。又因千百年來在地穴中受到冰雪的保護掩埋，故能完整地被保存下來。在阿拉斯加和西伯利亞的凍土和冰層裡，曾不止一次發現這種動物冷凍的屍體。

▲ 猛獁象牙化石

猛獁象的家族具有很強的凝聚力，危險一旦臨近，象群立刻就會行動起來，形成一堵不可踰越的圍牆，齊心協力的象群即便面對最凶狠的捕食動物也毫不畏懼。

白城漢書文化

　　漢書遺址是中國考古會會長，時任吉林大學考古系主任張忠培教授於一九七四年六月率隊發掘出來的。根據出土文物和地質關係，確定了「漢書文化」。漢書文化也是東北地區青銅器時期考古的重要標誌。此後於二〇一一年又對漢書遺址進行了第二次發掘，出土的器物有骨器、角器、青銅器等。兩次出土的陶器堪稱吉林省西部最早的一座陶器陳列館。根據陶器的質地，其可分為夾砂灰褐陶、泥質褐陶、泥質黃褐陶、磨光紅衣陶。陶器質地堅硬、顏色純正，其器形有罐、壺、缽、杯、鬲、甕、台狀支座等。陶器均為手製，並採用了泥條盤築法，燒陶的火候較強，溫度可達攝氏一千度。

　　值得注意的是，漢書文化的陶器紋飾充分顯示了吉林西部白城古代先民的智慧，其繁縟的陶器紋飾凝聚著三千多年前的思維與創作。在陶器表面上刻有幾何紋、繩紋、附加紋、指甲紋、鋸齒紋、方格紋、劃紋、刻紋、弦紋、錐刺紋、仿樺樹皮紋，除此以外，還有獨具特色的人首柄陶罐等。

　　陶器上的各種紋飾告訴我們，這些陶器的作者不僅是手工匠人，而且是白城地區最早的最富想像力和創造力的藝術家。

　　從出土的生產工具看，主要是骨器、蚌器和石器。骨器中有磨製精美的骨魚鰾、骨矛、骨鏃、骨刀、骨匕、骨片、骨針、骨錐等，蚌器僅蚌刀、蚌鐮就有數十件之多，出土的青銅器中有銅釦、銅球、銅刀、銅針等。

漢代鮮卑金馬牌飾

一九八六年六月，白城市文管所在通榆縣的新華鄉桑樹村後桑屯徵集到了一件極為罕見的珍貴文物——金馬牌飾。

金馬牌飾，牌飾係範疇，正面凸出，背面凹進，長五點二釐米，高二點七釐米，重十四點三克。馬呈俯臥狀，頭垂尾翹，雙膝盤曲，兩足相交，造型精美別緻，栩栩如生，熠熠發光。經檢驗含金量百分之九十以上。其不僅充分展示了古代精湛的工藝和鮮明的民族特色，更是對當時鮮卑族「其富以馬，其強以兵」族諺的最好印證。據有關專家初步鑑定，這件金馬牌飾似為漢代鮮卑貴族遺物，係稀世珍寶。金馬牌飾的出土對於研究鮮卑族在這個地區的歷史活動有著極其重要的價值。

▲ 金馬牌飾

遼皇帝的春捺缽與長春州行宮的設立

捺缽制度既是遼王朝與眾不同的一項特殊的治國理政方式，也是遼王朝與眾不同的一種特殊的歷史文化習俗。捺缽為契丹語，意思為皇帝的行宮。

由於契丹人所生活的北方節令溫差較大，因此他們祖祖輩輩都過著依水而漁獵、因時而遷徙的游牧生活。按契丹人的祖制，每個季節的重大畋獵活動都要有一個隆重的發端，而這個發端的最重要的標誌，就是首領率領的春、夏、秋、冬的四季「捺缽」。契丹人自西元九〇七年建國以後，就將「捺缽」作為一項重大政治制度固定下來。

眾所周知，古今中外的封建王朝中央集權所在地，一般都是相對固定的。而遼王朝則不然，整個中央權力機關並不常年居於首都上京（今內蒙古巴林左旗所轄林東鎮的南波羅古城），而是隨著季節、氣候的變化與獵物的生活習性，仍然像其祖先一樣，進行著名為「春水」「夏涼」「秋山」「坐冬」的捺缽活動四時遷徙，只是在每季捺缽的間歇時間回蹕上京。

遼聖宗耶律隆緒登基後，憑著其較高的文化素質和較強的政治能力，承前啟後，繼往開來，把遼帝國很快又帶入了一個強盛發展的輝煌時期。遼太平二

▲ 春捺缽活動圖

年（1022 年），耶律隆緒出於北拒室韋（遼當時稱之為達旦人或阻卜人）、東控女真的戰略考慮，重新調整了四時捺缽的行在：春捺缽行在定為長春州（今白城市洮北區所轄的德順蒙古族鄉城四家子古城），詔改其名為長春

州；夏捺缽行在定為永安山與拽剌山；秋捺缽行在定為慶州伏虎林（即今內蒙古巴林右旗所轄索博力嘎蘇木）；冬捺缽行在定為位於潢河與土拉河之間的廣平淀。

長春州政權機構設立後，使白城州邊有了節度使級政權建置。

遼朝中後期春捺缽地點一般都在魚兒濼（今月亮泡）、長春河（今洮兒河）一帶。這一帶地勢低窪，水泊較多，其中鴨子河濼（今洮兒河流經城四家子古城一段）則更為皇帝得意，是春捺缽活動的重要場所。

「鑿冰鉤魚」是春捺缽中最重要的活動之一。三月初開始，皇帝行營甫至，即立帳於冰上，鉤出的第一條大魚謂之「頭魚」，鉤者得大獎，舉行盛大的「頭魚宴」。

「捕鵝打雁」是另一重要活動。待冰解，鵝雁來，乃縱鷹鶻捕鵝雁。據《遼史・營衛志》載：「皇帝得頭鵝，薦朝，群臣各獻酒果，舉樂。更相酬酢。皆插鵝毛於首以為樂。」這就是「頭鵝宴」了。

「頭魚宴」和「頭鵝宴」過後，皇帝即駐蹕於長春州，或與群臣共商國是，或接待外來使節，或處理日常朝政事務，或與臣下騎射畋獵，或舉行歌舞表演等大型文娛活動，直至「春盡乃歸」。

自遼聖宗統和元年（983 年）至天祚保大二年（1122 年）歷經一百三十九年的時間裡，從史料中能查到記載的，遼皇帝於春捺缽中多次在長春州駐蹕，其中至混同江二十九次、魚兒濼二十三次、鴨子河濼十四次、長春河六次，長春州十三次，由此足見當時的長春州在遼歷史上的政治地位的重要性。當年遼王朝的帝王春捺缽盛典，在當時的政治、經濟、文化條件下，可以說絲毫不亞於當今時代各國領導人的閱兵大典。

▲ 捺缽圖

元、明、清時期相關文化事件

元代，白城一帶是成吉思汗幼弟斡赤斤的封地。先後隸遼陽行省泰寧府、泰寧路管轄。當地的統治者沿用遼金舊城，洮南的城四家子古城就是泰寧路治所，是斡赤斤家族的統治中心。途經白城的（西祥洲——吉答）驛道，在二龍山古城、新荒古城、城四家子城址、後少力古城、大烏蘭吐古城等地設有驛站。鎮賚縣的後少力古城址，是元代在城白城境內的一個重要城址，出土了綠釉龍紋瓦當、龍紋白瓷盤、吾剌毛洲站印等重要文物。

▲ 後少力古城出土文物：
元代屋脊獸「嘲風」

明朝時期白城一帶分別隸屬於奴兒干都司的泰寧衛和塔兒河衛管轄，為科爾沁蒙古的游牧之地。這一時期，白城一帶人煙稀少，洮北區大黑帝遺址，鎮賚縣張海西崗遺址、謝台廟遺址，通榆縣永發河遺址洮南市哈森查干東山遺址等十多處居住址散落白城大地。

清朝時期，漠南蒙古科爾沁部活躍在白城歷史舞台，白城一帶分屬於哲里木盟治下的旗管轄。王府、大小寺廟等六十餘處遺址散布各地，重要遺址有洮北

▲ 明代三彩罐

區蓮花圖廟遺址，遺址前建於清朝早期的雙塔依然聳立。位於洮南團結西街的德安禪寺香火依然興旺。開闢為博物館的札薩克圖郡王烏泰建立的王府（天恩地局），每天都有觀眾參觀。清末，清政府在這裡開府設治，先後設立洮南府、靖安縣、鎮東縣、大賚廳等機構，白城獲得了一個新的發展機遇，從此進入了一個新的發展時期。

九世班禪額爾德尼來白城

民國十六年（1927 年）的秋天，九世班禪額爾德尼前往葛根廟視察弘法時路過白城。九世班禪的全名叫羅桑圖丹‧曲吉尼瑪‧格勒南結貝桑布，簡稱曲吉尼瑪，他不但是深受藏民擁戴的宗教領袖，也是一個懷有愛國心的民族鬥士，在抗英鬥爭和抗日戰爭中都做出了卓越貢獻。正因為如此，曲吉尼瑪遭到追殺離藏逃亡多年，直到圓寂也未得以返藏。活佛在離藏期間，民國政府給予其極高的政治待遇和生活優惠，對其一應生活、起居、出行和諸如每一次到各地視察弘法，都提供了周密、穩妥的安排。

九世班禪這次來白城的整個過程除《白城地區志》和《洮南市志》記載外，還能憑當年參加接待的一名叫王六離的警察早期口述來瞭解大概的過程。

▲ 班禪來白城

下面就是王六離口述的原始記錄：

民國十六年秋天，我在洮安縣警察所任書記（謄寫），正逢西藏活佛班禪大師（九世班禪）去葛根廟「放經」路過白城子。

當時洮昂鐵路已通車，洮索鐵路正在測量。班禪活佛首先到了洮南，後由洮南坐汽車，由洮遼鎮守使張海鵬陪同，到了三十戶（地名），看了那裡的大廟，但停留時間很短。這時，跪接活佛的喇嘛和蒙古族人近千人。班禪只接見了「正座」，便重回穆家店上火車來到白城子。

當日，縣長組織縣公所內各科所職員和城內各界代表到火車站迎接。火車停穩之後，班禪活佛和一位蒙古王爺走出火車，班禪身穿青夾單袍，腰扎紅腰帶，頭戴一頂帽子。他左手扶著張海鵬的肩膀，右手搭著蒙古王爺的肩膀，白城車站站長在前邊領路，接著是洮安縣長。翻譯向迎接的人大聲介紹：「活佛叫班禪額爾德尼，你們要記著，叫班禪額爾德尼。」班禪活佛向大家頻頻點頭。

這時，站台上有一個蒙古老人，跪拜在班禪的面前，雙手舉著一盒約有一升的金銀，敬獻給活佛。聽著翻譯的介紹，班禪接過了金銀遞給隨從，並用手在老人頭上拍了三下表示祝福。當時這位老人高興得不得了，爬起來向人們敘述，訴說他雖然從政多年，當過旗長，攢下不少土地和牛馬羊群，也沒有像現在這樣滿足。這次得到班禪活佛的摩頂，才是他一生中最大的幸福。

班禪出站之後，其他的下車旅客才放行。外邊圍觀的人們，因為有警察和士兵隔著，誰也靠近不了。更有一些蒙古族人，雖然跪在地上，因有嚴密的警戒線，也不能靠前受班禪活佛摩頂。

車站附近早已停著專用汽車，班禪上了汽車，那位蒙古王爺、翻譯也上了汽車，直駛縣公署休息。這時天已黑下來了，迎接的人才在車站外解散。

班禪一行人只在縣公署休息一宿，第二天仍由專車護送到葛根廟。警察所長羅贊卿負責警衛，也隨車前往。

《勝利報》鼓舞人民走向勝利

一九四五年十一月，以陶鑄為書記的中共遼吉省委根據解放戰爭形勢需要，決定創辦省委機關報，並定名為《勝利報》。同時指派王明恆、張仲純、殷參、江濤、吳梅等人抓緊籌辦，力爭在一九四六年一月問世。

幾位文化菁英果然不辱使命，經過短短一個多月的緊張籌備，一九四六年元旦，伴隨著辭舊迎新的鐘聲和萬民賀歲的鞭炮聲，第一張由陶鑄同志親自題名、一聽起來就鼓舞人心的《勝利報》，在遼寧法庫縣正式創刊發行了。

一個月後，面對快速發展的革命形勢，省委經研究決定將《勝利報》與李富春領導、南滿分局主辦的《民主報》合併，仍稱為《勝利報》，暫在鄭家屯（今吉林省雙遼市）發行。並任命許力群為社長，蘭干亭為副社長。

當時的革命形勢發展很快，同年五月，伴隨著遼吉省委鏗鏘有力的北上腳步，該報亦隨遷至洮南縣，暫定址於四緯路。十月中旬，報社又轉遷至白城子（今白城市）城北原日偽警察宿舍內，後固定在海明大路蘇軍烈士紀念塔北側（今鶴塔北側銀行大樓）。

▲ 陶鑄塑像

《勝利報》作為我黨宣傳革命鬥爭理論和革命文化作品的前沿陣地，一經問世，就顯示出了幫助群眾認識革命，鼓舞群眾投身革命並團結起來共同奪取新民主主義革命勝利的巨大作用，同時也吸引了大批文化青年拿起筆來走上了新聞和文學之路。

陶鑄同志十分重視《勝利報》的辦報工作，不僅牢牢把握辦報的政治方向，還經常過問具體事宜，瞭解情況，

▲ 《勝利報》

解決困難。革命每到一個關鍵時期，陶鑄同志都會千方百計擠出時間親自撰稿，用以統一各界的思想認識。比如當土改工作取得一定階段性成果而很多同志認為萬事大吉時，陶鑄同志敏銳發現很多問題，並及時撰寫了《論新區群眾的發動，連繫過去一些問題》在《勝利報》上發表，有效推動了土改工作的健康發展。在建黨二十五週年和「七七事變」九週年即將到來之際，他又撰寫了《紀念七一、七七，克服新的民族危機》的重要文章在《勝利報》上發表，鼓舞人民跟定共產黨，提醒人民牢記民族恨。一九四七年，為鞏固解放區根據地，他又責成報社及時撰寫發表了《論堅持敵後游擊戰的思想認識問題》。為了活躍報紙版面，增強可讀性，在陶鑄同志的倡導下，《勝利報》後來還增加了副刊《老百姓》。

一九四八年十二月三十一日，在白城印刷完最後一份報紙後，隨著遼吉省委機關南下，《勝利報》於一九四九年元旦更名為《遼北新報》，先後在鄭家屯和四平印行。至同年八月，遼北與遼西兩省合併，《勝利報》又第二次實現「美麗的轉身」，以《遼西新報》的名字重新面世。

回眸歷史，《勝利報》自一九四六年元月創刊，至一九四八年底停刊，歷時三年，共發行七百二十期。而在白城期間共發行了五百四十三期，占發行總

量的百分之七十。在這三年時間裡，它作為當年的遼吉省委的機關報，冒著解放戰爭的烽火硝煙，緊跟新民主主義革命的偉大步伐，光榮完成了所肩負的歷史使命。看起來好像時間很短，但留給人民心中的美好記憶，是永遠也不會消失的。就在三十餘年後的一九八二年，報社原址因城市房屋改造被拆遷，拆毀時，正門一側牆壁上當年留下的「勝利報社」四個耀眼的大字雖然久經風雨剝蝕，但還依稀可辨。

▲陶鑄使用過的皮箱

「太平鼓舞」舞進京

一九五六年底，白城地區文教辦接到吉林省文化局《關於舉辦全省民間音樂舞蹈會演》的通知。為貫徹《通知》精神，要求各縣排練節目，然後由地區挑選並組隊參加省裡會演。

鎮賚縣文化館根據本縣民間音樂舞蹈的實際和特點，選定了由文化館幹部高文超作詞、秦連江配曲並編舞的傳統民間舞蹈——太平鼓舞《鎮賚是個好地方》，並組成八人舞蹈隊排練。一九五七年一月，經地區文化館審查後，將該節目納入地區「赴省演出節目計劃」。二月二十日，這個由八位農民組成的歌舞隊赴省城長春演出，受到與會領導和專家的一致好評，並直接入選為吉林省進京會演劇目。

為了進一步提高節目質量，省文化局建議對腳本進行精加工，調整了部分演員，還特意從總政文工團請來何建安等舞蹈演員，進行了專業性輔導。

一九五七年五月一日，由國家文化部主辦的「第二屆全國民間音樂舞蹈會演」在首都北京拉開帷幕。鎮賚縣農民業餘演出隊作為吉林省赴京會演團組成人員，於五月十五日這天在北京天橋劇場進行了首場演出，效果極佳。節目的錄音還被中央人民廣播電台選為對台灣廣播節目播出。演出的當天晚上，時任國家文化部副部長劉芝明及會演領導小組成員在天橋劇場接見了參加這次會演的吉林省、陝西省演出團的全體演員。

會演期間，《鎮賚是個好地方》又隨吉林省演出團分別到清華大學和勘測學院進行了演出。《人民日報》為此發表了專題文章，並刊發了劇照。

進京演出的演員都是農民，他們是：朱繼

▲ 太平鼓

民（男）、高秀（男）、姜傳福（男）、韓喜富（男）、王桂香（女）、楊淑蘭（女）、李桂珍（女）、王淑豔（女）。

太平鼓舞《鎮賚是個好地方》的歌詞及所配用曲調如下：

一輪明月放光芒，萬里江山好風光。
旁的地方咱不表，表表鎮賚我家鄉。
家鄉本是好地方，沃野千里泥土香。
出產大豆和苞米，盛產穀子和高粱。
甜菜長得質量好，吃上一口像白糖。
（此段用的是《小佛調》）

洮兒河水飛銀浪，嫩江環繞東北方。
農田灌溉水利化，江河魚蝦滋味香。
片片水塘生蘆葦，造紙原料遍地藏。
廣闊草原大牧場，數不盡的馬牛羊。
鎮南有個種羊場，規模宏大不尋常。
（此段用的是《游四營調》）

嫩江水面閃金光，社員捕魚日夜忙。
一網捕獲三萬斤，豐收漁歌唱家鄉。
農民生產勁頭大，競賽挑戰日夜忙。
為了國家現代化，年年多送愛國糧。
黨的英明領導下，幸福生活萬年長。
（此段用的是《闖四門調》）

▌二人轉《聽琴》進京匯報演出

　　一九四五年日本侵略者投降後，隨著遼北省政府在白城的設立，這裡也自然成了祖國東北的又一個文化中心。因此吸引了很多外地文化藝術界的菁英來到白城，其中就有馳譽東北三省的著名二人轉表演藝術家王尚仁。但那時的名演員多半都是在幾個城市之間跑場子，今天他來，明天我走，演出隊伍也不固定。

　　一直到十年後的一九五六年，白城才正式組建起了地方戲隊，並聘王尚仁為老師。自那時起，他的口傳身授，為「八百里瀚海」培養出了一大批青年演員。而在眾多的弟子中，金廷玉、楊紅最為突出，金廷玉扮丑，楊紅扮旦，這一丑一旦，表演起來珠聯璧合，相得益彰。金廷玉的嗓音高亢而又洪亮，唱起來滿宮滿調，素有銅喉鐵嗓之譽。而楊紅的嗓音則如金聲玉振，餘音繞梁，正與金廷玉完美結合，相輔相成。當時，金廷玉和楊紅搭檔演出過好多劇目，《聽琴》一折最讓觀眾百看不厭。一九五六年底，二人被文教辦領導拍板選定代表白城專區前往省城長春參加匯報演出，一炮打響，隨後《聽琴》被省領導確定為代表吉林省進京參加全國會演的劇目。

　　一九五七年三月，「全國民間藝術會演」在首都北京人民大會堂隆重開幕，好多中央領導蒞臨觀看，吉林代表隊的東北二人轉《聽琴》引來了經久不息的掌聲。整個演出結束後，金廷玉和楊紅還與全體演員一起得到了周恩來總理的親切接見。

▲ 二人轉表演

二十世紀五十年代至九十年代主要文化情況

二十世紀五十年代，白城境內文化生活日漸活躍。一九五八年，始建白城人民廣播電台。一九六〇年，始建吉劇團。一九六四年，《白城日報》創刊。

一九六六年，「文革」開始後，文化工作逐漸癱瘓。一九七〇年，恢復文藝表演團體，演唱「樣板戲」。

一九七八年後，文化生活復甦。一九七七年至一九八二年，白城電視台及縣（市）電視轉播台建成並開播。一九八五年，白城電視台衛星地面接收站建成。

一九八六年，境內有新華書店、圖書館、文藝創作機構各六個，群眾藝術館一個，文化館五個，博物館兩個，電影放映機構四百七十一個，廣播電台三座，廣播站兩座，電視台及電視轉播台六個。

一九九一年，長春至白城微波傳輸線路建成並交付使用。同年，國家文化部授予通榆縣「民間繪畫畫鄉」稱號。

一九九五年，白城市有文藝創作機構六個；文藝表演團隊七個，有演職員五百四十六人，其中，一級演員一人，二級演員十三人，三級演員一百四十五人；公共圖書館六個，藏書二十四萬九千冊。

一九八六年至一九九五年，在省級以上刊物發表的文藝作品有：小說三十二篇，其中，獲獎六篇；報告文學八篇，其中，獲獎四篇；評論、隨筆、雜文、特寫、散文五十八篇，其中，獲獎三十三篇；詩歌一首（獲獎）；美術作品（含展出）一千一百四十六幅，其中，獲獎一百九十六幅；書法作品（含展出）一百一十八幅，其中，獲獎二十三幅；攝影作品（含展出）一百零九幅，其中，獲獎三十三幅。出版小說十二部（集）；報告文學五部（集）；詩集一部；歌曲集一部；連環畫七冊；字帖兩部；年畫七十幅，其中，獲獎十四幅；民間故事（含《民間文學故事集成》）六集。在吉林省及東北三省劇目會演中獲獎劇目五十七個。拍攝電視劇八部，其中，獲獎三部。舞蹈作品十九件，其中，獲獎作品九件。

▌白城健將體壇奪金

二〇〇一年十月十日至十月十九日，是白城競技體育事業難忘的日子，市體委組隊參加了二〇〇一年北京國際馬拉松和全國九冬會比賽。在北京國際馬拉松比賽中，我市運動員梁娜獲女子五公里金牌。

二〇一二年一月三日至一月十二日，全國第十二屆冬季運動會在長春舉行，我市運動員參加了本屆冬運會速滑、短道速滑兩個項目的比賽，並由張起超獲得女子短道速滑一千米、三千米、個人全能三項冠軍。我市代表團獲賽會體育道德風尚獎。

▲ 張起超

二〇一四年九月，在南京舉辦的世界青奧會上，白城市通榆籍運動員徐志航代表中國勇奪男子四百米欄冠軍，為國家爭得榮譽，是白城市奧運會史上的第一塊金牌。

二〇一四年九月一日至九月五日，吉林省十七屆運動會在遼源市東豐縣舉辦，共有十二個市州級代表團參加。白城市代表團共參加田徑、舉重、摔跤、柔道、射擊、射箭、跆拳道、速度滑冰、短道速滑、拳擊、武術、游泳等十二個項目的比賽，獲金牌四十三枚，銀牌十七枚，銅牌二十枚，總分一三三五點三分，列全省金牌榜第七名，較上屆躍升兩位。田徑項目成績突出，賽會共設八十八枚金牌，白城市獲得十五金、五銀、五銅，金牌榜列全省第二名，總分列全省第三名。白城市代表團更獲體育道德風尚獎。

白城市首屆那達慕大會

　　白城市是個多民族聚居的地區，蒙古族人口占總人數的百分之五。那達慕是蒙古族傳統的娛樂活動，是集民族文藝、民族體於一體的文化盛事。在白城市，每年都不定期地興辦各具特色的那達慕活動。

　　二〇〇二年八月二十六日，市委、市政府在查干浩特旅遊經濟開發區舉辦了白城市首屆那達慕大會。全市五個縣（市、區）、白城經濟開發區、市直機關黨工委等七個代表團、八百多名運動員參賽。賽會設速度賽馬、搏克（蒙古族摔跤）、射箭、投布魯、拔河比賽、安代舞等項目。省委書記王云坤，省體育局局長劉保偉，有關廳局負責人，長春、四平、松原、遼源體育局負責人參加開幕式。此次那達慕大會盛況空前，不但比賽和表演項目很多，而且家住附近的農牧民也趁此機會把自家的農牧產品帶到現場出售，有力地提升了白城農牧產品在市場上的影響力。大會開幕式上還舉辦了《白城旅遊》一書首發式。白城市文聯組織部分書法家為到會各界群眾現場創作並贈送書法作品數百件，一些民間藝術家還把自己的藝術作品帶到現場進行展銷，大大活躍了那達慕大會的氣氛。首屆那達慕大會宣傳了白城，提高了白城的知名度，對白城經濟的發展、全市旅遊業的發展和全民健身活動的開展起到了推動作用。

▲ 那達慕大會

中國．白城《向海自然保護區》特種郵票首發式暨濕地鶴鄉文化旅遊節

　　向海自然保護區隸屬吉林省通榆縣，在吉林素有「東有長白、西有向海」之說，以其獨特秀美的塞外草原風光飲譽中外，一九八六年被國務院批准為國家級自然保護區，一九九二年列入「國際重要濕地名錄」，同年被國際野生生物基金會評為「具有國際意義的 A 級自然保護區」，一九九三年被納入生物圈保護區網絡（見本書第四章《向海自然保護區》一文）。向海是大自然的珍品，是鳥類的天堂，是科研、科普基地，也是旅遊觀光勝地。

　　為打造濕地向海生態名片，向世人展示向海保護區的整體風貌。二○○五年，由國家郵政局批准，著名畫家、書籍裝幀藝術家黃華強設計《向海自然保護區》特種郵票公開發行。動筆之前，黃華強專程來到向海體驗生活。向海濕地秀麗俊美的塞外自然風光——蒼莽遒勁的蒙古黃榆、空明澄澈的湖泊、蘆花飄蕩的葦塘，帶給了他無數的創作靈感。於是，他用清新明快的丙烯畫，以珍稀動物為焦點，生動地表現向海濕地的自然風光，完成了一套《向海自然保護區》特種郵票的設計。

▲　《向海自然保護區》特種郵票

二〇〇五年七月七日，中國·白城《向海自然保護區》特種郵票首發式暨濕地鶴鄉文化旅遊節新聞發布會在吉林省長白山賓館隆重舉行。為了進一步擴大宣傳效果，五天後，又在北京國際飯店舉行了中國·通榆向海《向海自然保護區》特種郵票首發式暨濕地鶴鄉文化旅遊節新聞發布會。新華社、人民日報、光明日

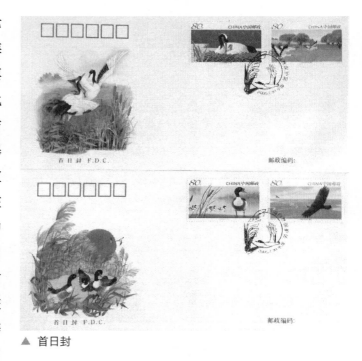

▲ 首日封

報、經濟日報、中央人民廣播電台、香港文匯報、香港大公報、吉林日報、吉林人民廣播電台、吉林電視台等近三十家媒體參加了新聞發布會，聲勢之大前所未有。

向海濕地的四季有著不同的特點，美麗而多彩。《向海自然保護區》特種郵票共一套四枚。四枚郵票分別用四種色調：黃與綠相間象徵著春天，藍天、白雲、綠草代表著夏天，天、地、樹一片金黃反映出了深秋的景色，而棕灰色調顯現一派初冬寒冷氣氛。四枚郵票的內容分別為：丹頂鶴與蒲草葦蕩結合，東方白鸛與沙丘榆樹做伴，翹鼻麻鴨與湖泊水域成組，金雕翱翔在草原上空。郵票既充分表現了向海保護區的四個典型地域特點，又展示了向海水禽的優美形象，表現了動植物和諧共處的寧靜之美。

郵票規格：50 毫米×30 毫米；齒孔度數：13×12.5 度；整張枚數：八枚；整張規格：192×146 毫米；版別：影寫；防偽方式：防偽紙張、防偽油

墨、螢光噴碼；設計者：黃華強；第三圖原照片攝影者：李連山；責任編輯：虞平；印製廠：北京郵票廠；出售辦法：由國家郵政局定於二〇〇五年七月三十日起，在全國各地郵局出售，出售期限六個月；志號：2005-15。

圖序	圖名	面值	發行量（版式一）
（4-1）T	珍禽	80 分	1200 萬枚
（4-2）T	榆林	80 分	1100 萬枚
（4-3）T	湖畔	80 分	1100 萬枚
（4-4）T	草原	80 分	1090 萬枚

中國‧鎮賚白鶴節

　　鎮賚是中國白鶴的重要遷徙地之一。每年都匯聚世界百分之九十以上的白鶴來此駐足。鎮賚境內的莫莫格國家級自然保護區內有鳥類十六目四十三科二百九十八種，大鴇、白鸛、白鶴、白枕鶴、丹頂鶴等屬國家一、二級保護珍禽的就有三十八種，其中尤以白鶴數量為最。二〇一〇年十一月，中國野生動物保護協會正式授予鎮賚縣為「中國白鶴之鄉」。

　　首屆「中國‧鎮賚白鶴節」從二〇一一年九月十日正式拉開帷幕，至十月末結束，歷時五十天。九月二十六日，鎮賚縣舉辦了首屆「中國‧鎮賚白鶴節——激情鶴鄉、魅力鎮賚」大型文藝演出。從此，「中國‧鎮賚白鶴節」成為鎮賚亮麗的城市名片，也是鎮賚縣向世界展示自我的新的形象定位。

　　二〇一一年九月以來，鎮賚已先後舉辦三屆「中國‧鎮賚白鶴節」，舉辦地為莫莫格濕地白鶴湖。

　　其中，第三屆「中國‧鎮賚白鶴節」從二〇一三年十月一日開始，持續到十二月三十一日。在此期間，鎮賚縣以提升白鶴文化品牌為主題，舉辦了濕地生態攝影大賽、濕地產品和綠色健康食品展、濕地保護論壇、濕地觀鶴考察等系列活動，並發放了十萬張生態旅遊消費優惠卡、拍攝了微電影、設立了「愛鶴日」、建立了中國白鶴之鄉濕地生態攝影基地，並開通了「中國白鶴之鄉網站」。幾年來，鎮賚縣通過充分發揮當地豐富的濕地生態資源優勢，用生態文明理念引領經濟社會發展，加強合作，擴大開放，把「中國‧鎮賚白鶴節」打造成了全民參與、舉縣同慶、促進人與自然協調發展的濕地生態文化特色品牌，有效拉動了區域經濟的發展。

▲ 鎮賚白鶴節

▌白城市「十評百佳」文化評選活動

為深入地挖掘和展示白城的歷史文化內涵，提煉、弘揚白城精神，打造地域文化標誌和文化形象，二〇一二年，白城市開展了「十評百佳」系列文化評選活動，這也是白城市撤地建市二十年以來最大規模的文化評選活動。

為使評選出來的典型立得住、叫得響，能真正樹得起品牌，打造成標竿，在活動開展過程中，組委會反覆推敲，嚴格評選流程，確定了活動開展五個階段的工作內容，分別是制定方案、宣傳發動、評選審議、命名表彰、宣傳推廣，同時建立了逐級評審制度，通過海選、初評、總評、公示等工作機制，使評選標準得以全面落實。在活動開展過程中，組委會一方面嚴格把握寬度與廣度，實現全覆蓋，不漏掉符合條件和標準的人或物；另一方面慎重推選、嚴格審查，強化評審標準，做到公正、公平、公開，同時抽調有威望、資歷深、學識高、讓人信服的專家學者組建了初評和終審委員會，確保程序公正合理，評

▲ 白城「十評百佳」文化評選活動

選符合大眾意願，收到應有效果。

整個評選工作自二〇一二年四月起，歷時近八個月，評選出了曹伯銘、段序學、張文學、張國慶等白城十佳文化名人，以及白城十佳道德模範、白城十佳社會志願者、白城十佳創業先鋒、白城十佳社科工作者、白城十佳旅遊景區、白城十大非物質文化遺產、白城十佳文化企業、白城十佳文藝作品、白城十大歷史遺跡。

十二月十二日，頒獎儀式隆重舉行，當選的瀚海文化菁英們在精彩的才藝表演和獲獎感言中亮相。

這次文化評選活動，深入挖掘了白城深厚的文化底蘊，從各個角度、各個層面對白城文化進行梳理、總結、詮釋、提升，激發了白城人民熱愛家鄉、建設家鄉的熱情，對增強白城文化的凝聚力、影響力和感染力，推動白城文化發展與繁榮起到了重要作用。

附：

1.白城十佳文化名人名單

曹伯銘、段序學、張文學、張國慶、李肇宏、高長志、朱偉、李東平、朱靜宜、李玉輝

2.白城十佳優秀文藝作品名單

夏永奇詞集《風雲人物》、呂作成攝影作品《激情的草原》、杜尚臣《書法作品》、王殿芳詩集《時空有痕》、富大華校園歌曲《青春部落》、李振亞年畫《信鴿》、李曉平電影劇本《道是無情》、孫思源歌曲《我的北方漢》、寧麗波電視片《杏花之約》、王長富水彩畫《生命拓展》

3.白城十佳道德模範名單

劉平、劉德彬、杜尚學、張玉山、於秋利、王樹安、王俊英、晏春華、張慶華（楊福民、賀明）、黃立軍

4.白城十佳社會志願者名單

張敬東、吳大義、張歡、萬平、袁丹、解光宇、張冬明、侯鋒、王繼鋒、李航

5.白城十佳創業先鋒名單

楊茂義、于偉、王琴、劉大成、鄭立春、王喜權、張志鋒、沈文娟、王文、胥國民

6.白城十佳社科工作者名單

宋德輝、張樹卿、酈文凱、曲殿彬、李洪海、牟榮康、趙強、劉豔華、孟繁華、汪穎

7.白城十佳旅遊景區名單

向海國家級自然保護區、莫莫格國家級自然保護區、查干浩特旅遊度假區、嫩江灣國家濕地公園、蒸汽機車陳列館、哈爾淖風景區、通榆墨寶園、興隆山黃榆風景區、月亮湖風景區、包拉溫都自然保護區

8.白城十大歷史遺跡名單

城四家子城址、漢書遺址、雙塔北崗遺址、吳俊生大帥府、後套木嘎遺址、遼吉省委遼北省政府舊址、侵華日軍第七飛行旅團機場遺址群、天恩地局、萬福麟宅邸、保安雙塔

9.白城十大非物質文化遺產名單

李銳士剪紙、李國祥石雕、闖關東年畫、姜淑豔布貼畫技藝、洮兒河釀酒技藝、梁海清烏力格爾、叢翠蓮手工縫繡畫、楊福才大餅、王岩剪紙、萬寶粉條加工工藝

10.白城十佳文化企業名單

吉林風雷網絡科技有限責任公司、吉林省新華書店集團白城市有限責任公司、鎮賚縣博藝柳編工藝製品有限責任公司、白城市電影發行放映有限公司、白城瀚藝文化產業有限公司、大安市美橋廣告有限責任公司、洮南市龍港包裝印刷有限公司、吉林省泰達旅行社有限公司、白城市民間藝術團、白城優視網

白城市創建「中國楹聯文化城市」

　　中國楹聯學會於二〇一二年八月三十一日命名白城市為「中國楹聯文化城市」，確立了白城市楹聯文化品牌，這是對中國楹聯文化傳承與保護的具體行動。楹聯文化源遠流長，從古至今一直是廣大人民群眾所喜聞樂見的文藝形式，人們不但喜歡讀、喜歡寫，而且喜歡津津樂道地去編、去對、去研究、去探討。正是這經久不衰的文化氛圍促進了白城楹聯文化的繁榮和發展。被中國楹聯學會命名為「中國楹聯文化城市」，更進一步展示了白城的楹聯文化發展潛力和對外影響力。白城的發展需要內部的凝聚力，更需要外部的支持幫助。「善借力者強，能用勢者勝」，命名白城市為「中國楹聯文化城市」，提高了白城的知名度、美譽度和關注度，便於白城市擴大對外交流，進一步改善投資環境，為招商引資提供良好環境。楹聯文化建設，對於進一步挖掘和整合白城的

▲ 「中國楹聯文化城市」授牌儀式

文化、教育和旅遊資源，提煉城市的人文精神、塑造城市靈魂，提高全體市民的榮譽感、歸屬感和凝聚力，引發全體市民創新、創業的激情，都是一種動力。

白城市的詩詞楹聯創作歷史較長，並有一支頗具實力的詩人隊伍，創作了大量的詩聯作品，在國內很多大賽中取得佳績。在楹聯創作上老、中、青、少各顯身手。

多年來，詩人們先後出版了《杏花詩雨》《丹鶴朝陽》《聖湖詩聯薈萃》《書香藍郡集韻》《碧野狂吟》《九天奔雷》《花紅原上》《詩路心語》《雲箋鶴語》《鶴唳行雲》等幾十部詩集，還在國內幾十種報刊發表了作品，充分體現了白城市楹聯創作的實力和熱情。

為了加強楹聯文化建設，不斷推出新人，白城師範學院、通榆九中、白城二中等成立了楹聯教育基地，市勞動公園建成了楹聯文化主題公園。這些舉措掀起了楹聯藝術創作熱潮，為建設中國楹聯文化城市打下了基礎，營造了氛圍，創造了條件。

舉辦第二十五屆亞細亞水彩畫聯盟畫展

　　二〇一四年九月十三日，第二十五屆亞細亞水彩畫聯盟畫展在白城市文化藝術活動中心隆重舉辦。亞洲近十個國家與地區的藝術家作品齊聚一堂，一百五十餘幅畫作展現在白城市人民面前，使人們盡情欣賞到了多國藝術家所創作的水彩畫的獨特意蘊。

　　該展覽已有三十多年歷史，是活躍在亞洲各國與地區的國際藝術展覽盛事。二〇一四年，畫展組委會將第二十五屆畫展舉辦權交給白城市。白城市政府集聚各方合力，終於使這屆萬眾矚目的國際畫展如期開幕。

　　來自馬來西亞、印尼、新加坡、泰國等國的藝術家帶來了表現亞熱帶風光的作品；韓國畫家作為該展事的積極參與者，將多幅風格趨向寫實的精湛水彩新作送來參展，給展會增色不少；來自下屆舉辦地日本的畫家也紛紛帶來流露

▲ 第二十五屆亞細亞水彩畫聯盟畫展開幕式

內在情愫的水彩佳作……這些作品百花齊放，風格各異，精彩紛呈。東道主中國是這次大展的「主力軍」，來自全國的水彩畫家，為畫展提供他們精心創作的佳品。香港、台灣的畫家用作品描繪家鄉的人文風采。天津是我國水彩畫的重鎮，這次畫展天津水彩作品數量多，質量高。吉林省的畫家，借地主之利，展現了他們多年勤奮創作的成果。吉林省水彩畫名家李振鏞、肖明、王長富等人的風景畫作是誦唱北國情蘊的頌歌。而一些正在就學的水彩畫新秀——東北師範大學美術學院的十餘位研究生，為畫展提供富有青春創意之作。此次水彩畫展，可謂老中青結合，以中青年為主體，預示著這個水彩畫國際展覽將後繼有人，前景輝煌。

亞細亞水彩畫聯盟畫展，活躍了國際文化藝術交流，並以此搭建平台和窗口，各國畫家結友誼、暢交流、熱切磋，形成國際文化交流一道亮麗的風景。

通榆榮獲「中國現代民間繪畫畫鄉」殊榮

　　從新中國成立到二十世紀七十年代初，通榆年畫曾風靡神州。一張《剪窗花》年畫就創下連續發行十年，單張發行量七億張的紀錄。同時，通榆還有多部年畫作品在國際、國內獲獎，並被國家級美術館收藏。二十世紀五十年代末到八十年代末，通榆年畫達到了發展的鼎盛期，產生了大量膾炙人口的作品。

　　由於獨特的地理位置，通榆年畫風格不僅受闖關東人帶來的齊魯文化的浸染，又受到科爾沁草原文化的影響。其文化價值、地位與作用可與關內的山東濰坊年畫、蘇州桃花塢年畫、天津楊柳青年畫齊名。通榆年畫作品多以耕種為創作題材，畫風豪爽粗獷，樸實自然，具有簡潔、質樸、鮮明、熱烈的藝術風格，凸顯出了特有的地域文化風情和民俗風情，呈現出豐富多彩的特色文化。

　　通榆縣素有「鶴鄉」之稱，丹頂鶴也是通榆向海地區的標誌性珍貴禽類，它在傳統文化中寓意著吉祥、長壽，深受人們喜愛。通榆的年畫創作者也經常把丹頂鶴作為創作素材：一九七六年，劉慶濤在上海美術出版社發行的《田頭陣地》；一九八五年，劉長恩分別在吉林美術出版社發行的《鶴鄉之子》《鶴鄉曲》，一九九三年，又在吉林美術出版社發行了他的《仙鶴迎春》；一九九〇年，劉佩珩在吉林美術出版社發行了年畫《仙鶴戀》，他的作品《戀》在一九九三年入選全國第五屆年畫作品展；同樣是一九九〇年，谷學忠在寧夏美術出版社發行了年畫作品《仙鶴迎春》；還有獲白城市美展二等獎由楊世軍創作的《鶴鄉情》等作品。

　　每年春天以後，「風吹草低見牛羊」的絢麗景象便激發了畫家無數的靈感，年畫創作者也把美麗的景色盡情地展現在自己的筆端。其中，有劉長恩一九六一年在吉林美術出版社發行的《打豬草》、一九七六年榮寶齋收藏的《初蕩清波》、一九八〇年獲吉林省美展二等獎的《帶月餅》；有安學貴一九六三年在吉林美術出版社發行的《禮物》；有王樹仁一九七六年在吉林美術出版

社發行的《我愛祖國大草原》；有王金輝一九七六年在吉林美術出版社發行的《草原新苗》；有陸貴友一九七六年在吉林美術出版社發行的《夜戰之前》；有於家祥入展一九九三年全國現代民間繪畫畫鄉作品邀請展的《犟驢》等作品。

除了對通榆特色景物的描繪，通榆年畫也普遍取材於民間，內容以反映喜慶吉祥為主，得到了廣大人民群眾的喜愛，成為過春節的一個代表符號，也是百姓祈求風調雨順全家平安富足的一個美好心願。驅邪避鬼、接福納祥，表達了百姓對美好生活的願望。其中，娃娃、美人題材的年畫作品雖是以人物為主，但大都具有吉慶祥瑞的含義。其中，有劉佩珩一九八六年在吉林美術出版社發行的《金龍戲瑞》《龍騰魚躍》《福兆龍年》《龍年如意幸福多》，一九九二年在吉林美術出版社發行的《神童合歡慶豐年》《長白珍奇》；有劉慶濤一九八四年在吉林美術出版社發行的《荷塘戲水》；有谷學忠一九八四年在天津美術出版社發行的《雞鳴富貴》，一九八五年在吉林美術出版社發行的《月月有餘》，一九八九年在吉林美術出版社發行的《健康長壽》，一九九一年在吉林美術出版社發行的《豐年樂有餘》；有趙志斌 1990 年在吉林美術出版社發行的《秦瓊敬德》《恭喜發財》，一九九一年在吉林美術出版社發行的《福如東海樂有餘》《壽比南山賀吉祥》，一九九一年在吉林美術出版社發行的《守護大將軍》等作品。

由於年畫創作的貢獻突出，一九九一年，通榆被文化部授予「中國現代民間繪畫畫鄉」的榮譽稱號。

中國青少年書法美術大賽獲獎作品展在通榆舉行

　　二〇一二年，吉林省通榆縣墨寶園憑藉深厚的文化底蘊和獨特的文化魅力，成功獲得共青團中央第五、第六、第七屆全國青少年書法美術大賽承辦權。這是該項賽事自開辦以來首次走出首都北京，來到了仙鶴迷戀的土地——通榆。

　　二〇一三年八月六日，第五屆中國青少年書法美術大賽獲獎作品展開幕式暨少兒組頒獎儀式在通榆縣舉行。大賽由共青團中央主辦，中國書法家協會、中國美術家協會為藝術指導單位，著名書法家、中國書法家協會顧問李鐸，全國政協常委、中國美術家協會名譽主席靳尚誼，中國國際青年交流中心主任鄧亞軍擔任組委會主任。在中共通榆縣委、縣政府協辦下，通榆墨寶園、北京同道文化藝術中心圓滿完成了承辦任務。

　　大賽主題為「共創和諧」，宗旨為弘揚民族書法、美術文化，以藝術形式謳歌黨的豐功偉績，積極引導廣大青少年投身到和諧文化的社會主義建設中，進一步推動社會主義文化事業繁榮發展，促進海內外青少年交流，向全世界介紹中國文化及青少年理想追求。大賽徵稿範圍包括毛筆、硬筆、篆刻等書法類作品，國畫、油畫、水彩畫等美術類作品等。徵稿期間共收到少年兒童組參賽作品萬餘件，經評委會認真評審，共有千餘件優秀作品脫穎而出，分獲少年兒童組書法、美術賽事的一、二、三等獎和優秀獎（其中吉林省有二百二十三幅優秀作品及作者獲獎）。

▲ 中國·通榆青少年書法美術大賽頒獎現場

　　來自甘肅、河北、新疆等全國各地的獲獎學生及家長、指導教師們參觀了書法

文化園林通榆墨寶園，並在墨寶園舉行筆會交流、字畫裝裱、手抓墨製作、拓片製作、碑帖臨摹、景德鎮瓷文具現場繪畫並燒製等一系列活動。本次活動的開展，為全國青少年書法美術愛好者搭建了一個良好的交流和展示的平台，從而帶動了更多青少年和社會各界參與到書法美術等中華傳統藝術中來，傳承中華傳統藝術之魂，展現盛世中國的和諧之美。

　　賽事的承辦讓鶴鄉通榆以文化的視角邁向全國，開啟了以大文化帶動大發展的新篇章。

大安文學現象

在中國作家協會會員中，吉林大安籍作家有：從《嫩江風雪》裡走出的大作家丁仁堂，從《田野又是青紗帳》裡走出的著名劇作家李傑，從《玉米大地》裡走出的魯迅文學獎獲得者、著名散文家任林舉，從《揚風灣》走向《人民文學》的少數民族作家凌喻非，從《肩膀頭一樣高》裡走出的著名小說家王長元，從滔滔洪水中走出的市長作家張順富，從《心靈草稿》裡走出的青年詩人左手，還有赫赫有名的劇作家萬路、雜文家於希文、兒童詩人張立順、小小說作家王永泰等。這個群體，已經形成一支龐大的文學團隊，一股如嫩江飛浪一樣奔騰向前的文化力量。

近年來，大安作家更是佳作不斷。

周云戈的漁獵文化大散文引起省內文化專家的廣泛關注，《嫩江漁獵：一個家族的虔誠堅守》獲省委宣傳部「我們的中國夢」徵文一等獎。他的散文《媽媽的來福花》刊發於二〇一四年十八期《作家》雜誌，獲全國親情散文大賽二等獎。二〇一〇年以來，周云戈於《吉林日報‧東北風》發表散文三十四篇，多以描寫和宣傳大安漁獵文化為主，並被人民網、新華網、中國新聞網、重慶網、天津網等全國多家知名網站、論壇轉載，備受專家的肯定和讀者的好評，也連續三年被授予《吉林日報‧東北風》榮譽作者稱號。

劉文忠創作的短篇小說《死結兒》，曾榮獲中國小說學會二〇一四年「文華杯」三等獎，散文《和著淚的生日》在二〇一四年第三屆全國親情散文大獎賽中獲二等獎；農民史萬忠的作品入選《2013年吉林農民作品選》；江其田、周春、王洪文、李海寬等多位作者的作品入選《中國文學》《南方文學》《小小說選刊》等雜誌⋯⋯

大安，成為培養本土年輕作家的搖籃。

民間藝術團體雅集軒

　　白城市雅集軒成立於二〇〇九年，由段序學、王英凱、張建波、鄔如才等人籌辦，段序學任軒主，為自發性民間藝術團體，也是企聯中國的典範。

　　雅集軒內設詩詞委員會、書畫委員會、篆刻委員會，其活動宗旨是「研詩聯，習翰墨，明心見性，用先進文化服務社會」，所涉內容除詩聯外，尚有書、畫、篆刻等。

　　雅集軒自成立以來開展了一系列不同形式的文化活動，其中創辦了「週末藝術講壇」，堅持每週六進行講學活動。聘請專家、學者、教授（多數是軒內人員）較系統地講授書法、國畫、詩詞、楹聯和白城地方史等。受眾有雅集軒的會員及各文化團體的藝術工作者、文化愛好者。通過講學、研討、採風、筆會、作品點評、學術交流和參加各種展覽及賽事等活動，培養提高群眾的文藝創作水平。

▲　白城市雅集軒筆會

二〇一二年五月，白城順達儀表有限公司為雅集軒提供了活動場所，成為文企聯姻的典範。

另外，在創建中國楹聯文化城市工作中，雅集軒也做出了很大貢獻。如以歌頌家鄉改革成果、弘揚新風尚為主題，組織全體會員創作楹聯作品近萬副，受到了極高的社會評價。

幾年來，雅集軒共創作詩詞近千首、楹聯幾萬副，三十多人創作的兩千多副楹聯入編《中國對聯作品集》。

二〇一四年七月，在雅集軒建軒五週年之際，為總結和展示活動成果，特舉辦了「雅集軒書畫詩聯作品展」，並編輯出版了《雅集軒書畫詩聯作品集》一書。

如今，雅集軒的隊伍不斷壯大，大安、洮南兩市分別成立分軒，雅集軒已經成為白城社會主義文化建設中的一大亮點。

付飛舉辦獨唱音樂會

　　二〇一一年六月二十三日，為慶祝中國共產黨建黨九十週年，同時為了展現白城音樂人的精神風貌，推動白城市文化的繁榮發展，中共白城市委宣傳部、白城市文化新聞出版和體育局、白城市歌舞團等多家單位主辦、承辦了「飛在鶴鄉」付飛獨唱音樂會。音樂會用歌聲頌揚黨的豐功偉績，用音樂詠歎白城的壯美、崛起與振興，用音樂表達對祖國、對家鄉的熱愛，激發人們熱愛家鄉、建設家鄉的熱情。

　　音樂會上，付飛深情演繹了十餘首大家耳熟能詳的讚美黨、讚美國家、讚美家鄉的經典歌曲。她那曼妙的歌聲，帶領聽眾或進入廣袤的科爾沁草原，或站在肥沃的黑土地，或展望美好的未來，或陷入遙遠的沉思，而那陣陣熱烈的掌聲，表達了白城聽眾對付飛的讚許與肯定。演唱會在《昂首未來》的歌聲中

▲　付飛獨唱音樂會

落下帷幕，獲得了全場觀眾經久不息的掌聲。付飛也成為在白城市開辦獨唱音樂會的第一人，音樂會填補了白城個人舉辦音樂會的空白。

　　付飛一九七〇年八月出生於黑龍江省克東縣，國家一級演員，現為白城市歌舞團副團長、白城市音樂家協會副主席、農工民主黨白城市委會委員、白城市委文化支部主委、白城市政協委員、中國音樂家協會成員。二〇〇一年，她獲得吉林省電視台主辦的「天翼大擂台」節目女子通俗組擂主；二〇〇二年，在吉林省文化廳主辦的第十屆藝術系列大賽中，她以一曲《藍色的故鄉》獲得一等獎；二〇〇四年在第四屆全國希望之星大賽中，她又以一曲《美麗的草原我的家》，榮獲吉林賽區金獎、全國十佳歌手；二〇〇五年，她被白城市文聯授予白城市文學藝術事業突出貢獻獎；二〇〇六年，由白城市承辦的吉林省第三屆二人轉戲劇小品藝術節開幕，付飛導演的小品《獲獎之後》榮獲導演二等獎；二〇〇七年，她被市委市政府授予「白城市優秀專業技術人才」；二〇〇九年，當選吉林省第十一屆婦女代表大會代表。

　　多年來，付飛演唱過讚詠家鄉的作品幾十首，其中有《白城草原賽江南》《回鶴鄉》《白城我可愛的家鄉》《關東風》《飛回鶴鄉》《瀚海大糧倉》《永遠的愛戀》《白城明天更美好》《除夕夜》《走進科爾沁》《家鄉的蒙泉》《天堂草原》《美麗的白城可愛的家鄉》《春天的舞台》《我們栽下一棵美麗的梧桐》《大沁塔拉，我親不夠的黑土地》等。

第三章
——

文化名人

　　蒼莽瀚海，鍾靈毓秀。物華天寶，地靈人傑。在地表物理板塊運動中，這裡史稱「八百里瀚海」，而正是這片瀚海，奠基了白城大地的人文底蘊。我們向這片瀚海致敬！因為你是搖籃，為故鄉培育出了濟濟文化菁英，為故鄉淬瀝出了煌煌文化之光！

遼國著名學者——蕭韓家奴

遼代大文人蕭韓家奴（975年-1046年），字休堅，卒年七十二歲。契丹涅刺部人，是遼國著名學者。這位遼河水哺育下的貴胄子弟，沒有養就好勇鬥狠的驍捷之氣，而是憑藉勤奮好學，博覽經史，成了巾綸巨手，學術大匠。

蕭韓家奴兼通契丹文和漢文，有「為時大儒」之稱，是受漢文化濡染頗深的契丹上層知識分子。統和十四年（996年）始仕。蕭韓家奴立身清儉，不妄取於人。《遼史》載，他「家有一牛，不任驅策，其奴得善價鬻之。韓家奴曰：『利己誤人，非吾所欲。』乃歸值取牛。」他善詩文，明治道，重史事，以文才出眾，被興宗命為詩友。常常借與興宗接觸的機會反映治國方面的問題，並常於閒談中論及國計民生。

統和二十八年（1010年），出任掌管南京栗園的官員。重熙四年（1035年），任天成軍節度使、懲宮使等職。因撰《四時逸樂賦》，深受聖宗賞識。應詔上治道之要疏，他根據「民者國之本，兵者國之衛」的思想，對遼國邊防政策及「治盜」等，提出一套切實可行的辦法。如主張輕徭省役、收縮西北防區、補充少壯戍軍、遣還老兵等，都很有價值。後升任翰林，都林牙兼修國史，主持並參與編撰遼先朝《實錄》（二十捲）、《禮書》等。個人著作有《六義集》（十二卷），還曾用契丹文譯寫漢籍《通歷》《貞觀政要》《五代史》等，為遼國的政治、軍事、文化建設做出了卓越貢獻。

遼代女作家──蕭觀音

　　蕭觀音（1040 年至 1075 年），遼道宗耶律洪基的第一任皇后，遼代女作家。

　　蕭觀音相貌穎慧秀逸，嬌豔動人，個性善良纖柔，才華橫溢，善於言談。精通詩詞、音律，常常自製歌曲，彈得一手好琵琶，堪稱當朝第一。遼道宗譽其為女中才子。重熙年間，被燕趙國王耶律洪基納為妃，生太子耶律濬。清寧元年（1055 年）十二月立為皇后。

　　《遼史》卷七十一稱蕭觀音「姿容冠絕，工詩，善讀論」，在生下太子濬後榮寵一時，又好音樂，有一伶官名趙唯一者常侍左右。太康初年，由宮婢單登，教唆朱頂鶴、樞密史耶律乙辛等人一手策劃了文學史上著名的「蕭觀音冤案」，誣蕭觀音與伶官趙唯一有私，致其被賜自盡。至乾統初年方被追諡為宣懿皇后，合葬慶陵。

　　蕭觀音的傳世作品雖然只有十五首，但她卻是在中國女性文學史上排得上位，在契丹諸詩人中公認的第一人。

白城地區普教事業的奠基人 —— 姜鳳鳴

姜鳳鳴（1891 年-1969 年），字夢符，出生於遼寧省昌圖縣金家屯農民家庭。光緒二十五年（1899 年），姜鳳鳴入私塾，一九一四年畢業於昌圖縣師範學校。翌年三月，姜鳳鳴遷居洮安縣（今白城市）馬子丹屯教私塾。一九一六年，姜鳳鳴應聘為洮安縣靜安路第一小學教員，其間，他到瀋陽等地聘請優秀教師，充實師資隊伍；又購置鼓、號、風琴等，建立「童子軍」，一時轟動全縣。不久晉升為校長。姜鳳鳴對教學工作異常認真，他常對教師說：「老師要盡職盡責，誤人子弟如殺我同胞，更談不上有報國之心。」他經常與教師研究教法，派人去瀋陽觀摩教學，提高教學質量。他注重智育又注重體育，特設體操課，並親自任教。一九二九年，他被任命為洮安縣教育公所勸學委員。他帶一名隨員，騎著馬，用一年多時間，走遍全縣八個區，在每個區建立一個複式班。

一九三〇年，姜鳳鳴任洮安縣教育局局長後，積極籌辦師範教育，解決全縣師資短缺問題。「九一八」事變後，東北淪陷，姜鳳鳴辭去教育局長職務。一九三八年後，他先後任白城縣（白城市）實驗國民優級學校校長、偽白城縣公署教育股長、教育局長等職。一九四一年七月，姜鳳鳴突然被日偽特務逮捕，通宵達旦逼供，查無實據後被釋放，翌年辭職。一九四五年日本帝國主義投降後，洮安縣（白城市）民主政府縣長鄭介舟親自邀請姜鳳鳴商議本縣教育事宜，並委派他代表洮安縣各界赴哈爾濱開會，商議土地改革、參軍參戰、支援前線等事宜。一九四六年，姜鳳鳴任洮安縣民主政府教育科副科長。一九四八年十月，中共遼北省委書記陶鑄、遼北省政府主席閻寶航來洮安縣參加遼北省模範幹部會議時，在縣長鄭介舟陪同下特地拜訪了姜鳳鳴。

一九六九年十一月十六日，姜鳳鳴因病逝世於白城市。

破譯唐鴻臚井千古謎團的專家——王仁富

　　王仁富（1941 年-　　），吉林省白城市人。白城師範學院原圖書館館長、教授，中國索引學會理事，中國圖書館學會會員，中國遼金及契丹女真史研究會會員，大連大學東北史研究中心客座教授，旅順歷史文化學會理事，知名鴻臚井刻石研究學者，中華唐鴻臚井碑研究學術委員，唐鴻臚井碑研究所副所長，大連唐鴻臚井碑研究會顧問，崔氏歷史文化研究會顧問。

　　唐鴻臚井刻石，是旅順黃金山下一塊九點五噸重、十多立方米大的天然碩石。開元二年（714 年），唐冊封「渤海」使臣唐鴻臚卿，在靺鞨首府（敦化）圓滿完成冊封使命後，返京途中再次行經旅順時，為紀念「渤海」歸唐，在黃金山下打了兩口井，史稱鴻臚井。復在井邊這塊巨石上刻下「敕持節宣勞靺羯使鴻臚卿崔，忻井兩口，永為記驗。開元二年五月十八日」二十九字刻文，史稱鴻臚井刻石。二十九字刻文使這塊普通巨石有幸成為「渤海」歸唐的實物驗

▲ 唐鴻臚井刻石

▲ 王仁富

證，是具有主權意義的重要文物，受到歷代的重視和保護。僅明清間就有五位官員在上面題詞紀念，清代的劉含芳更為刻石修建了保護碑亭。

唐鴻臚井刻石是中華民族團結統一的歷史見證，是東北地區唯一的一塊唐刻石，是旅順歷史上最為閃光的一幕。

遺憾的是，一九〇八年，國寶唐鴻臚井刻石和石碑亭一起被侵占旅順的日本海軍掠奪到東京。四月三十日，以日俄戰爭「戰利品」名義藏入皇宮。

一九九六年正月初六，王仁富在春節假日無意間翻閱到唐鴻臚井刻石二十九字「刻文」，按傳統的斷句讀到「卿崔忻，井兩口」的時候，有感語氣受阻，「井兩口」成什麼話？井，還有三口的嗎？這樣斷句是不是有問題呀？經過推敲，王仁富發覺以前的斷句有誤，錯把二十九字中的「忻」字上斷，與「崔」相連，誤把「崔忻」當作使臣的名字。實際上，這個「忻」字，是動詞，當「開鑿」講，應該下斷為「忻井兩口，永為記驗」。「忻」字下斷，既符合鴻臚卿「鑿井刻石」的事蹟，又符合中語法「對偶對仗」的習慣。正確的使臣名字應當是《舊唐書・渤海靺鞨傳》中明確記載的「朗將崔」。由此，他

掀開了盛唐的一段歷史，認識了一位出使大臣，牽掛著一件流失日本皇宮的文物國寶，不知不覺加入了唐鴻臚井刻石的研究隊伍，開始了追討國寶之路。

一九九九年十一月三日，《人民日報‧海外版》發表了王仁富的文章《崔訴與鴻臚井刻石》。王仁富正式提出「中國流失文物研究」這個具有重要歷史意義和現實意義的學術課題，寫出了完整的《唐鴻臚井刻石回歸策劃書》，同大連市社聯旅順口區等有關方面接觸，得到多方的呼應、支持和幫助。

二〇〇一年十一月二十四日《羊城晚報》A6 版發表記者胡偉民、宋文桃的新聞稿《「渤海」歸唐使節後人今安在》，在新聞界首先報導了王仁富教授民間追討刻石的公眾宣傳活動。四天後找到兩位崔氏後人。二〇〇三年十二月十九日，在王仁富的倡議下，中華社會文化發展基金會「唐鴻臚井碑刻研究會」在北京保利大廈成立。二〇〇五年六月，王仁富撰寫的研究唐鴻臚井刻石的第一本專著《旅順唐鴻臚井刻石回歸探討》出版發行，不久流傳到日本，在日本書店出售。七月四日，日本宮內廳委託日中友好協會理事、事務局局長酒井誠先生將五張唐鴻臚井刻石照片和一份資料介紹轉交給在日本訪問的唐鴻臚井碑刻研究會副會長張永年先生及王維明女士。二〇一一年六月十七日，負責日本皇宮事務的宮內廳長官羽毛田信吾，給白城師院王仁富教授覆函，報告了日本皇宮內唐鴻臚井碑平安的消息。

二〇一四年八月七日，北京中國民間對日索賠聯合會決議把唐鴻臚井刻石的回歸從學術研究上升為外交事件，致函日本駐中國大使木寺倡人，首次向日本追討唐鴻臚井刻石。

二〇一四年十一月十二日，中華唐鴻臚井刻石研究會的代表王仁富、趙新風在童增、王錦思的推薦下和香港釧惠明先生的關注下，遠赴美國舊金山參加「世界抗日戰爭史實維護聯合會」第十一次年會，王仁富做了大會發言。二〇一四年十一月二十七日，中央電視台中文國際頻道《華人世界》欄目以「古稀老人王仁富二十年追石夢」為題，報導了他的舊金山之行。

以嫩江為大背景的本土作家——丁仁堂

　　丁仁堂（1932年-1982年），出生於吉林省德惠市天台鎮何家村一戶貧苦農民家庭。一九三九年起，他先後在何家堡國民學校、德惠縣國民高等學校、德惠中學、松北聯合中學讀書。一九四五年，丁仁堂在德惠中學被選為校自治會會長。一九四九年一月，丁仁堂參加革命工作，任小學教師、教導主任。經領導允許，他自己創辦了《天台教育》雜誌，受到縣教育科的表揚。一九五一年一月，他調到吉林省文教廳《吉林掃盲報》任編輯並立志成為一名鄉土文學作家。一九五四年，他滿懷激情地創作了六篇小說、十首詩，但都遭到了退稿。這使他懂得，寫作不僅要有生活、有熱情，還要有一定文字的功力。經過不懈努力，一九五六年他發表了第一篇短篇小說《春夜》。同年，短篇小說《獵雁記》問世。一九五八年發表的小說《嫩江風雪》得到了茅盾的好評，被譯為日文、法文和印尼文出版，使他在文壇嶄露頭角。

　　一九五九年，丁仁堂調到吉林省作家協會《長春》編輯部任編輯，後為吉

▲ 丁仁堂短篇小說集《昨夜東風》

林省作協專業作家。一九六二年，他深入生活，到大安縣大賚鎮任職副鎮長。「文革」中，丁仁堂被當作「黑作家」掃地出門，到扶餘縣一個偏僻落後的鄉村插隊落戶，其間創作了小說《綠海雄鷹》。一九七八年四月，吉林省文聯和各協會相繼恢復，丁仁堂重新成為吉林省作家協會的專職作家。一九七九年九月，加入中國作家協會。十月，作為吉林省文學界代表之一，丁仁堂參加了全國第四次文代會。一九八〇年七月，他再次到農村深入生活，兼任大安縣革委會副主任。一九八一年一月，在吉林

▲ 丁仁堂

省第四次文代會上，他被選為吉林省文聯委員、省作協常務理事。翌年被補選為省作協副主席。

在丁仁堂近三十年的文學創作生涯中，竟有二十年生活在嫩江兩岸的農民和漁民當中。飽滿的激情、執著的使命感、深厚的生活基礎，讓丁仁堂的創作取得了豐碩的成果，成為我國很有影響的鄉土文學作家。他著有短篇小說集《獵雁記》《嫩江風雪》《紅葉》《在柳林裡》《難忘的冬天》《昨夜東風》，中篇小說《火起三江》和長篇小說《漁》等。其中《昨夜東風》獲省作協第二屆優秀文學作品獎。

長篇小說《漁》最初在文學期刊《綠野》連載，受到了讀者的好評。經過修改潤色後，一九八二年出版發行。這是他計劃創作的《嫩江三部曲》系列長篇小說的第一部，也是他在藝術上日臻成熟，建立個人藝術風格的鄉土文學力作。小說描寫了新中國成立前夕，嫩江一帶的貧苦漁民在中共地下縣委的領導下，同國民黨反動派及漁霸進行英勇鬥爭的故事。完成《漁》的創作後，他又躊躇滿志地準備創作三部曲的第二部《船》和第三部《網》。一九八二年七月，當《船》剛剛完成半部的時候，丁仁堂倒在了吉林省業餘文藝創作經驗報告會的講台上，享年五十一歲。

採訪過陳永貴的軍旅作家 —— 金紅文

　　金紅文（1950年-　），一九七〇年入伍，歷任排長、新聞幹事、白城軍分區科長、瀋後宣傳處處長等。

　　一九七二年，金紅文結合軍族生活實際寫出了長篇通訊《祖國處處有親人》，被《解放軍報》以國慶專稿的形式進行刊發，人民日報、新華社、內蒙古日報、吉林日報、四川日報等十幾家媒體相繼轉發。隨後，這篇通訊被瀋陽軍區的朱亞南、那炳晨改編為坐唱《祖國處處有親人》，不僅進京會演，還獲得了全軍大獎，又製成唱片，傳唱多年。

　　一九八六年夏天，金紅文被解放軍報社民兵處資深編輯王作進先生（後為少將副社長）看中，成了《解放軍報》的編輯。

　　一次小酌時，王作進說：「小金，你寫東西有突破，能出好稿，整報告文學吧。」

　　一個大雨滂沱的午後，王作進和金紅文騎著自行車，去原國務院副總理陳

▲ 金紅文

永貴家採訪。經過多次深度的感情交流與心靈碰撞，金紅文與陳永貴的夫人、孩子、秘書、司機成為朋友。在陳家，他啃大寨送來的玉米，吃大寨捎來的蘋果，喝山西老陳醋，漸漸走進了陳老的世界。

　　於是，農民的兒子寫農民的副總理，長篇報告文學《陳永貴回到人間》《陳永貴沉浮》先後問世，並被《名人傳記》《遼寧文藝》等多家報刊競相連載。

文學怪才——洪峰

▲ 洪峰

洪峰（1957年- ），吉林省通榆縣人。曾任作協遼寧省份會理事、主席團成員、作協瀋陽市分會副主席。

從一九八三年起，洪峰開始了小說創作，主要作品有《生命之流》《湮沒》《瀚海》《離鄉》《和平年代》《東八時區》《生死約會》等。

二十世紀九十年代，洪峰開始注重小說的情節，所著長篇小說成為布老虎叢書中較早的一部，並打破了中國內地缺少驚險間諜小說的先例。後來，「北丐」洪峰與「南帝」蘇童、「東邪」余華、「西毒」馬原、「中神通」格非一同被比喻為「文壇射鵰五虎將」，被當作先鋒文學的代表人物，是中國當代文學重要作家。他的小說被列為中國新時期具有代表性的作品，是中國當代文學史教材中不可或缺的部分。洪峰的創作被稱為「中國現代主義文學」「先鋒文學」「後現代主義文學」「新歷史主義」「新現實主義」「新感覺主義」等等，被批評界的許多人士稱為「屬於下一個世紀的作家」。

近一時期，洪峰的個人創作呈現出愈加獨特的風格，每部新作都給當代文壇提供新鮮的經驗。如今，洪峰及其創作已經是中國當代文學史中不可忽略的一部分，各大學中文系及研究院（所）都要列入教程，也是攻讀中國當代文學碩士、博士學位的學者研究的對象。在各大學及研究院所使用的文學史教材中，將洪峰及其作品作為重要的、具有文學革命性質的現象進行研究。他的作品還被譯成多種語言文本，成為西方學者研究中國文學的重要對象。

▲ 洪峰文學作品

榮獲魯迅文學獎的白城人——任林舉

任林舉（1962 年- ），吉林省大安市人，筆名林舉、瀟墨。一九八一年長春電力學校畢業後，任林舉在白城電業局供職，後脫產讀吉林電視大學電力系統及其自動化專業，畢業後回到白城電業局辦公室工作。一九九三年調入吉林省電力工業局工作至今。現任吉林省電力工會辦公室主任、高級工程師。

▲ 任林舉報告文學《糧道》

一九八六年，任林舉開始發表文學作品，二〇〇三年加入中國作家協會。散文《北人生性亦如酒》獲全國電力系統職工作品大賽二等獎，《重飲白城》獲一九九七年全國金秋筆會二等獎，散文集《說服命運》獲全國電力系統職工作品大賽優秀著作獎，二〇一四年報告文學作品《糧道》榮獲第六屆魯迅文學獎報告文學獎。

▲ 任林舉

▌搶救和發展迴文詩的功臣 —— 劉廣德

　　劉廣德（1933 年-　），吉林省白城市人，筆名泉流，號洺滏齋主，吉林省作家協會會員、中國大眾文學學會理事、全球漢詩總會會員。劉廣德從事業餘文學創作五十多年來，先後在吉林、黑龍江、河北、北京等省市刊物上發表小說、散文、寓言、詩歌、文學評論六百多篇（首），著有專著兩部，在國家省市獲獎十次。

　　在業餘創作生涯中，劉廣德對獨具特色的「迴文詩」情有獨鍾。我國是迴文詩的故鄉，但為了彌補自古及今沒有一本迴文詩集的缺憾，他四處奔走，歷盡千辛萬苦，不怕千程百里，通過手抄、口誦、心記的方式，搜求迴文詩資料。然而就在他勞心勞力的時候，卻因突發腦中風而半身不遂，右手失去書寫能力。但是他的搜尋整理工作並未停歇，右手偏癱，便改用左手。在出院後的二〇〇二年，年已古稀的他居然拖著病體遠赴中國迴文詩最大的散佚地日本，在當地的各大書店和圖書館查尋。就這樣，他終於憑藉執著的精神，在二〇〇六年，使中國歷史上的第一本迴文詩集《中國曆代迴文詩彙編》由吉林人民出版社出版。

▲ 回文詩詞曲集《泉流》

　　在搶救挖掘整理迴文詩的同時，劉廣德先生自已也創作了大量迴文詩作品及理論文章。如今，他已創作出各類迴文詩作品五百餘首，比中國歷史上創作迴文詩最多的清代的張玉德還多出二百餘首。不僅如此，他還在前人的基礎上，另闢蹊徑獨創了諸如「風車體」「井田體」「三角體」「五星體」「實心菱形體」「空心菱形體」等近百種全新的體式，極大地拓展了回文作品創作的空間。二〇一一年，他出版第二部專著迴文詩詞曲集《泉流》，這對於我國

自晚清以來迴文詩日見消亡的中國詩壇而言，毋庸置疑是一大貢獻。

除此以外，他還撰寫了大量有關解讀和創作回文作品的理論文章，這對於迴文詩今後的發展更是增添了新的助力。他的故鄉河北省邯鄲市為了彰顯和銘記劉廣德先生對迴文詩所做出的特殊貢獻，於二〇〇一年，特為其立「迴文詩碑」兩座，以資永久紀念。

劉廣德迴文詩作品《桂林山水四首》展示：

灕江

澄江灕水似明鏡，碧峰千山如畫屏。

風搖竹枝新葉翠，雨淋橘黃始香濃。

桂林隱山

霧籠奇山隈寺塔，麗水碧潭映閣樓。

乳鐘石幔掛岩洞，湖暗潛湧匯泉流。

灕江名勝畫山

雲絲繡水灕江錦，彩虹畫山陡峭嵐。

群馬化山隱崖壁，今古尋蹤迷覓難。

灕江飛舟

船游飛躍馳空碧，群魚戲轉翻白雲。

懸崖暗洞掛鐘乳，野岸繁花春雨淋。

創基尼斯紀錄的詩人 —— 夏永奇

夏永奇（1949 年-　　），祖籍吉林省大安市，現為中國作家協會會員、中華新韻學會顧問、白城市作家協會名譽主席。二〇〇五年十月，馬鞍山李白紀念館舉辦中國第一屆詩歌節。在此次詩歌節朗誦會上，夏永奇作為入選作者，在舞台上深情地朗誦了自己創作的《賀新郎・首屆詩歌節感賦》，贏得了滿堂喝采。當他走下舞台時，新華社、香港《文匯報》等媒體記者對他進行了專訪。

夏永奇從小就在父親指導下學習和背誦中國古詩，這些古詩在他的心靈深處留下了深刻印象，也為他日後走上詩詞創作之路打下了基礎。

一九九七年十月，他的處女作《陋夢齋詞片》出版，這也是他從事詩詞創作三十年的一次總結，在詩壇產生很大影響，使人們初識他的創作實力。嗣後，他的詩詞作品屢屢獲獎。一九九四年十一月，他的一首《賀新郎・跨洲行》榮獲首屆國際龍文化金獎。一九九九年，他又帶著這首詞出席了在北京舉辦的文學創作交流會，受到著名詩人劉湛秋等多位專家的好評，後又在西柏坡龍之聲國際文化藝術節上獲得詩詞創作金獎。

▲ 夏永奇

夏永奇詩詞作品的一個重要特點，就是他主張的「新韻古詞」論。他主張在保留「詩魂詞魄」的前提下，賦新韻於古詩詞，從而打破僵化，鬆緩嚴苛，放開平仄，同韻（母）不同聲（母），讓古詩詞煥發出活力。當然，他的這一主張也引來一片爭議，但他認準此理，堅定地走下去，終於取得了顯著成就。他的詞路大開，詩情橫溢，成為古今少有

的高產詩人。他的詞作陸續結集出版，很快突破萬首大關。以二〇〇七年出版的《風雲人物》十三卷本叢書為例，其中囊括了從伏羲、燧人氏，到孫中山、毛澤東、鄧小平等歷史人物，時間跨度一萬多年，涉及人物六千六百六十六位，可謂工程浩大，以「含有人物數量最多」而入選基尼斯大全。

▲ 夏永奇作品集

他也因此被選入二〇〇七年度《時代人物》封面人物。

　　到目前為止，夏永奇創作的詩詞已達一萬九千餘首，出版的著作有《陌夢齋詞片》《江山多嬌》《江山如畫》《如此江山》《風雲人物》《夏永奇詞選》等二十餘卷。

　　古詩專著《縱情江山》（上、下）是夏永奇耗時一年的又一力作。全書分岳陽暢情、長沙謁聖、武陵觀光、寧遠感懷、桂林凝魂、昆明攝魄、貴陽掠影、遵義尋蹤、西安追古、蘭州探路、敦煌禮佛、成都問計、重慶彰襟、武漢昭幟、京都振翼、辛卯慰兔等十八篇，收錄詞作八百七十九首，熱情謳歌了祖國山川的遼闊雄渾，讚美了中華文化的博大精深，頌揚了中華豪傑的英勇卓絕。

終身享受專家待遇的書畫家──姚伊凡

　　姚伊凡（1951 年-　），吉林省洮南市黑水鎮人，祖籍山東省濟南市，筆名鄉人，號踏雪齋主。現為中國國畫家協會理事、內蒙古書法家和美術家協會會員、烏蘭察布市書畫院副院長、美術家協會常務副主席。姚伊凡幼承庭訓，七歲即隨父母學古文，稍長則從父與叔學書畫，臨《多寶塔》，摹《芥子園》。他為人謙虛謹慎，淡泊名利，為人正直，處事低調，不阿權貴，更不以名人自居。投身藝術四十多年來，鍥而不捨，筆耕不輟，苦研書畫先賢之真諦，深得白山黑水之靈氣。既注重承襲傳統，又敢於大膽創新，除偶爾涉獵人物和山水，專攻寫意花鳥和行草書法，且多上乘之作。

　　其作品多次入選全國性大賽並獲獎，二十世紀即在《人民日報》《大公報》《美術大觀》等多家著名報刊上發表作品。其中美術作品《蕉蔭納涼圖》《水上人家》《殘荷》等在當年都極獲嘉譽。書法作品《張繼詩》還被全國政協作為珍貴文物永久收藏。二〇〇三年，姚伊凡被評為「當代書畫百傑」之一，作品分別入編《當代中國書畫藝術》和《中國書畫藝術大典》，並刻入「中國千年文化碑林」。

　　在寫意花鳥作品中，他筆下的牡丹構思新穎、清新華貴，可謂滿而不塞，虛而不空，既有水墨酣暢的潑彩渲染，也有健勁有力的點線配合，將筆墨色彩發揮得淋漓盡致。二〇〇九年，他的牡丹作品被中國國畫家協會選中，並冠以「最具收藏潛力的書畫名家作品」之美譽，並委託北京郵票公司印製成一套八張的專題明信片，以此作為國際（洛陽）

▲ 姚伊凡

▲ 姚伊凡國畫作品

牡丹節上向外國友人餽贈的佳品。

　　多年以來，姚伊凡經常參加國內外的各種文化藝術交流活動，既從中博采眾長，提高自我，又以此積極推介華夏神州之國粹，他的很多作品都廣受好評，被國內外友人廣為收藏。二〇一三年，針對日本當局執迷不悟、開歷史倒車的政治圖謀，他又攜寓意深刻的美術作品《和平之春》《荷》與書法作品《唐詩四條屏》遠赴東瀛。在日本東京展出時，受到日本同道的熱烈歡迎和高度評價。

　　除了書畫，詩詞和篆刻也為姚伊凡所擅長。他畫中所用之印大多為自刻，畫中所配之詩大多為結合畫意有感而發，可謂書詩畫印相得益彰。鑒於姚伊凡在書畫藝術方面的特殊貢獻，二〇一四年由內蒙古自治區主席巴特爾親發證書，聘其為終身享受專家待遇的文史館館員。

生在江南的塞北書法家 —— 曹伯銘

　　曹伯銘（1956 年- ），浙江上虞人，原白城市文聯主席、中國書法家協會會員、吉林省書法家協會副主席，第四、第五屆全國書法家協會代表大會代表。

　　一九七二年，曹伯銘作為知青，響應國家號召從浙江紹興「上山下鄉」，來到坐落在科爾沁草原的鎮賚縣。多年來，曹伯銘作為白城市書法家協會駐會幹部，特別是任白城市書協主席以來，對工作兢兢業業，為發展和繁榮鶴鄉書藝嘔心瀝血。由他組織策劃的歷次大型書法活動，均取得了轟動效應。尤其是借他出生於浙江紹興這一得天獨厚的便利條件，由他出面與紹興市書協協商，多次舉辦了兩地書法、篆刻聯展或交流活動，不但使白城書法界廣開眼界，提高了書法創作水準，而且還為白紹兩市的經濟往來創造條件，也為宣傳和推介白城做出了貢獻。

　　二〇一〇年，時任白城市文聯主席的曹伯銘開始籌建吉鶴文苑。這座集展

▲ 曹伯銘

覽、收藏、創作、交流於一身的文化平台，從它的創建到初具規模，再到向產業化發展，始終傾注著曹伯銘的心血和汗水，也使白城地區廣大書畫工作者有了自己的展示平台和體現勞動成果的便利場所。曹伯銘的工作成就也使他在鶴鄉文化界享有盛譽。

曹伯銘的書法謹守傳統，廣泛瀏覽古今法帖，尤對「二王」一路帖學用工殊勤，有著深透的理解和感悟。他的作品雖常以行草出現，但其中不時流露隸書的裝飾之美，這自然來自於他早年對

▲ 曹伯銘書法作品

隸書的研究和學習。他學隸書以漢隸為宗，其中對《禮器碑》《曹全碑》下力最大。在此期間，他廣交書壇好友，觀摩名家揮翰，並拜當代書法名宿羅繼祖先生為師，從而使他的書法得到了長足進步，形成了鮮明的個人風格，受到業內人士的讚同和社會的廣泛關注。

曹伯銘的書法作品多次入選全國性書法大展乃至國際書法展，其名字及作品先後收入《中國書法家辭典》《中國當代書法藝術大成》等十餘種工具書或專集。部分作品分別為中南海、毛主席紀念堂、中國書協及國內多家博物館、展覽館以及美國、日本、韓國等國際友人收藏。二〇〇二年，他舉辦了「曹伯銘第二故鄉三十年書法匯報展」，並出版了個人專集《曹伯銘行書蘭亭序》；二〇一二年又舉辦了「曹伯銘第二故鄉四十年書法匯報展」，同時出版了《曹伯銘書法作品集》。

榮獲蘭亭獎的白城書法家——胡崇煒

▲ 胡崇煒

胡崇煒（1963年-　），吉林省大安市人。中國書法家協會理事，中國書法家協會楷書協會秘書長，遼寧省書法家協會副主席、秘書長，遼寧省文藝理論家協會副主席，清華大學美術學院胡崇煒書法藝術專項研修班導師，魯迅美術學院中國畫系書法專業客座教授，遼寧省第十二屆人民代表大會代表（省人大內務司法委員會委員）。

　　胡崇煒在書法創作上成就斐然，先後榮獲國家文化部第八屆群星獎金獎、全國第五屆書法展全國獎、全國第六屆中青年書法展銅獎、全國第七屆中青年書法展提名獎、全國第二屆正書展優秀獎（展覽最高獎項）、全國第九屆書法展提名獎。

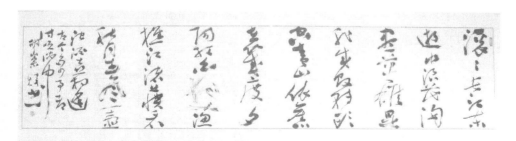

▲ 胡崇煒書法作品

深圳美術館副館長——于海江

　　于海江（1933年- 　），吉林省大安市人，國家一級美術師，現為中國美術家協會會員、深圳美術館副館長。他自幼酷愛繪畫，一九五二年畢業於黑龍江省藝術學校。歷任黑龍江美術活動室創作員、《黑龍江日報》《黑龍江畫報》美術編輯、黑龍江省中國畫研究會秘書長等職。他還被聘為南京國際文化藝術交流中心藝術顧問、中國田園畫會顧問、香港世界著名藝術家聯合會理事、中國國際交流出版社特邀編委、世界藝術家協會理事、世界文化藝術研究中心研究員。

　　早在二十世紀五十年代，于海江便是我國東北地區最多產且具相當影響力的連環畫家，有七十餘部長短篇連環畫在黑龍江、遼寧、上海、北京等地出版發行。六十年代初，他進入中國美協黑龍江省份會創作室專攻中國畫。他的處女作《葫蘆信》在省美展受到國畫大師傅抱石先生的好評。一九六四年，于海江兩件作品入選全國美展，一件被中國美術館收藏，另一件被評為新中國成立十五年優秀作品，從此于海江在全國美術界嶄露頭角，小有名氣。

　　「文革」中，于海江被迫放下了畫筆。他曾一度無心作畫，深深陷入了對國家命運的憂慮之中，並把自己的思考與期望寫成了電影文學劇本《戊戌……》，在文學雜誌上發表。八十年代初，他重操畫筆，與友人合作創作了巨幅長卷《翻身圖》，獲得黑龍江省美展一等獎。

　　從二十世紀八十年代末至今，他在我國北京、香港地區以及日本、新加坡、泰國、菲律賓等國家連續舉辦了六次個展，發表大量作品，其中《瑞雪豐年》刊於《二十世紀國際美術精品薈萃》，《在那遙遠的塞北邊疆》刊於《世界美術集》（華人卷），《暮歸》獲第二屆世界藝術大獎國際榮譽金獎。一九九二年六月，中、美、日、英等國的十二個美術家團體聯合授予他「國際文化交流銅獎」和「世界藝術名人」稱號。其藝術傳略入編《中國美術年鑑1949-

1989》《中國現代美術家名人大辭典》《當代世界名人集》《中華人民共和國人物辭典》《世界名人錄》等。

▎年畫藝術的領頭雁——劉長恩

　　劉長恩（1934 年-　　），吉林省通榆縣人。一九六一年，二十七歲的農家子弟劉長恩，以他豐富的生活底蘊和讚美新生活的熱情濃縮出一幅畫圖：一個天真、美麗的農家小姑娘，身背裝滿嫩草的簍筐，走在藍天白雲和沃野鮮花之中；身旁幾隻胖得渾圓、憨態可掬的豬羔在追逐嬉戲，形態靈活、有情有趣……這張用單線平塗及工筆重彩描繪的年畫作品取名為《打豬草》，是吉林省出版的第一張新年畫，並居當年全省年畫發行量之首。同年，此畫送香港展出並被長影選作影片《兩家人》的道具。

　　此後劉長恩又相繼創作出《姐姐當了理髮員》《巧媽媽》《踏遍青山》《鶴鄉之子》《桃李梅》《木蘭從軍》等一大批優秀的年畫作品。其中一些作品已在國內外廣有影響，年畫《桃李梅》當年印製一百七十萬張，《咱隊好獵手》

▲ 劉長恩年畫作品《咱隊好獵手》

《再請戰》分別出版發行，國畫《初蕩清波》還由北京榮寶齋出版木版水印畫軸，發行到日本、加拿大、澳大利亞等國家。

為探索和掌握年畫創作的精深技法，劉長恩於二十世紀七十年代中期專赴上海，拜著名年畫大師金梅生、李慕白為師，虛心求教、刻苦研習。他的擦筆年畫《花為媒》《唐伯虎作畫》顯示出他獨到精細的藝術水準。

在他的影響和帶動下，很快就匯聚了通榆年畫畫家群。這裡有他的師友、畫友和學友，大家在一起探討年畫創作的藝術規律，交流合作經驗，研習繪畫技法。一時間人才濟濟、佳作紛呈。通榆年畫也因此發展到鼎盛時期，其不僅表現內容廣泛豐富，也稱得上「百花齊放」「百家爭鳴」：劉長恩創作《李自成》用的是國畫工筆重彩；劉慶濤創作的《我見到了毛主席》《周總理訪問朝鮮》則採用西洋水粉及擦筆相結合；安學貴創作的《年三十》用的是單線平塗，獲得全國第六屆美術作品大展銀獎後被中國美術館收藏；李樹芳的工筆勾線年畫《主課》，也曾參加全國美術作品大展。

單張年畫發行量居中國之首的藝術家 —— 姜貴恆

　　姜貴恆（1935 年-1988 年），吉林省鎮賚縣人，先後任小學美術教師、通榆縣文化館美術創作員、通榆縣電影院美工。一九六三年，年畫作品《剪窗花》出版發行，受到了全國人民的歡迎。後來，《剪窗花》改名為《毛主席萬歲》，並由十一家出版社再版，連續發行十年。據不完全統計，發行數量超過七億張，當時居全國之首。

▲ 年畫作品《剪窗花》

　　《剪窗花》是姜貴恆與上海畫家魏瀛洲共同創作的，是一幅典型的擦筆年畫作品。這幅作品主題鮮明，年味濃郁，色彩亮麗，表現的是一個坐在炕上剪紙的小姑娘，開心快樂地展示自己手中的剪紙作品《毛主席萬歲》。這幅作品在造型和繪畫技法上已相當成熟，具有中國工筆畫的特徵，構圖飽滿，色彩濃郁富麗、豔麗鮮明，以紅、綠、黃、藍等純色為主。通過畫家對畫面色彩的主觀處理，使色彩和諧統一，濃豔而不媚俗，飽滿而又柔和，給人一種歡樂和諧的喜慶景象。

一九七四年，姜貴恆創作出版了年畫《瑞雪》。畫面描繪了瑞雪紛飛、紅梅花開時，兩名婦女站在窗前，用放大鏡仔細查看自己精心培育的小苗生長情況的場景。兩人臉上洋溢著喜悅的笑容，暗自慶祝著成功。窗外紛飛的雪花預示著「瑞雪兆豐年」，盛開的紅梅代表著春天的來到，這些都讓人聯想到即將來臨的豐收年。

姜貴恆創作年畫從人們喜聞樂見的視角出發，以現實為依據，造型大膽，敢於誇張變形。他創作的年畫造型強調裝飾效果，不做自然形態的過分追求，脫胎於自然形象，卻比自然形象更理想、更鮮明、更生動，使新年的歡樂喜慶氛圍更加濃厚，讓人感到賞心悅目。

傑出的通榆年畫藝術家──安學貴

安學貴（1940年-　），筆名瀟怡，吉林省通榆縣人，國家高級美術師，中國美術家協會會員、中國同澤書畫院畫家、中國書畫收藏家協會創作基地專業畫家。他的很多作品在國內外參展、獲獎，名字被《中國美術大辭典》《中國美術年鑑（1949-1999）》等多部辭書收錄。

安學貴一九五八年開始從事美術創作，作品以國畫為主，年畫只是他作品中的一小部分。其作品謀篇寓意深遠，構圖大氣恢宏，造型準確生動，技法不拘一格，顯示出深厚的文化底蘊和較高的藝術修養。

他的作品多次在國內外參展、獲獎。一九七四年年畫《移山志》參加全國美展；一九八三年《葦鄉戀》參加全省美展，獲一等獎；一九八四年《年三十》參加全國第六屆美展優秀作品展，並獲文化部全國年畫評獎銀牌獎，被中國美術館收藏，這也是目前為止通榆年畫所獲得的最高獎項；一九八六年《爸爸的生日》參加吉林省美展，獲一等獎；一九八九年《山村校慶》參加全國第七屆美術大展；一九九〇年《關天培》參加省美展，獲得一等獎；一九九一年《冷月》參加加拿大楓葉獎大展，獲優秀作品獎；一九九五年《不祥的日子》參加「正義・和平──紀念世界反法西斯戰爭勝利五十週年國際美術作品展覽」；一九九六年《野秋》參加美國洛杉磯首屆中國水墨畫大展；一九九七年《屈原》等五件作品由中國農牧業代表團赴日本參訪團贈予日本友人井上競（國會議員）等人收藏；二〇〇五年《科協會員》參加關東畫派展，在中國美術館展出，由《美術》雜誌發表。

▲ 安學貴年畫作品

年畫創作數量居省內之首的畫家——劉佩珩

劉佩珩（1954 年至 2006 年），國家一級美術師，曾任白城市美術家協會主席、吉林省美術家協會理事、中國美術家協會會員。劉佩珩是通榆年畫的後起之秀，以作品數量多而精著稱。在通榆年畫界，個人創作年畫幅數創吉林省之最，一生出版發行年畫作品百餘幅。

從一九七四年創作第一幅年畫《同心協力》開始，劉佩珩的許多優秀年畫作品相繼在全國十餘家出版社出版發行，頗受群眾喜愛。作品曾多次參加省市美展並獲獎：一九八四年，年畫《喜迎春》入選第六屆全國美展；一九九四年，年畫《長白珍寶》入選第七屆全國美展；一九九一年，年畫《祖孫情》《長白珍奇》獲第四屆全國年畫展優秀獎，國畫《月是故鄉明》赴日本進行國際交流展；二〇〇〇年，年畫《吉祥娃娃》獲世界華人藝術展銅獎。

▲ 劉佩珩年畫作品

▲ 劉佩珩年畫作品

劉佩珩從學生時代起就在老一輩畫家身邊長大，他曾向劉長恩、安學貴等老一輩年畫家學習，畢業於東北師範大學美術系，一生專攻年畫和風俗畫，擅長擦筆，對年畫色彩深有心得，對年畫製作運用自如。劉佩珩的畫以喜慶、祈福內容為主，他像擺七巧板一樣，把娃娃、魚、如意等喜慶道具任意改變位置來形成新的作品，因而作品頗豐。

「筆簡形賅，形神兼備」是很多人對他作品的第一感覺。在繪畫筆墨的表現手法上，劉佩珩有著自己獨到的見解。在最初進行動物畫創作時，其在筆墨上一直做加法，那時的他力求把作品中的動物畫得很精細、很具象，而漸漸地，他開始在畫面中做減法，將那些無關緊要的筆墨去掉，只留下傳神精到的東西。可以說，這是一個不斷提煉的過程，因為創作本身就是一個長期提煉的過程，也只有經過不斷提煉，作品才能逐漸達到超越前人、獨樹一幟的更高境界。

▲ 劉佩珩

木版年畫的傳承人 —— 李向榮

▲ 李向榮

李向榮（1952年- ），祖籍山東省濟南市千佛山，中國工藝美術家協會會員、省級工藝大師。家承譜系太祖父李祥，祖父李連春，父親李興亞。一九一一年，李向榮的爺爺李連春闖關東到通榆縣，以製作木版年畫為生，並創作了極具地域特色的通榆闖關東年畫。

年少時的李向榮隨父親學習繪畫、書法、篆刻，特別是祖傳無筆畫、木版年畫。他的木版年畫作品具有典型的東北特色，風格古樸而新穎，工序上有水印、膠印、疊加套版，製作方法和材料上也有地方元素，用色、用紙分不同手法而為之，代表作品有《門神》《牧耕圖》《福祿壽》《連年有餘》等。

由於李向榮的木版年畫緊跟時代步伐，日益創新，因此可以說是社會發展、民俗風情的重要歷史見證，對研究中國民間繪畫藝術與其他各個畫派的融合和發展有著重要的意義。

事實上，木版年畫題材之一——通榆闖關東年畫的產生和發展正是隨著社會變化及人們生活狀況的改變而不斷髮展變化的。它保留了中原年畫風格，又有自己的藝術特徵。

▲ 李向榮獲獎證書

有鑒於李向榮所代表的木版年畫的文化意義，李向榮在二〇〇九年、二〇一一年分獲吉林省兩項非物質文化遺產證書。

馳名關東的殿堂廟宇木雕大師——高凌雲

　　高凌雲（1889 年-1969 年），河北省灤縣人，出身木匠世家，一九二二年遷到大賚縣（今大安市）。高凌雲十歲隨父學藝，十二歲入私塾，就讀三年。家貧無奈，棄讀從藝，立志自奮，精鑽技藝，苦練繪畫、書法和雕刻藝術。十九歲時，木工技藝已近成熟，書法、繪畫、建築設計大有長進，在瀋陽市嶄露頭角，尤其雕刻技法更為同行們所推崇。他先後為扶餘縣的太陽廟、地藏寺，大賚縣的關帝廟、三聖庵、天主教堂，齊齊哈爾的天主教堂雕刻過各種神像和繪製壁廊上的人物、龍鳳、禽獸、花卉，雕刻、繪畫技藝日臻完美。

　　高凌雲為人正直豪爽，蔑視達官權貴，人稱「不怕硬的高老雲」。一九四一年，在一次施工中，日本工頭無故打了中國工人，他挺身而出，據理力爭，為保護工人，用斧頭砍傷日本工頭，為此他攜子侄離家避難四年。一九四五年日本投降，他回到大賚縣。雖已暮年，卻領侄子和徒弟奔波於木、瓦、畫匠之間，把他們組織到工會中來。

　　一九五三年至一九五五年，高凌雲曾三次應邀參加黑龍江省農業展覽會的籌備工作，雕刻和塑造各種人物和動植物模型及農、牧、林等沙盤模型。有一次，展覽會要做一個「鯉魚躍龍門」的模型。由於美工人員用石膏做的鯉魚太重，他便用木料雕刻了一條空心鯉魚，一次試驗成功，成為展覽會的佳品，受到好評。

　　一九五八年和一九六三年，高凌雲兩次參加吉林省美術展覽館的籌備工作，作品《屈原》立體雕刻站像獲獎，平面透梭穿梗作品《喜鵲登梅》獲優秀作品獎。一九六〇至一九六四年，他組建了大安縣第一個美術工藝社並義務指導，培養出一批藝術骨幹。

　　高凌雲多才多藝，詩、琴、書、畫無所不通。他還特別喜歡編謎語，每逢元宵佳節，自己出資辦燈謎晚會。他編的燈謎新穎高雅，用典廣泛，集知識

性、趣味性為一體，使人賞心悅目。大安縣燈謎愛好者公推他為「謎壇盟主」。他曾多次被選為大安縣人民代表、政協大安縣委員。

一九六九年十一月，高凌雲病逝於大安縣。

魂斷塞納河畔的國畫家──梁長林

梁長林（1951 年-1983 年），吉林省白城市人。一九七〇年初中畢業，梁長林隨父到洮安縣洮東鄉插隊落戶，勞動之餘，刻苦自學美術。一九七一年，他被洮安縣文化館破格錄用。一九七〇至一九七三年，他創作出很多美術作品並多次展出，其中《我們的老戶長》獲吉林省美術作品展覽優秀獎並出版發行，同年被推薦參加一九七二年紀念毛主席《在延安文藝座談會上的講話》發表三十週年全國美展。一九七四年，中央美術學院招生，東北三省只招收兩名，梁長林在逾千名考生中奪魁，考入中央美術學院。一九七八年，他以優異的成績畢業，留校在中國畫系任教。

著名畫家葉淺予在一篇文章中總結梁長林工作與生活時寫道：「值得特別稱讚的，是他對藝術事業和個人生活的態度，具有嚴肅認真、虛心鑽研、埋頭苦幹、不圖名利等美德。他發揚了這一代青年美術家的正氣，和那些自吹自擂、欺世盜名、譁眾取寵、見利忘義之輩，形成了鮮明的對比。……梁長林的可貴之處，正在人品與畫品皆高這一點上。」

▲ 梁長林國畫作品

梁長林的多數作品，均為速寫和書法緊密結合的結晶。他的作品《故鄉行》《蒙古少年》《春雨》《水墨小說》《板橋小像》《秋水飛雁》等，分別在《美術》《美術研究》上發表，其中《板橋小像》等在香港展出。《故鄉行》生動地表現了革命家彭德懷的形象，被評為全國青年美展二等獎。他還利用中國畫技法，創作了《呂梁游擊隊》《荷花淀》等連環畫作品，受到專家與讀者的讚揚。

　　一九八三年五月，梁長林參加中國青年美術家代表團赴法國訪問。同月二十日在里昂突遇車禍不幸身亡，年僅三十二歲。

　　一九八三年十月，中央美術學院專門舉行了梁長林遺作展覽，著名畫家葉淺予、盧沉、姚有多等都發表了紀念文章。

雄才猶在領風騷的劇作家——李傑

　　李傑（1939 年-2000 年），河北省承德市人，歷任吉林省白城市大安縣第二中學教員，大安縣文化館館員、專業創作員，《綠野》文學雜誌第一任主編，白城地區文聯副主席，吉林省文聯主席、黨組書記，吉林省戲劇家協會主席，中國文聯全國委員會委員等職。

　　李傑的作品曾多次榮獲國際、國內大獎。話劇《高粱紅了》獲文化部、中國戲劇家協會頒發的第一屆全國優秀劇本創作一等獎、吉林省長白山文藝獎、國際國內獲獎文藝作品大會獎。話劇《田野又是青紗帳》獲中國戲劇家協會頒發的第三屆全國優秀劇本創作一等獎、全國首屆振興話劇獎、吉林省長白山文藝獎、中國話劇研究會話劇優秀編劇金獅獎。話劇《古塔街》獲吉林省長白山文藝獎。電視連續劇《大雪小雪又一年》獲吉林省委宣傳部「五個一工程」入選作品獎、第七屆東北三省電視劇金虎獎、中宣部「五個一工程」獎、中國電視劇飛天獎。

　　李傑作為文化使者，曾應邀四次赴美、三次赴蘇（俄）和英、德、法、韓、埃及、新西蘭、澳大利亞等國進行文化交流活動。他還曾任「正義·和平——紀念世界反法西斯戰爭勝利五十週年國際美術作品展覽」評選委員會委員、第三屆中國攝影藝術節評獎委員會主任委員、世界和平友好國際書畫藝術

《李傑紀念文集》

大賽組委會副主任、第五屆長白山文藝獎評委會副主任、世紀文化貢獻獎評獎委員會副主任。事蹟先後被收入美國國際名人學院（ABC）出版的《五百位有影響的領導者》《1994-1995 年最可愛的先生和女士》和《英國劍橋國際名人傳記辭典》。《李傑劇作選》（英文版）陳列於美國諾貝爾文學獎獲得者奧尼爾故居紀念館。

文藝創作多面手——王一兵

　　王一兵（1946 年-　　），滿族，曾用名貽冰，中國音樂家協會會員、中國少數民族作家學會會員、省音協理事、省作協會員、省劇協會員。曾任大安縣劇團團長兼縣創作室主任，其間編劇《珍珠與紅菱》《二下蘆花河》《丙辰祭》《張飛出巡》等戲曲劇目並多次獲省會演一、二等獎。後創作七場話劇《師魂》，由白城地區藝術團在區內各縣市巡迴演出逾百場。後在《人民日報》發表作品《節約能打萬噸糧》轟動一時。

　　王一兵參與諸多戲劇作曲、唱腔設計以及劇本創作。其創作的歌曲《關東玉米情》《一方水土一方人》《嫩江戀》《鶴鄉情》《飛向祖國萬里晴空》等百餘首，由省及國家著名演唱家和歌手演唱，在省以上電台、電視台播出或錄製，並多次獲省一、二等獎。為迎接奧運應邀創作歌曲《飛翔的北京飛翔的愛》等數首，在一些晚會上演唱，併入圍海淀區文藝會展，獲得群眾和專家的好評。

　　其文學著作有中、短篇小說《水館》《亮公子姻緣》《軌跡》等；長篇小說《百代皇妃》《民國上將蕭振瀛》《商海奇才胡雪巖》《女真人足跡》等幾十部；報告文學百餘篇，其中組織創作的以一九八五年抗洪為藍本的報告文學總集《創造奇蹟的人們》贏得讚譽。一九九五年創作電視系列劇本《明暗之間》獲中國作家協會、中國文聯、國家稅務總局稅法徵文一等獎。以吉林省優秀教師趙潤為原型創作的話劇《師魂》上演百餘場次，成為是年上座率最高的話劇之一。

▲ 王一兵

榮獲飛天獎的編劇——李永群

李永群，吉林省通榆縣人，筆名泳群。中國北方曲藝學校文學創作專業畢業，中國電視劇編劇委員會會員，出版小說《女特警——為你鍾情》（已拍攝同名電視劇）、《大上海——兄弟情深》、《大上海——天地豪情》。編劇作品另有電視劇《兄弟門》《浴血記者》《暗香》《天堂秀》《新永不瞑目》等。其中《天堂秀》獲第二十九屆飛天獎長篇電視劇二等獎，《風和日麗》獲第九屆全國十佳製片優秀電視劇獎，另有多部電視劇本投入拍攝。

《風和日麗》是李永群與著名導演楊文軍合作的三十五集電視連續劇，由馬伊琍、李晨、鮑國安和尤勇聯合主演，改編自艾偉的同名小說。

故事跨越了廣闊的歷史，以「大躍進」「文革」和改革開放初期為背景，講述開國將軍女兒楊小翼尋找親生父親的悲情之路。劇中性格各異的人物，織

▲ 李永群

成了複雜宏大的社會背景，從而使這部電視劇具有編年史般的質感和價值。楊小翼無疑是那個時代年輕人的縮影，她的命運也最令人牽掛和感嘆。

這部劇一經上映，便創多家衛視收視率之冠，被譽為女性情感史詩，讓曾與共和國同風雨共命運的一代人回眸過去，讓現今的年輕人瞭解父輩們曾經的追求與坎坷。

二〇一五年，由她改編的青春愛情影片《何以笙簫默》，由楊文軍導演，黃曉明、楊冪主演。該片主要講述保以琛和趙默笙通過一段年少時的愛戀牽出一生的糾纏，一個執著於等待和相愛的故事。影片上映後，取得很好的收視效果。

被寫入中國戲劇史的劇作家──張國慶

張國慶（1943 年-　），吉林省洮南市永茂村樹仁人，曾先後擔任白城地區戲劇創作室主任、白城市作家協會主席、白城市文聯常務副主席，係中國作家協會會員、中國戲劇家協會會員、國家一級編劇。

張國慶自一九六四年開始從事文學創作，係我省第一代專業作家之一，先後發表出版文學、影視、戲劇作品近百部（篇），約九百多萬字，僅電視劇就有一百二十部（集）。其代表作有長篇小說《親仇》《關東血》《齊魯丐幫》等，中短篇小說《呼嚕將軍外傳》《洮兒河姑娘》等。此外還著有長篇《吳大帥傳奇》《東北王張作霖》《晚霞不是夢》等十多部，戲劇作品《西瓜今日甜》《風流店家》《生命》等三十多部。有十多部作品在省及國家獲獎，其中《西瓜今日甜》《太平歌》獲全省一等獎，吉劇《梟雄夢》獲長白山大獎，電視劇《吳大帥傳奇》《東北王張作霖》獲東北三省電視劇金虎獎，《東北王張作霖》獲中國大眾電視劇金鷹獎提名獎，《獎券風波》獲全國金盾獎。

一九八三年，張國慶的長篇小說《親仇》發行八萬多冊，成為全國暢銷書之一，並於一九八六年代表吉林省的文學成果參加在香港舉辦的中國書展，受到好評。他創作的中篇報告文學《黨旗下有產者》，大膽提出「土改時是提著馬鞭子鬥地主的積極分子入黨，現在應該是帶頭致富的『有產者』中的先進分子入黨」。在改革開放初期，他率先提出「先進的有產者應該站在黨旗下」這一政治命題，很有研究價值。此文當時被中共中央書記處調去五十份，作為研究黨建問題的參考材料。

長篇電視劇《愛在莫斯科》是首部中俄聯合製作的電視劇，由中國長春電影製片廠與俄國電視台（後改名為國家電視公司）聯合攝製，開創了中俄兩國影視合作的先河。

由於文學業績突出，創作成就顯著，張國慶於一九九二年被評為享受國務

院特殊津貼的有貢獻專家。一九九一年，被國家人事部、文化部授予「全國文化系統先進工作者」榮譽稱號，並在人民大會堂受到黨和國家領導人的接見。吉林省人民政府命名他為「有突出貢獻的拔尖人才」，並頒發吉林英才獎章。

　　現在，張國慶雖已退休，但仍筆耕不輟，並擔任北京大漢文化發展公司藝術總監。

▲ 張國慶

京劇表演藝術家——陳俊傑

　　陳俊傑（1957 年-　），吉林省白城市人，北京京劇院國家一級演員，京劇淨角。一九七〇年考入吉林藝術學院京劇科，以樣板戲開蒙，學了兩年老生後改學花臉。一九七四年畢業後留校任教，邊教學邊學戲。一九七六年師從文濤，開始學習傳統戲。一九七九年調入吉林省京劇團當演員，以武戲翻打為主。一九八二年正式拜文濤為師，在傳統戲上深造。同時他還向鳴春社前輩郝鳴超學習了《打焦贊》《白水灘》，向著名京劇武生黃元慶學習了《夜奔》《狀元印》，打下了紮實的武功基礎。一九九〇年，他曾向京劇名家、裘盛戎先生的弟子李長春問藝，拓寬了藝術視野。一九九二年，陳俊傑調入山西省京劇院；一九九四年調入北京京劇院青年團；一九九七年考入中國戲曲學院首屆研究生班，師從文濤、李長春、夏韻龍、孟俊泉、李欣。

　　陳俊傑在傳統戲《秦香蓮》《坐寨盜馬》《赤桑鎮》《龍鳳呈祥》《趙氏孤兒》和現代戲《黃荊樹》《杜鵑山》《黨的女兒》以及新編歷史劇《畫龍點睛》《驛亭謠》中都有演出，也曾參演賀歲京劇《宰相劉羅鍋》。

　　一九九一年，陳俊傑獲全國青年團隊會演表演獎。

▲ 陳俊傑

京劇表演藝術家──盧鳳吉

▲ 盧鳳吉

盧鳳吉（1947 年- ），一九六〇年從藝，中共黨員，大本學歷，國家一級演員，歷任白城地區京劇團副團長，白城市藝術團團長、黨支部書記，兼任市演出公司經理。現為中國戲劇家協會會員、吉林省戲劇家協會理事、中國演出家協會會員、吉林省演出家協會理事、白城市文聯委員、白城市戲劇家協會副主席、白城市京劇協會副會長及老年藝術團藝術顧問、白城市小仙鶴藝術團名譽團長。二〇〇八年，被白城市關心下一代工作委員會聘任為市文廣新局關心下一代工作委員會常務副主任至今。

從藝五十多年來，盧鳳吉共排演了二百多台劇目，演出場次達五千餘場，並在二百多個大小劇（節）目中重要角色，塑造出百餘個傳統和現代戲各類人物形象，如林沖、楊延輝、楊子榮、郭建光等。同時，他還導演過三十多台劇（節）目，率團在全國十六個省市、自治區、近三百個大中城鎮，做過巡迴演出，總計達三千六百多場，觀眾達三百多萬人次。

他本人先後十九次獲得省市會演比賽中獲獎，連續兩次榮立白城市三等功。二〇〇四年，被評為全省科教文委建功立業先進個人。

京劇程派傳人 —— 張火丁

　　張火丁（1971 年-　），吉林省白城市人，京劇演員，工旦行，國家一級
演員、文化部青聯委員、中國京劇程派藝術研究會理事、中國戲曲學院表演系
教授。京劇著名程派藝術家趙榮琛的關門弟子，屬程派第三代嫡系傳人。

　　張火丁自幼酷愛京劇，尤愛程派。十五歲時棄評改京，獨闖京城求藝。曾
師從王蘭香、許世光、劉韻同、趙秀春。一九九五年，張火丁調入中國京劇
院。在中國戲曲學院攻讀研究生期間，受業於李金鴻、新豔秋、李薔華、王吟
秋等教授。

▲ 張火丁

　　趙榮琛教授精湛、高超的技藝和悉心傳授，使張火丁的程派藝術產生了質的飛躍，藝術功力大有提高。一九九四年，張火丁在京成功舉辦了首次個人專場演出，充分展現了她的藝術才華，博得專家和廣大觀眾的高度讚揚。自一九九四年以來，中央電視台等多家電視台、電台播放張火丁的演出和演唱實況。國內二十多家報刊媒體發表過專家、戲迷對張火丁高度讚揚和中肯希望的評論文章。

　　一九九九年，《戲劇電影報・梨園週刊》主辦「評說五小程旦」活動。張
火丁與李海燕、遲小秋、李佩紅、劉桂娟共同榮獲「五小程旦」稱號。

▌戲劇舞台常青樹──楊慶寶

▲ 楊慶寶

楊慶寶（1946 年-　），原白城地區吉劇團副團長、地區文聯委員、省劇協分會會員。自一九六七年參加縣業餘毛澤東思想文藝宣傳隊以來，先後在戲曲舞台上成功地塑造了許多主要角色，成為白城地區文工團的優秀職業演員。他第一次唱吉劇是在一九七三年，為了參加省會演，趕排了小吉劇《隊長不在家》，並飾演生產隊會計春勝，演出十分成功，得到廣大觀眾和專家們的一致好評，電台還為該劇錄了音。該劇當時在省內外影響很大，幾次為吉林省召開的大型會議演出。

一九七八年以來，楊慶寶開始從事吉劇專業，先後在吉劇《父子恨》《婚禮上的眼淚》《生命之花》中飾演男主角，並獲得省、地會（調）演的表演獎。

一九八三年，吉林省舉辦首屆吉劇會演大會，由他主演的大型現代吉劇《西瓜今日甜》又一次轟動了春城，榮獲大會表演一等獎，並獲優秀唱功獎。

楊慶寶的表演質樸且活潑，詼諧且有鄉土氣息，有著自己獨特的表演風格。

吉劇表演藝術家 —— 王麗娟

▲ 王麗娟

▲ 王麗娟劇照

王麗娟（1947 年- ），吉林省白城市人。中共黨員。一九六五年畢業於白城地區中等藝術學校，師承于連生、程世傑、吳降秋，工刀馬花旦，歷任吉林省白城地區吉劇團、白城地區京劇團、白城市藝術團演員。曾任白城地區京劇團副團長、白城市藝術團副團長、白城市戲劇家協會副主席。現為中國戲劇家協會會員、國家一級演員。二○一一年，曾獲吉林省文化廳最具影響力的戲劇藝術家稱號。主演過的京劇劇目有《桃李梅》《燕青賣線》《江姐》《蘆蕩火種》《躍馬揚鞭》《智取威虎山》《沙家濱》《平原作戰》《磐石灣》《捉鼠記》《辛安驛》《女駙馬》《春草闖堂》《李慧娘》《狸貓換太子》《穆桂英大破天門陣》《櫃中緣》《紅燈照》《梁紅玉》《包公誤》《花田八錯》《拾玉鐲》《雛鳳凌空》《梅花案》《賣水》《蛇妃》。同時，導演過京劇《回家》《小孩闖大禍》《家庭公案》《老太太出嫁》《拜師》等多部作品。

「北漂」名角兒——趙鐵人

趙鐵人（1947年-　），吉林省白城市人，曾在白城地方戲劇團做過演員。由於趙鐵人在眾多影視劇中常常扮演老頭兒一角，故被白城人稱為「家鄉的名牌老頭兒」。

多年來，趙鐵人在諸多影視作品中飾演角色，如二十六集電視連續劇《江塘集中營》中在日本人刺刀下捨生忘死守護小孫子的老兵賀秀亭，賀歲片《求爺爺告奶奶》中的劉半仙，賀歲片《鄉村網事》中的男一號老徐頭兒等等。趙鐵人塑造的這些人物形象，準確到位，用他與生俱來的那張表情豐富的「老臉」，打動了億萬觀眾的心。在英達導演的《候車室的故事》中，趙鐵人飾演盲流子董六，更是給觀眾留下了深刻的印象。

▲ 趙鐵人

其實趙鐵人的銀屏之路，也像很多大明星一樣，是從北漂開始的。一九九七年八月二十二日，一個大雨瓢潑的夏日，也不知哪根神經觸動了趙鐵人，他頂起一塊塑料布衝出家門，冒雨跑到了火車站，毅然決然地登上了開往京城的列車。那一年趙鐵人五十歲。這一去，他與東北故鄉的分別就是十年。第一次踏進首都北京，趙鐵人沒有急著看望在北京電影學院學習的女兒，而是尋找便宜的招待所。趙鐵人第一次掙到二十元錢，是在北京串演的第一場戲，由陳佩斯主演的《為了新生活前進》。然後是《還珠格格》，其中有一個六百人跪拜的

大場景。雖然播出的畫面僅僅一瞬間，可那六百人卻整整跪了一天。他是這六百人其中之一，當時的報酬只有二十元。面對手中的二十元錢，趙鐵人自信地看到前路的曙光。

▲ 趙鐵人劇照

一年後，命運的轉機，因趙鐵人的熱情而降臨，在鞏漢林主演的《七品芝麻官》中，男一號演員偶然發現了趙鐵人巧推獨輪車的演技，便主動嚮導演推薦他。正是由於這些同行的慧眼識珠，無私相助，他才得以一步步踏入影視圈，最終在北京立足。

自二〇〇〇年始，趙鐵人先後在《兄弟如手足》《縣委書記》《其實俺不傻》《老富頭獻寶》《向陽理髮店》《衙門口》《笑笑茶樓》《光榮》等四十餘部影視劇中飾演角色。

有耕耘就有收穫。二〇〇〇年，趙鐵人因為出演王曉帥導演的《夢幻田原》，榮獲第二十屆中國電影金雞獎最佳男配角提名，獲第二十三屆《大眾電影》百花獎最佳男配角提名。

二〇〇五年九月，趙鐵人正式簽約了英達影視公司，成為英達集團的一名干將。

▍二人轉表演藝術大家──韓子平

▲ 韓子平演出照

韓子平（1949年-　），吉林白城人，吉林省二人轉藝術家協會主席。一九七〇年考入吉林省洮安縣文工團，一九七九年調入吉林省吉劇團，一九八〇年調入吉林省民間藝術團，現為吉林省地方戲曲劇院民間藝術團演員、藝術指導。

從藝以來，韓子平先後演出拉場戲《回杯記》《馬前潑水》《離婚夫妻》等三十多個劇目。一九八六年主演的二人轉《啞女出嫁》獲全國新曲（書）目比賽表演一等獎。一九九二年主演的拉場戲《村長醉酒》在全國戲劇小品比賽中獲表演一等獎，獲文化部第七屆文華節目獎。

一九七八年，韓子平被省文化廳指定參加吉林省吉劇團的演出，一九七九年，正式調入吉林省吉劇團，在長春安家落戶。年內，以吉劇團第二演出隊為班底的吉林省民間藝術團成立。年底，韓子平名篇《回杯記》出爐，形成自己的表演風格，邁開了走向一代宗師的堅實步伐。

《回杯記》於一九八〇年錄製成磁帶，發行量超過百萬。一九八二年又被搬上電視螢屏。其後，由韓子平和董瑋合作表演的二人轉和拉場戲《馬前潑水》《水漫藍橋》《西廂觀畫》《啞女出嫁》等劇目，響徹白山黑水間。

東北地方戲名家——勾麗華

▲ 勾麗華

勾麗華（1955 年-2015 年），吉林省大安市人，中共黨員，原吉林省白城市吉劇團業務副團長，國家一級演員。中國戲劇家協會會員、吉林省戲劇家協會理事、白城市戲劇家協會副主席。

一九七〇年五月，剛滿十五歲的勾麗華因綜合藝術氣質和天分被白城地區吉劇團錄取，成為一名專業戲曲演員。憑藉虛心好學的態度和自身所具備的天賦，刻苦練功、精心學藝，她很快就在同期學員中脫穎而出，在演出中多次擔任重要角色，逐漸成了同行中的佼佼者。一九七三年，她在新創吉劇《隊長不在家》劇目中擔任主角並在全省會演中獲得了成功，由此成為當時白城戲曲藝術的希望之星被寄予厚望。

為了成為一名優秀的演員，她堅持勤練功、多實踐，虛心鑽研，在戲曲藝術的海洋裡逐漸掌握了花旦、刀馬旦、娃娃生、小生等行當的基本功和表演技巧，被業內同行稱之為全能演員。

二十世紀七十年代中期以來，勾麗華的表演藝術日臻成熟，先後在大型傳統戲和新創現代戲中塑造了近四十個不同行當且各具獨特個性的藝術形象。在一九八三年吉林省第一屆吉劇會演中，勾麗華憑藉現代吉劇《西瓜今日甜》獲得表演一等獎、優秀唱功獎，贏得了省內外專家、同行以及廣大觀眾的好評，被譽為吉劇新秀。她演出的吉劇《父子恨》《婚禮上的眼淚》《梟雄夢》《晚霞不是夢》《白沙灘》等劇目在省會演中都得到了好評和獎勵。

和吉劇結下不解之緣並取得一些成績後，她對二人轉也是一往情深。參加工作以來，她先後排演了數十個拉場戲、二人轉和單出頭劇目，數量不在戲曲之下。二人轉的知識和藝術實踐大大增強了她吉劇表演的立體感。一九八六年在吉劇攻關中，她排演了《寇準探園》，在戲中扮演柴郡主，突出地運用了二人轉中的絕活，在「探園」一場中，她手持的扇子、手絹都是按照二人轉的表演特點設計的，在表演中手絹的拋耍、扇子的旋轉出神入化，戲曲台步、翻身等，既突出了吉劇的特點，也平添了人物的造型美。在「靈堂」一場中運用的六尺水袖表演，使人們看到戲曲、二人轉藝術的成功融和。該劇被攝製成影像作品，作為省戲校教學示範教材。她於吉林省第十二、第十三、第十四、第十五屆二人轉調演中獲個人表演一等獎。二〇〇〇年被評為吉林省「四大名旦」之一。

　　從二十世紀九十年代初起，勾麗華堅持在演出的同時，開始從事導演工作，先後十幾次擔任白城市春節團拜會及大型專題文藝演出的導演，並先後執導了二十幾個二人轉劇目。其中八個劇目在省會演中獲導演一等獎，兩個劇目獲藝術節大獎。

　　一九八一年，勾麗華被吉林省人民政府授予「文化系統先進工作者」稱號，一九八一年被國家文化部授予「全國農村文化藝術先進工作者」稱號，一九八三年被吉林省人民政府評定為「吉林省勞動模範」，一九九三年被收入《中國當代名人大典》，二〇〇二年被省政府授予「吉林省文化系統先進個人」榮譽稱號，二〇一三年被省委宣傳部、省文化廳授予吉劇發展貢獻獎。

吉林「四大名丑」之一——朱偉

　　朱偉（1970 年- ），原名朱相彬，吉林省公主嶺市人，國家一級演員。現為白城市吉劇團副團長、吉林省戲劇家協會會員、吉林省二人轉協會理事、白城市戲劇家協會副主席。自一九九二年參加工作以來，朱偉堅持用藝術上不斷取得進步來體現人生的價值，十幾年來，在藝術創作和舞台表演上取得了輝煌的成就。

　　一九九四年，朱偉在全省會演拉場戲《貴夫人推磨》中飾演豆腐匠，獲個人表演一等獎。一九九五年，參加東北三省二人轉邀請賽，憑拉場戲《貴夫人推磨》獲明星獎。一九九六年，在全省十三屆二人轉會演中，憑拉場戲《傻柱子接媳婦》獲個人表演一等獎。一九九八年，在吉林省二人轉會演中，憑拉場戲《傻哥傻》獲個人表演一等獎。二〇〇〇年，在吉林省二人轉會演中，憑拉場戲《僧尼會》獲個人表演一等獎。二〇〇二年，在吉林省首屆二人轉藝術節中，憑拉場戲《打是親，罵是愛》獲個人表演一等獎，並榮獲吉林省「四大名丑」榮譽稱號。二〇〇五年，在吉林省二人轉藝術節中，憑拉場戲《包保戶》獲個人表演一等獎、劇目綜合大獎。二〇〇七年，在吉林省第三屆二人轉藝術節拉場戲《兒子、媳婦、媽》中，以出色的表演獲個人表演一等獎，並再次榮獲吉林省「四大名丑」榮譽稱號。二〇〇九年，在吉林省第四屆二人轉藝術節中，憑拉場戲《豔遇》獲個人表演一等獎。二〇一一年，在大型吉劇《白沙灘》中擔當主演。二〇一四年，在大型

▲ 朱偉劇照

現代吉劇《良子》中成功主演了一號主演田媽，在參加吉林省廣場文化活動週匯報演出時，受到業內專家一致好評。

二〇〇四年，朱偉與吉林省電視台合作拍攝了一百一十八集大型室內情景劇《咱老百姓》，在劇裡成功塑造了二偉一角，受到了呂啟鳳、鄭坤範、柏青等老藝術家的一致好評。

二〇〇四年至二〇一三年，朱偉先後拍攝了電影《老村》《向海的故事》《大布蘇的故事》和電視劇《我的土地我的家》。

▲ 朱偉

在二十多年的演藝生涯中，朱偉一直遵循這一原則：作為白城市吉劇團主要演員，哪怕是在條件艱苦的下鄉演出中，依然要堅持用一絲不苟的颱風、精益求精的演技來回報觀眾，把觀眾的需求和熱情作為表演的動力。

鑒於朱偉突出的工作成績，吉劇團領導和其他演員均給予其高度評價。二〇〇六年，朱偉獲「白城市優秀專業技術人才」榮譽稱號。二〇一二年，獲得「白城市十佳名人」稱號。

吉林「四大名旦」之一——盛喆

▲ 盛喆

　　盛喆（1973 年-　），吉林省大安市人，國家一級演員。一九九一年考入大安市職業高中戲曲表演班，一九九三年十月被大安劇團錄用，二〇〇〇年作為尖子演員從大安市劇團調入吉林省民間藝術團。現任吉林省吉劇院演員、吉林省曲藝家協會會員、吉林省二人轉協會理事。

　　在多年的藝術生涯中，盛喆形成了自己幽默、詼諧、細膩的表演風格，參加省內外各類賽事均取得較好成績。

　　盛喆曾兩次榮獲吉林省戲劇小品藝術節「四大名旦之首」稱號。在中國文化部舉辦的第四屆金獅杯戲劇小品大賽中，榮獲個人表演金獎。被省委、省政府評為吉林省第十批突出貢獻中青年拔尖人才。在法國「巴黎‧中國曲藝節」中，憑所表演的二人轉《夫妻串門》獲盧浮銀獎。憑拉場戲《將熱情進行到底》在東北三省戲劇小品大賽中榮獲個人表演金獎。小品《非誠誤擾》榮獲第九屆全國電視小品大賽三等獎，榮獲全國小戲小品大賽表演金獎。

　　盛喆曾領銜主演三十集電視情景拉場劇《幸福一家親》，在吉林衛視和吉視鄉村頻道播出。

▲ 盛喆劇照

電影表演藝術家 —— 宋曉英

▲ 宋曉英

宋曉英（1954 年- ），吉林省白城市人。畢業於北京電影學院，著名電影表演藝術家。一九七一年，高中畢業後進入吉林省吉劇團。一九七三年初登銀幕，參加了重拍片《平原游擊隊》的拍攝。翌年調入長春電影製片廠。此後相繼拍攝了《金光大道》《鎖龍湖》《薩裡瑪珂》等影片。一九八三年，她在《16號病房》中成功地塑造了鄉村女教師劉春華一角，獲第四屆中國電影金雞獎最佳女配角獎。一九九二年，她又因主演電影《燭光裡的微笑》，獲第十二屆中國電影金雞獎最佳女主角獎。此後宋曉英簽約金德影業公司，更多地出現在電視屏幕上。在她看來，電視和電影沒有高下之分，她只看中劇本的質量。

宋曉英塑造的大都是真善美的正面人物形象。在近年的電視屏幕上，宋曉英出演的兩個角色又獲得了專家和觀眾的肯定。一個是《張學良》中的于鳳至，宋曉英把這個心胸寬闊、命運複雜的女性拿捏得極為準確；而在《長征》中，她塑造的是一個完全不同的角色，一位長征中的女團長。這兩個角色的人物內心都被宋曉英塑造得十分細膩、有層次。

歌唱大沁塔拉的音樂家 —— 鄭冠鈞

▲ 《鄭冠鈞創作歌曲100首》

鄭冠鈞（1944 年-1992 年），上海人，四五歲時就開始學音樂，因是資本家出身，「文革」期間被下放到東北，一直紮根於此。他在音樂方面有很深的造詣，一九七二年，在全國最具影響力的歌曲集《戰地新歌》中，收錄了他創作的歌曲。

由他作曲、當代文化名人韓志晨作詞的歌曲《大沁塔拉有座美麗的城》是一首名作。它自一九八八年問世以來，在白城久唱不衰，給小城樂壇增添了一抹新綠，白城音樂創作也因這首歌的誕生而蜚聲省內外。

《大沁塔拉有座美麗的城》的歌詞非常具有文學性，與曲調的完美和諧共同造就了歌曲動人心魄的力量。這首歌曲之所以能夠穿越時空，永久傳唱，除了它具有被大眾認可的優美旋律，更重要的是它催生了一種新的「意境」，構成歌詞的意向主要是草原、仙鶴、綠柳、高樓、新路、小夥的腳步、姑娘的笑臉，用淳樸的語調聚焦可愛的家鄉——白城。這樣的作品最易撞擊心靈、令人遐想，遂成為一個時期的代表作。除這首名曲外，他的百餘首作品在社會上廣為流傳，並結集出版了《鄭冠鈞創作歌曲 100 首》。

高產作曲家──孫思源

孫思源（1946 年- ），吉林省洮南市人，中國音樂家協會會員、吉林省大安市文化局創作室主任。

從藝四十餘年中，孫思源先後掌握了十餘種樂器的演奏方法，研製改良的樂器曾獲省級科技進步獎。編劇、作曲的東北地方戲曲作品多次在吉林省和內蒙古自治區的會演評選中獲獎，其中《送戲》《沒事找事》《光棍借妻》《賢妻休夫》等三十多個劇目分別獲得一、二、三等獎，二人轉《打金枝》《斬竇娥》等被錄製成盒帶發行，《挑刺》被攝製成電視藝術片播映。

近年來，孫思源在《歌曲》等多種音樂報刊發表了《軍營男子漢》等近百首作品，在全國性的多種徵歌大賽中獲得三十多個獎項，其中《黑土戀情》在全國農民歌手邀請賽中獲優秀作品獎；《採油工人之歌》在全國工人歌曲徵評中獲銀獎；《怎麼偏偏愛上你》在中國工人新歌徵評中獲一等獎；《民兵之歌》在全國民兵預備役部隊歌曲徵評中獲優秀獎；《紅領巾進行曲》在中國首屆少年兒童卡拉 OK 電視大賽中獲三等獎；《我的北方漢》在全國民間音樂舞蹈比賽中獲文化部、廣電部頒發的優秀獎，同時又獲得文化部第二屆群星獎；《啊，北方！》在中央人民廣播電台播放；《關東家》《我的中原》在中央電視台第八屆大紅鷹杯全國青年歌手電視大獎賽中首唱；《光榮的艦隊》被海軍北海艦隊作為專題片的片尾曲；《夢中的卓瑪》（代伐鐘作詞）被文化部選為中央慰問團赴西藏參加慶祝西藏和平解放五十週年慰問演出曲目，後又多次在中央電視台滾動播出；《魂牽夢繞西柏坡》《為你點燃鮮亮的蠟燭》分別作為獨唱和大型歌伴舞節目在西柏坡為中央領導做專場演出。

▲ 孫思源（中）與歌手合影

為毛主席表演過的洞簫演奏家——常子盈

　　常子盈（1904 年-1984 年），出生於黑龍江省的一個貧困家庭。因念不起書，十四歲時便被父親托朋友送到哈爾濱海北天銀店做學徒。海北天銀店老闆特別喜歡音樂，還經常在晚間把市內一些業餘音樂愛好者聚集在店鋪裡，吹吹打打、拉拉唱唱，一玩就是小半夜，常子盈總是抓住機會向他們學習。

　　一九二一年，常子盈在店裡遇到了來參加音樂聚會的東北三省很有名的洞簫演奏家張醒民老先生。在眾人熱烈的掌聲中，張老先生當眾吹奏一曲《孟姜女尋夫》。那淒切的聲音，那哀婉的旋律，深深地打動了常子盈。人們都已散去後，那淒涼悲苦的聲音仍在常子盈的腦海裡迴蕩著。至此常子盈對音樂特別是對洞簫產生了極大的興趣，他感到當今世上，再沒有比洞簫的聲音更感人的了。於是，他沒經父親允許，就用做學徒掙來的錢買了一支洞簫。從此，他便殫精竭慮地勤學苦練。為了能掌握一首完整的樂曲，他用手搖式留聲機，反覆地放著一支曲子，他哼唱會了之後，再用洞簫去試奏。經過一年多的努力，他終於能吹奏出幾首完整的樂曲來。

　　一九三一年，二十七歲的常子盈洞簫演奏水平已相當高超，這引起了哈爾濱音樂界的注意。

　　三十六歲時，自學吹奏洞簫的常子盈正式被年過八旬的張醒民老先生收為徒弟，霎時轟動了哈爾

▲ 洞簫

濱的音樂界。

一九四三年，常子盈因生活所迫，攜一家人投奔親屬，搬到安廣縣（大安市安廣鎮）。靠親友幫助，他在鎮裡開了一個家庭小銀店。雖生活不算富裕，但常子盈每天仍然堅持練吹洞簫。

新中國成立後，他積極參加縣裡組織的業餘劇團，為宣傳貫徹黨的方針政策、活躍群眾文化生活做出了貢獻。

一九五五年，白城地區舉辦首屆群眾文藝會演大會。常子盈代表安廣縣演出團在大會上用洞簫演奏《孟姜女尋夫》，伴隨著掌聲，常子盈的演奏被評為大會一等獎。同年三月，常子盈被白城地區推薦到吉林省，成為吉林省觀摩演出團的一員，出席了在北京召開的全國群眾業餘音樂、舞蹈觀摩演出大會。他在大會上演奏的洞簫獨奏曲《祭腔》《反祭腔》《孟姜女尋夫》，獲得了首都觀眾的不息掌聲，被大會評為二等獎，並頒發銀盾紀念章一枚。時任國家文化部部長的沈雁冰欣喜地到後台向常子盈祝賀，並陪同他到懷仁堂為毛澤東、劉少奇、周恩來、朱德等做匯報表演。之後，中央音樂學院特請常子盈去講授洞簫的演奏技藝和演奏方法。中國唱片社以「全國群眾業餘音樂舞蹈觀摩演出大會優秀節目選」為題，為常子盈錄製唱片，在全國發行。

一九八四年，常子盈病逝於吉林省前郭縣長山屯鎮，享年八十歲。

把「漢風」融入「韓流」的舞蹈家——李花

　　李花（1971 年-　），吉林省延吉市人，朝鮮族。一九九四年畢業於延邊大學，二〇〇六年畢業於韓國淑明女子大學，獲博士學位。

　　一九九四年，李花被特招到中國白城兵器試驗中心，穿上了軍裝，成為該中心舞蹈團的一名舞蹈編導。在軍營肥沃的土壤裡，李花拚命汲取著營養，火熱的軍營生活激發出她源源不斷的創作靈感。在部隊工作近十年，李花指導晚會三百多場，編舞一千多個，創作舞蹈一百多個，作曲、編曲五十餘首。其舞蹈作品《紅頭繩》《泉水邊》多次在軍隊、地方大賽上獲一等獎。一九九五年、一九九七年、一九九八年李花在代表兵器試驗中心參加國防科工委的文藝會演中，三次獲優秀演員獎，其創作的多個作品分獲一、二、三等獎。一九九八

▲ 李花演出照

年，李花輔導的舞蹈在吉林省小舞鞋杯少兒舞蹈大賽中獲一等獎。在軍隊每年舉行的大型歌詠比賽中，多次獲指揮一等獎。

一九八八年，李花被吸收為吉林省舞蹈家協會會員，二〇〇〇年當選為白城市舞蹈家協會副主席。李花在創作、編導方面做出了很大的成績，培養了很多人才，現在有的繼續活躍在一線，有的走上了領導崗位。十年來，李花多次被國防科工委總裝備部評為基層文化先進個人並給予嘉獎。

▲ 李花演出照

二〇〇四年，李花脫去軍裝，遠赴韓國踏上了求學之路，在韓國淑明女子大學進行深造，很快就成為該學校的業務骨幹和舞蹈團主要演員。二〇〇四年八月，李花在韓國芭蕾舞大賽演出中特邀跳中國舞。二〇〇五年，李花分別參加了亞洲田徑錦標賽開幕式和亞洲藝術節開幕式的演出，並擔任舞蹈指導。

二〇〇五年，李花獲韓國傳統舞大賽銀獎。二〇〇六年，在韓國舉辦了個人舞蹈專場演出。

第四章

———

文化景址

　　丹鶴之故鄉，吉西之勝境。丹頂鶴，長壽鳥，它之所以迷戀於這片土地，世世代代在這裡繁衍生息，就在於這裡的山美、水美、草原美—美如天堂。那遊不完的勝境、觀不盡的美景，形成了白城特殊的自然風光，因其歷史久遠、人文景觀獨特，也賦予了這片土地厚重的歷史積澱……

白沙灘古人類遺址

　　白沙灘古人類活動地，位於吉林省鎮賚縣嘎葉根鄉丹岱村東北約兩千米的嫩江南岸台地上，當地人稱之為「大坎子」。其西北距黑龍江的泰來縣西五家子村約兩千米，正處在兩省交界處。

　　白沙灘古人類遺址是一九八八年夏，吉林省考古學教授陳全家率師生在嫩江沿岸考古調查時發現的，當時採集石製品八十六件、動物化石四十五件。石製品有典型的楔形、船底形石核，工具有長身圓形刮削器、鋸狀器等；動物化石有十餘個種屬，其化石年代為舊石器時代晚期。這些文物證實了早在一萬三千多年前，這裡就有人類生存。

　　這是迄今為止所發現的白城市人類活動最早的地區。二〇〇七年，白沙灘遺址被確定為第六批省級文物保護單位。

▲　白沙灘古人類遺址

套木嘎遺址

套木嘎遺址由「前套木嘎遺址」和「後套木嘎遺址」兩部分組成，屬於新石器時期至遼代文化遺址。雖距今已有一萬三千年，其考古與歷史價值愈顯重要。

前套木嘎遺址位於吉林省大安市紅崗子鄉永和村，屬敖包山中段，分布面積為三點七萬平方米。這裡的紅燒土塊甚多，經考古專家分析論證，此處應是一居住遺址。遺物有成堆的魚骨、蚌殼、燒炭等，還有細石器和陶器殘片。細石器有石鏃、尖狀器、刮削器、石葉、石核等，陶片有的施有蓖點紋、刻劃紋、粗繩紋、細繩紋、附加堆紋、乳丁紋以及由蓖點組成的菱形、三角形、幾何形圖案等文飾。

▲ 套木嘎遺址

後套木嘎遺址與前套木嘎遺址相距約一千米，該遺址南北長一千米，東西寬二百米。早年，遺址中有一渠道沿著山岡走向穿過，渠道兩壁內側和渠道口，由於水土流失和農家取土而遍是坑痕。在季風颳出的窪坑和渠道底溝，蚌殼、魚骨、獸骨和人骨歷歷在目。其中數量最多的是蚌殼和魚骨。在自然形成的風蝕坑裡，裸露出大量各種顏色的細石器，俯拾可得。從渠道內側兩壁斷面處，可見有厚一米的文化層，層內堆積著大量陶片，顏色有紅褐和灰褐等，紋飾有附加堆紋、壓印紋和連點紋。

地表上還見有乳白、淡黃、赭石、醬色釉的瓷片以及器物口沿等殘片。也有陶質網墜和鐵器殘片等。這說明後來契丹人也曾在此地生活過。這處較大的新石器時期人類生活遺址，一九五七年被發現，一九五八年吉林省文物工作者曾來此調查，並定名為永合屯細石器遺址，一九九二年被吉林省人民政府確定為吉林省重點文物保護單位。

二〇一〇年至二〇一五年，吉林大學邊疆考古研究中心和吉林省考古研究所歷時六年在此發掘，出土了大量文物，特別是距今一萬年前的早期陶罐的出土，證明了白城這一區域早在一萬年前就已經有了陶器製品。該遺址考古還被國家文物局確定為中國北方考古教學基地。

▲ 套木嘎遺址考古挖掘現場

▌向陽南崗遺址

　　向陽南崗遺址，位於吉林省白城市鎮賚縣坦途鎮向陽村太平山南約二千米的一條沙崗之上，屬新石器晚期及青銅早期的文化遺存。沙崗大致呈東北—西南走向，寬約一千米，高約二十米，綿延近十千米，中部南坡多處風剝坑中裸露著大量的蚌殼、魚、獸骨、陶片和細石器。分布範圍東西一千米，南北八十米。細石器有刮削器、尖狀器、石匕首、石鏃等。陶片以手製黃褐夾沙陶為主。

　　一九八七年十月二十日，向陽南崗遺址被確定為吉林省省級文物保護單位。二〇一三年五月，遺址又被中國國務院列為第七批全國重點文物保護單

▲ 向陽南崗遺址陶罐

▲ 向陽南崗遺址

位。

一九八五年六月至七月間，省文物考古研究所在此進行了考古發掘。發掘面積約八百平方米，清理房址兩座、灰坑一個、墓葬八座，出土陶、石、銅、鐵、骨等遺物二百餘件。

遺址至少包含有新石器、青銅、鐵器三個時代的多種遺存。新石器時代文化遺存中包含左家山二期、三期文化遺存。青銅時代遺存最為豐富，包括小拉哈文化、白金寶文化、古城類型、漢書二期文化四種遺存。鐵器時代遺存只發現使用鐵棺釘的墓葬，具體文化屬性尚不清楚。

向陽南崗遺址是吉林省西部地區一處重要遺址。不僅分布範圍大，遺物出土較多，且文化內涵複雜。遺址至少包含了新時期中期至鐵器時代七種文化類型的遺存，為吉林省西部地區、嫩江流域新石器和青銅時代考古學文化序列的建立和完善，樹立了重要的年代標尺。發掘表明，嫩江兩岸在新石器時代，特別是夏商以後，考古學文化面貌有著較大的趨同性，對開展吉林西部史前考古研究具有極為重要的學術價值。

敖包山遺址

　　吉林省白城市通榆縣城西北六十五千米位於霍林河南岸的敖包山，是一處新石器時期古遺址，一九八一年被列為吉林省重點文物保護單位。

　　遠古洪荒的敖包山，河流交結，湖泊相連，是一片廣袤無垠的大草原，牛、馬、羊及狼、鹿、狐、兔等各類動物遍布其中。部落裡的先民們用雙手打鑿出各式各樣的石鏃、石斧、石刀、石鑽、石矛、石鋤、石犁等狩獵和生產生活工具，擒獸捕魚，植穀充飢，在與大自然的不斷搏鬥中繁衍生息。即使在那樣遠古荒蠻的年代，仍體現出人類對美的追求。比如他們用玉石、蚌殼和兔、鳥、魚類的骨骼做成飾物戴在身上，燒製出各種泥陶擺放在半地穴式的家中……所有這些描述，都被敖包山遺址眾多的出土文物證實。出土的圓柱形和彎月形陶人頭，就是太陽和月亮的象徵，成為迄今為止整個東北地區所見最早的圖騰崇拜偶像之一。

▲ 敖包山遺址

雙塔遺址

　　雙塔遺址位於吉林省洮南市德順鄉雙塔屯東一條東西走向的漫崗上，南距洮兒河四千米。遺址範圍東西長一點二千米，南北寬三百米，遺物分布在崗的頂部和南坡，屬新石器時代、青銅時代和遼代。

　　新石器時代的細石器有石鏃、小長石片、尖狀器、刮削器等，多數是用燧石、黑曜石琢製而成。打製石器有敲砸器、斧、犁。骨器有用以鑲嵌石刃的骨柄，還有蚌刀。陶器為夾沙紅褐陶和夾沙灰褐陶，質地粗糙，有的羼有蚌殼粉，均為手製，紋飾多為刻劃紋、指甲紋，附加堆紋、壓印「之」字紋等。器形有鬲、鼓腹罐、敞口罐、直口罐，有的帶有橋狀豎耳。

　　青銅時代的石器有磨製的斧、錛、磨盤、磨棒等，還有裝飾用的磨製精緻的綠松石。陶器有小陶壺，飾有篦點組成的幾何紋飾。紋輪和網墜，有的用泥捏製，有的用陶片改製。青銅器物僅有兩枚直徑近一釐米的圓形銅釦。

　　遼代的陶片為細泥質灰褐陶，火候高，質地堅硬。有的飾有豎道紋或輪齒紋。多為盆、罐、壺的殘部。

　　新石器時代遺物中的大型敲砸器、「之」字紋陶片等，與內蒙富河文化有共同點；用以鑲嵌石刃的骨柄、小長石片、石鏃等又和黑龍江省昂昂溪文化有相似之處。青銅時代遺物中的磨製石斧、篦點幾何紋陶壺和青銅器與大安漢書一期文化屬同一類型，是目前發現的漢書一期文化分布的西部邊緣。遼代陶片說明在距今一千年前後，曾有契丹族人在這裡居住。二〇〇七年吉林大學相關研究人員在此進行了考古發掘，確認遺址文化上限在萬年前後。

　　一九八一年，吉林省人民政府確定此遺址為吉林省重點文物保護單位。

▲ 雙塔遺址出土陶器

漢書遺址

在吉林省大安市月亮泡南岸有一處重要的古文化遺址——漢書遺址，為國家級重點文物保護單位。該地原名端基屯，為紀念革命烈士駱漢書，於一九五八年改名漢書村。

距今四千年前的青銅器時期，這裡是我國北方少數民族之一的濊貊人的聚集地。他們在洮兒河與嫩江相匯處捕魚狩獵，植穀馴畜。

▲ 漢書遺址全貌

到了漢代，濊貊人的後裔子孫以今天的吉林市西團山為中心建立了扶餘國。他們依靠所占有的富庶之地養馬、畜貂、產五穀，並因此聞名於世。據史書記載，漢初建立的扶餘國國運延續七百餘年，在中華多民族大家庭的史冊中留下了閃光的一頁。

一九七四年和二〇〇一年，吉林大學專業考古隊、吉林省文物考古研究所先後兩次對遺址進行發掘，確定了漢書遺址分為漢書一期文化和漢書二期文化。發掘出半地穴式房址、灰坑、窖穴等遺跡及大量的獸骨骼、陶器、青銅器以及刀、環、扣、羊牌飾等遺物。其中尤以幾何紋陶器和陶鬲最具特色。陶器上刻有幾何紋、繩紋、附加紋、鋸齒紋、方格紋、仿樺樹皮紋等，並組合成羊、馬、駝、蛙等圖案。這些反映了居住在漢書一帶的古代先民的智慧，他們創造的不僅是生活用具，也是具有一定價值的藝術品。部分飾件製作相當精美，就是與今天的陶器相比也毫不遜色，充分反映出當時人們生活的富足溫馨和豐富多彩。

二〇〇〇年，漢書遺址被確定為國家重點文物保護單位，這是白城市第一個被確定為東北地區青銅器時期的考古學文化和國家重點文物保護單位的遺址。對於研究我國東北地區青銅器時期人們的生產生活方式和族屬等都有著重要的作用。

城四家子城址

　　城四家子城址位於吉林省白城市洮北區德順蒙古族鄉境內，全國重點文物保護單位。城四家子城址是遼長春州、金泰州治所，始建於遼。據史料記載，遼時為了加強對東北路的管轄，東防女真，北御室韋，於遼興宗太平、重熙年間設置建成了節度使級政權機構——長春州，隸屬延慶宮。同時，這裡還是遼代皇帝春捺缽之地。它的建立，是白城置州建置的開始，標誌著白城歷史進入了一個新的發展時期。長春州也是遼代除京城外東北地區最大的平原古城。女真人滅遼建立金政權，對這裡給予極大的重視，政治上承襲了遼朝的府州建制，繼續沿用遼代長春州故城，後降為長春縣，金章宗承安三年（1198 年）復置泰州於長春縣。

　　現存的城址遺址平面近正方形，方向南偏東五十五度。城址西牆被洮兒河

▲ 城四家子古城城內遺址發掘鳥瞰圖

衝去大半，殘長約四百八十三米，其餘三面城牆保存較好，全城周長為五七四八米。南北兩門設於城牆中部，東西兩門分設於東西兩牆南段中部。四面牆體均有馬面，殘存數量不等，間距約一百米。馬面不僅突出於城牆外側，而且向牆內側突出。城內曾出土龍紋建築飾件、綠釉文字瓦、虎頭瓦當、王字瓦當、陶器、瓷器、唐宋遼金時期的銅錢等文物，並多有發現刻有「泰州」「泰州主簿記」銘文銅器。城門外均設有翁城。

二〇一三年始，吉林省文物考古研究所多次在城址內進行考古發掘，先後發現了寺廟遺址、陶窯、房址等遼金遺

▲ 城四家子古城遺址（原泰州古城）

址。根據資料記載和地面遺址分布分析，當時城內設有官衙、街道、商埠、酒樓、驛館、軍隊營帳、車船碼頭等建築。在遼金元及明初幾百年間，這裡一直是吉林省西部乃至於東北地區西部、內蒙古東部地區遼金元三代方圓數百里的政治、經濟、文化、軍事中心，對研究遼金元幾百年歷史有著重要的實物資料和歷史科學價值，為研究這裡與中原的關係提供了依據。

這座城市，記錄著多個民族、多個朝代的興亡成敗，是白城大地悠久歷史和璀璨文明的標誌，隨著它的深入發掘，一定會給人們帶來更多的發現，更多的驚喜。因此，我們有責任、有義務對它善加保護，使子孫後代都能一睹它的容顏，並不斷地探尋它的神祕。

阿斯冷昭遺址

　　遺址位於吉林省洮南市二龍鄉興義村屯後。阿斯冷昭，蒙語意為石獅崗子，當地人稱「石猴地」。據當地人介紹，在屯北原有兩個石猴，東西並立，相距一百五十米。經實地考察，所謂「石猴」，實為石獅，現在僅存無首的一個，被遺棄在興義村三社場院內。石獅為紅色粗砂岩雕刻，前腿支撐，後腿蹲坐，造型粗獷雄渾，線條生動簡練，殘高八十五釐米。屯名阿斯冷昭即據此得名。

　　遺址南距阿斯冷昭屯約五十米，西臨洮南至二龍鄉的公路，北邊是洮兒河故道，再北即是仁義屯的「河夾信子」遼金遺址，兩遺址互相毗連，相距不足一點五千米。

　　阿斯冷昭遺址坐落在一條東西走向的漫崗上，地勢高而平坦，遺址面積東西長六百米，南北寬四百米。西端有三處相距分別為五十米和七十米的較大堆積，呈三角形分布。地表磚瓦、勾滴、礎石等物都有暴露，應是一組建築。東端是骨灰罐群葬區。過去這一帶多次發現骨灰罐和散亂人骨，至今地表仍可見到許多排列有序、直徑約一米的圓形凹坑。遺址的東西和北面，各有一道土棱，大多傾圯已甚，似係城垣，圍牆已不易辨識，東段殘長一百五十米，至屯邊而終，北段殘長二百米，向東已無存。

　　整個遺址地上地下遺物十分豐富。新中國成立前，在遺址北側接近古河道的邊緣地帶，曾出土過一批窖藏瓷器，數量非常多，竟以之租賃，供鄰里紅白喜事辦宴之用，現已散失。一九五二年，在遺址東南部耕地裡（現為居民區），曾發現過三個缸胎帶釉的大甕，釉色有黑色和茶綠色兩種。器形皆為大口、圓唇、鼓腹、小底，靠近底部的壁上有一孔。較大的一個，黑釉無飾，口徑五十六釐米、腹徑七十二釐米、底徑二十八釐米、通高七十四釐米。出土時，內裝銅方壺三件，各種瓷器十餘件，多為盤、碗、壺之類，皆施釉繪彩，據說色彩有白、黃、綠等色，可能是「遼三彩」器。

▎白城永平金代遺址

　　永平遺址，吉林省省級文物保護單位，位於吉林省白城市洮北區平安鎮永平村東南約三百米，北距平安鎮一點五千米，南至三甲村一千米，面積約一三六〇〇平方米。遺址西高東低，現已闢為耕地。

　　吉林省文物考古研究所於二〇〇九年至二〇一〇年對遺址進行搶救性考古發掘，發掘面積四千平方米，通過發掘確認，這是一處單純的金代遺址，存在早晚兩期遺存。早期遺存以大型台基式建築為主，清理出四座此類遺跡。此外，清理出一座地面式居住址。台基均選擇地勢較高地段，經平整地表形成台基輪廓。台基之間存在磚鋪地面跡象，鋪磚範圍東西三十二米、南北三十六米，其中多數區域的鋪磚因踩踏已經破碎，保存較好區域見有手印紋磚。其中三號台基跡象保存相對較好，平面略成長方形，方向為南偏東五度，長二十三米、寬二十二點五米、殘高零點三米。台基四緣飾以包磚，並經粉刷白灰處理。晚期遺存以普通居民建築為主，該類遺跡普遍存在取暖設施火炕，共清理出十一座。遺址出土遺物種類豐富，有陶瓷器、鐵器、銅器、玉石器、骨器等，可分為日常生活用器和建築構件兩大類，其中建築構件多屬早期大型台基建築用器，日常生活用器多出土於晚期房址。另見漢、五代、唐、宋時期銅錢，年代最早的是漢「五銖」，最晚的是北宋的「政和通寶」。

　　永平遺址是一處存在高等級建築的金代遺存，其早期台基建築呈現出一定的規劃理念，主體建築所使用的鴟吻、神鳥、獸面瓦當等裝飾類構件造型優美，特色鮮明，是東北地區金代遺存的首次集中出土，在很大程度上為研究金代高等級建築補充了一批全新的資料。無論從早期台基建築的規模、裝飾風格還是晚期民居的形制上來看，均屬東北地區金代遺存的又一次重大發現，對研究金代建築布局和裝飾風格具有重要價值。

圖什業圖親王敖包

　　敖包是蒙古大草原上一種極具標誌性的建築物，作為千百年來蒙古民族祭祀山神與路神的圖騰崇拜，和祈禱豐衣足食、幸福平安的精神依賴，在人們的心目中有著極其特殊的重要位置。而彌足珍貴的「敖包文化」作為人類草原文化的精髓，它不僅是中華民族的驕傲，也是國際文化大家庭中絕無僅有的文化現象和文化遺存。

　　坐落於吉林省西部、與內蒙古科爾沁右翼中旗毗鄰的通榆縣敖包屯南搏格達召（聖坨子）的古代敖包，即科爾沁部圖什業圖親王及其族人歷代祭祀的敖包，它背依霍林河，面向大草原，雄踞高崗，五顏六色的神幡凌空飄揚，虎守鷹瞰科爾沁萬頃碧野、縱覽八百里瀚海的氣勢，令人望而生畏。所以歷來就享有蒙漢民族共同虔誠祭拜的聖地和科爾沁大草原上「第一敖包」的美譽。

▲ 圖什業圖親王敖包

圖什業圖親王敖包已有近四百年的歷史。西元一六三六年，即皇太極登基的第十個年頭，天聰大帝改元崇德，昭告天下。在分敘蒙古王公戰功時，賜封科爾沁部圖什業圖汗奧巴的長子巴達禮為和碩圖什業圖親王，掌蒙古科爾沁部右翼中旗事。賜予圖什業圖親王的爵位之高，俸祿之厚，在清朝當時統治下的蒙古王公大臣中可謂不多。為光宗耀祖，巴達禮在紅袍加身衣錦還鄉後，即按薩滿教規，踏查選址，最終在今王府東部的位置上建起了這座敖包。從此所部無論大祭小祭，都要來此一聚，埋哈達、撒五穀、添石插柳、補繫經幡、跪奠先祖、拜祭神靈、祈求庇佑，足見該敖包在當時的科爾沁草原的廣大臣民中具有多麼顯赫和崇高的地位。

但遺憾的是，因圖什業圖王族衰敗，該敖包亦隨之日漸冷清，加之年久失修，後來僅殘存下遺址。

二〇一二年四月，當年出生在這座敖包山下的蒙古族老幹部喜著（原內蒙古自治區烏蘭浩特市委書記），不顧八十高齡，帶領額爾敦（興安盟科右前旗委原書記）、寶山（興安盟工商行幹部），遠來尋根。他在敖包遺址前，緩步流連，感慨萬端，與同行的額爾敦和寶山取得共識，決定籌資對敖包進行搶救修復。於是他們來到故鄉所在地的通榆縣，表達了復建敖包的願望。喜著的想法立即得到了中共通榆縣委、縣政府的高度重視和大力支持。其後，喜著籌資五萬元，購置建材，僱傭人力，於二〇一二年七月二十三日在同發牧場動工。七月三十日，修復科爾沁和碩圖什業圖親王敖包的整體工程即告竣。同年十月二十日，通榆縣舉行了由縣內各界人士參加的科爾沁圖什業圖親王敖包復建落成慶典，並成立了通榆縣敖包協會。圖什業圖親王敖包的修復，不僅使附近一帶的蒙古族同胞又有了每年一度的祭祀之處，也因其在歷史上的崇高名望，重又成為一處適合四季旅遊的人文景觀。

▍興隆山固倫公主陵

在吉林省通榆縣興隆山鎮，有一處距今二百多年的清朝公主固倫純禧的陵墓。

清朝政府建立後，為了鞏固對蒙古族的統治，採取「滿蒙聯姻」的政治策略，將許多皇室公主下嫁蒙古王公。康熙二十九年（1690 年）三月，聖祖康熙的異母弟恭親王常寧的大女兒，十九歲的固倫純禧公主嫁給了開國功臣蒙古科爾沁部左翼中旗九世扎薩克班弟王爺。三十六年後，王爺病故，公主回到京城閒住了十五年，後因病篤還旗，將屍骨埋在蒙古包旁，享年七十一歲。

公主陵園長九十四米，寬四十米，內有坐北朝南的享殿（地上廟宇）五間，東西兩廂配殿各三間。墓室在享殿地面下部，分左右兩室，左室為陪葬侍女，右室乃公主陵寢。木棺內屍骨頭北腳南，仰身直臥。頭戴赤金鳳冠，橫枕黃金元寶，身著絲織單袷衣裙多層數件，雖已腐爛成片，仍清晰可見暗花襯地和龍紋圖案。經統計，隨葬品共計二百六十五件，絕大部分為金、銀、寶石、玉翠飾品，還有部分銅製器物、錢幣及象牙筷子等。

陵園內外一株株古老繁茂的蒙古黃榆如撐起遮陽的綠傘，一道道隆起的沙崗似擋風的圍屏，似乎在默默地守護著公主的亡靈。

▲ 固倫公主陵

▍蒙古扎薩克鎮國公陵園

　　大安市新艾里蒙古族鄉政府所在地東南約一點五千米處，沙崗懷抱的山坳裡，分布著數十座荒塚，這就是清代科爾沁部扎薩克鎮國公的家族墓地遺址。

　　據資料記載，墓地原由七個大小不等的陵園組成，大者面積約一百五十平方米，小者約一百平方米，共占地二十五萬平方米左右。

　　在九代扎薩克鎮國公中，除第五代鎮國公和第八代鎮國公外，其他七代鎮國公的陵墓都各建一個陵園。規模較中原地區公侯陵墓略小，設有牌樓、翁仲、華表等飾築，施工精細，磨磚對縫，榫卯相連，干擺灌漿，別具一格。可謂簡而不陋，樸而不俗，不失莊嚴氣派。

　　園內主陵，方形底座高約一米，陵室外形或圓或方，直徑四點五至五米，高二點三至三米。陵墓正面均刻有死者名諱、生前職銜及生卒時間。墓室四壁

▲ 蒙古扎薩克鎮國公陵園

和券頂，繪有彩色壁畫，內容多為遊獵、伎樂、宴飲等，形象地反映了墓主人生前的奢華生活。棺槨停放於墓室中央。棺前備有陶缸，缸內盛油，以供長明燈用。主陵之後，西側有一略小於主陵的陵墓，東側有較西側略小些的陵墓。據蒙古族「西大東小」的習俗推斷，西側陵墓安葬的當為墓主人的正妻，東側為其側室。

墓葬地附近還建有陵界村。數百年來，先後有十戶蒙古族百姓世代看守陵墓（稱「鬼奴」）。逢年過節，他們要清掃陵園，點燃佛燈，到墓前焚香、磕頭，除夕之夜，還要到陵園「守歲」。墓主人死後尚且如此排場鋪張，可以想見其生前如何奢靡。

新艾里鄉成為扎薩克鎮國公的家族墓地，是由這裡特殊的地理位置和風光景物所決定的。據《清史稿》載，這一帶丘陵逶迤東延，狀若臥龍，龍頭即今新艾里。而在「龍頭」前，有清泉一泓（今安廣鎮龍泉泡），且左望嫩江，右挽洮兒河，後有群山作屏障，是一處難得的「風水吉壤」。遂將「龍頭」之所在定為其塋地。乾隆十九年（1754 年），喇嘛扎布卒，始葬於此。其後第五至第十二代扎薩克鎮國公死後均葬在這裡。

當年，這裡曾有一棵古榆，腰徑數圍，樹高參天，被人們奉為「神樹」，信其能降福消災。每逢大旱，人們便募款捐糧，殺牛宰羊前來祭祀，並請喇嘛唸經祈雨，還要在「神樹」下搭灶安鍋，烹肉煮粥，男女老幼齊集樹下，享受「神樹」賞賜的酒食，熱鬧非常。

由於長期的風剝雨蝕和戰亂，漸使陵墓塌陷。如今陵園建築已蕩然無存，唯見一塊殘碑橫陳於地，四周遍布殘磚碎瓦。然而每當春夏之際，方圓幾十里內的學校仍組織師生到這裡野遊，附近的村民也在茶餘飯後來這裡散步遊玩，陵園遂變成了公園。

德順雙塔

　　德順雙塔位於吉林省白城市偏南三十多千米的德順鄉，一九八一年被列為吉林省重點文物保護單位。

　　雙塔為康乾盛世時期所建，距今有二百多年的歷史。清朝歷代皇帝為了鞏固北方疆域，在延續太祖努爾哈赤留下的「滿蒙聯姻」祖訓的同時，採取懷柔政策，推崇喇嘛教來安撫蒙古等少數民族，以此來達到穩定後方，統治全國的政治目的。據史料記載，早在康熙時葛根二世的父親徐特克納便在此修建了蓮花圖廟，主持是羅卜僧卻德爾和阿旺散布丹兩位大喇嘛。至乾隆十三年（1748年），乾隆皇帝詔賜該廟為「梵通寺」。到了乾隆六十年（1795年），葛根二世為了擴建梵通寺，重選科右前旗洮兒河上游岸邊的陶賴山為廟址（即今日內蒙古烏蘭浩特市境內之葛根廟），並責成兩位住持大喇嘛負責修建。

▲　德順雙塔

葛根廟落成不久，兩位大喇嘛相繼圓寂。因他們原是蓮花圖廟的住持，所以在舊廟前為其建成兩座舍利墓塔。東塔葬羅卜僧卻德爾，西塔葬阿旺散布丹。伴著滾滾東流的洮兒河水，雙塔靜靜地守望了二百多年，酷似北京的北海白塔和承德離宮的喇嘛塔，為典型的藏式喇嘛寺塔建築。

　　雙塔結構精巧，造型古樸，均為十三米高。東西對峙，青磚結構，間隔二十三米，建築形制和裝飾圖案大體相仿。雙塔通體以白色為基調，除基台外均為梵文經咒和各式磚雕、彩繪圖案所裝飾。塔剎頂端高擎一百六十多公斤重的黃銅寶珠日月華蓋，華蓋下懸掛著八卦風鈴，清風拂來，鈴音悅耳。塔剎下面的剎桿刻有梵文五字，意為喇嘛圓寂之後靈魂可升入天國。

　　雄偉的雙塔，傳神的浮雕，神祕的梵文，優美的傳說，吸引著一批批國內外遊客紛至沓來。

二郎廟

　　二郎廟坐落在吉林省白城市通榆縣城西郊三千米處，於清光緒八年（1882年）修建。廟內塑有三點三米高的漢白玉二郎神像，銀盔素甲的二郎神凝眉立目，威猛的哮天犬警視四周。廟內香煙繚繞，參拜者絡繹不絕。在二郎廟附近，有一片古老的水域，名曰「二郎湖」。湖畔沙崗連綿，綠樹環繞，鳥鳴鶯啼，景色美不勝收。

　　傳說這裡曾有一條蛇精，經常出來害人，而人們卻拿它毫無辦法。終有一天，天上的二郎神得知此事，為了結束這人間悲劇，便用神法降伏了這個妖孽。後來，這裡的老百姓為了感謝二郎神，便在此處修建了一座廟宇，取名「二郎廟」。而廟旁那片湖，據傳為二郎神因口渴難耐而用其三尖兩刃刀掘出的神泉，自然稱作「二

▲ 二郎廟

郎湖」了。說起二郎湖還確有一種不可思議的神奇，這個小湖豐年時水不盛，但大旱時水也不減，歷經無數大旱之年從未乾涸過，彷彿有股神力籠罩著。後來經勘測得知，這個小湖下面有一個泉眼，連著四通八達的地下水系。

　　如今，這裡以二郎廟為中心，已建成了旅遊休閒度假區，成為人們休閒消暑的好地方。度假區占地約四點二公頃，區內鋪設了甬道，新建了觀景亭、小橋、雕塑小品等，還建成了猴山、鳥類觀賞亭和湖上拱橋、湖邊釣魚台等，被大家愛稱為通榆人的「避暑山莊」。

天恩地局

　　「天恩地局」是坐落在吉林省洮南市興隆街中段的一處精巧的建築群，占地面積六六七〇平方米，是洮南古建築一條街上的亮點。那些飛簷翹角、古色古香的建築，依然展示著古城洮南曾有過的輝煌。

　　據歷史記載，十七世紀，清廷為籠絡蒙古族上層人士而採取「羈縻懷柔」的手段，在蒙地設盟、旗行政機構，且互不干涉隸屬。一八九一年，扎薩克圖郡郡王烏泰因私自開放荒原土地、私吞荒銀被革職留任，以觀後效，並隨後決定開放洮兒河、蛟流河沿岸的千里荒原，在今鄭家屯設立了蒙荒行局。一九〇三年，蒙荒行局遷至沙雞毛頭，並將洮、蛟兩河流經的沙雞毛頭改稱為雙流鎮。在此期間，烏泰借開發洮、蛟兩岸千里草原之機，以方便辦公的名義在洮南設立蒙荒行局辦事處，實際上是想為自己建一處「王府衙」。

　　一九〇三年，烏泰聘請了參與修葺瀋陽清故宮的建築名師，仿照北京王府的建築式樣和格局大興土木，耗銀四萬餘兩，修建了一座蒙古王府。一九〇六年，烏泰因開邊墾荒「有功」受到清廷褒獎，並擬恢復其王爵之位。於是，光緒欽賜長九尺、寬三尺的手書金匾一塊，上刻鍍金陰文「天恩地局」四個歐體大字。這塊御賜金匾被烏泰懸掛於行局的正門之上，由此這座對外稱蒙荒行局的王府便被世人傳稱為「天恩地局」。

　　天恩地局設計莊嚴、結構嚴謹、布局巧妙，為三進王府衙門式建築。它坐北朝南，面臨著當時商賈雲集的興隆街，正門是一座迎面「金獅造壁」，壁頂為雄

▲ 天恩地局王府衙

渾的「金獅鬥角」，兩側八字形馬道匯於中門，門楣之上便是光緒御書的「天恩地局」金匾，門後巨畫屏風《興安萬叢山》掩飾著威嚴的正堂。庭院主體為四合院式建築，精巧別緻，四面各為五間硬山大脊的青磚瓦房，房頂一抹為雁式滾脊小青瓦，簷溜瓦頭也均採用雄獅瓦當，與影壁雄獅鬥角相互呼應，渾然一體，顯現出蒙古民族強悍尚武的精神內涵。四面的迴廊前，各豎有六根大紅漆明柱，透出肅穆之氣，天井中間有十字方磚甬路相通，兩側遍植奇花異草、翠柏蒼松。正堂東西兩側各有便門通向後庭內宅，五間同樣風格的青磚瓦房靜臥在後庭的園林之中，散發出幽雅恬靜的田園韻致。

一九四六年六月，剛剛成立的遼吉省委、遼吉行署和省軍區遷駐洮南時，曾在天恩地局設址辦公。同年七月二十八日，東北局西滿分局書記李富春在天恩地局組織召開縣以上幹部會議，傳達全國土地改革會議精神。時至此時，這座歷經滄桑的天恩地局才真正回到人民的懷抱。遺憾的是當年光緒帝御賜的「天恩地局」金匾，在一九三一年日本侵略者占領洮南時不幸失落，至今仍下落不明。

二十世紀九十年代初，長春電影製片廠攝製電視劇《吳大帥傳奇》時，曾在此選景拍攝月餘。

華嚴寺

　　華嚴寺位於吉林省白城市區東南郊，毗鄰抗洪勝利紀念塔、森林公園，在平齊鐵路南側及長白一級公路東側。原寺建於一九一一年，俗稱關帝廟，因瀕臨倒塌，於一九八五年九月拆除，一九九九年重新修建，占地兩萬平方米，建築面積四千平方米。

　　建築結構博采眾長，氣勢恢宏，並按坐北朝南子午線建築。在中軸線上建有山門、天王殿、大雄寶殿和藏經樓，在中軸線兩側對稱分布的是觀音殿、地藏殿、祖師殿和伽藍殿四座偏殿。山門上方，額匾「華嚴寺」三個字筆力遒勁，結體嚴謹，與莊嚴的山門十分協調，此係中國佛教協會會長趙樸初題寫。

　　這裡不僅是善男信女進奉香火、朝拜釋迦牟尼的聖地，同樣又是不可多得的人文景觀。

▲ 華嚴寺

▲ 華嚴寺外景

　　進入山門，撲入眼簾的便是天王殿，這是一座灰磚灰瓦的仿古建築。大殿的四角懸掛著風鈴，四周漢白玉雕獅護欄惟妙惟肖；殿內供奉的四大天王，形神兼備，栩栩如生。

　　過了天王殿再往裡走，便是華嚴寺的主體建築——大雄寶殿。七百平方米的大雄寶殿巍峨壯觀，古樸莊嚴。殿頂重檐斗栱、黃瓦飛甍，殿內雕梁畫棟、流光溢彩。殿中供奉釋迦牟尼、阿彌陀佛、藥師佛三尊佛像。佛像金碧輝煌，慈眉善目，超凡脫俗。

　　大雄寶殿後面的藏經樓，有三層建築，珍貴的《大藏經》就珍藏其中。

萬福麟故居

坐落於吉林省白城市政府院內萬福麟故居，總占地面積近萬平方米，現存建築面積三千平方米，是市內唯一一座帶有廊廡的四合院。正門及左右迴廊正中各有大幅楹聯，分別由中國當代書法名家題寫。外門楹聯「當年劍氣橫飛八百里」「今日文風直越五千年」（孫英撰聯、朱關田題寫）。正房楹聯「吉逢盛世文情春水」「鶴唳行雲苑景天風」（孫英撰聯、張海題寫）。右廊「百載風雲凝百載」「萬家燈火屬萬家」（溫貴君撰聯、言恭達題寫）。左廊「月半福星開泰運」「雲呈麟趾振祥光」（姚伊夫撰聯、段成桂題寫）。

院內栽有杏樹、沙棗、海棠、丁香、櫻桃等花木，且樹齡均近百年。萬福麟故居（簡稱萬宅）是白城市近代歷史上僅存的傑出建築，現為吉林省文物保護單位。

萬福麟，生於一八八〇年，是全國政協原副主席萬國權的父親，當年為國民黨陸軍上將，曾任黑龍江省主席、東北邊防軍副總司令長官等職，後在北平

▲ 萬福麟故居

協助張學良指揮整個東北軍事。「七七事變」爆發後，任國民黨第一集團軍副總司令兼第五十三軍軍長，多次指揮對日作戰。一九五一年七月病逝於台中。

一九二六年，萬福麟在第二次直奉戰爭榮立戰功，被提升為東北

▲ 萬福麟故居

軍第十七師師長，便在此選址修建了這幢私人住宅。「九一八事變」後，日本侵略軍進入白城並占領了萬家大院，一九四五年日本投降後被收歸國有。

為了深入開發文化資源，同時也更有效地利用與保護這一珍貴文物，白城市委、市政府決定在此處設立「吉鶴文苑」，並撥專款進行了大規模保護性裝修。文苑設置了若干形式不同、規格迥異的藝術作品陳列廳。萬宅曲徑通幽的奇特結構，與各類藝術展品相映生輝，增大了其觀賞價值和藝術含量。在文學作品陳列廳裡，陳列著鶴鄉白城幾十年來的文學創作成果，還有新中國成立以來在白城創刊的各類雜誌、報紙珍藏版。在歷史陳列廳裡，以大型圖片展示白城近現代歷史事件及有關人物，有萬福麟的個人圖片及主要情況介紹。在書畫藝術陳列廳裡，有國家領導人、各界名人名家的題詞、書畫真跡，有市內書畫名家的藝術精品。在民間工藝廳裡，有石雕、木雕、根雕作品，還有布貼畫、根須畫及攝影作品廳、藝術交流廳等。

二〇〇六年夏季，萬家後人一行數人專程從北京來到這裡，深情瞻仰了這座故居，同時帶來全國政協原主席李瑞環的題詞——「萬福麟故居」五個大字。

張善人橋碑

　　張桂林，生於清光緒五年（1879 年），遼陽千山人。出身農民之家，幼年雙親辭世，孑然一身，孤苦無依。光緒三十四年（1908 年），張桂林隻身到洮南府，與城北蛟流河牤頭渡口的李璽一見如故，住在李家。

　　當時，洮南府放荒招墾，關內外窮苦人聞訊紛紛趕來。李家住處的牤頭渡口是南來北往的必經之路。河上既無橋梁，亦無舟楫，渡河須涉水。每到早春初冬，水寒刺骨，常有不測，行人深以為苦。張桂林閒來獨立岸邊，看到渡河的艱難情形，心裡很不好受。於是，他捋起褲腳，披上衣襟，開始背行人過河。此後天天如是，從春天開化到冬季河水結冰，中間從無間斷，且從不接受報酬。有人不忍，硬塞給他一些錢，他力辭不過就扔在水裡，用以表明自己意在助人，不為錢財。河水結冰後，張桂林才離開渡口，到洮南街裡做短工。

　　翌年，張桂林用賺得的錢，造一隻小船，用船擺渡行人。到了冬天，他仍去洮南城裡做工掙錢。

　　幾年後，張桂林把省吃儉用下來的積蓄全部拿出來，請工匠在蛟流河牤頭渡口建了一座木橋，此為洮安縣的第一座橋。

　　橋建成後，由於往來人多，附近莊稼常被行人、車馬踐踏，田地的主人深以為患。張桂林又傾其所有，買下附近土地，作為公共道路。從此，墾荒農民，南北商旅，視蛟流河為坦途，再不以渡河為苦，在一定程度上加速了洮南縣的開發與繁榮。

　　張桂林平日寡言少語，把為別人做好事視為己任，人們稱他為「張善人」。久之，他的真名反倒被人們忘記了。

　　一九二七年二月二十五日，張桂林病逝於牤頭渡口。遠近的人們聞訊後紛紛趕來送葬，葬禮由李璽主持。事後，李璽聚集四方捐款，修墳墓，造石碑，刻「張善人橋碑」，立於橋頭他的墓前。石碑為青石雕刻，由首、身、座三部

分組成，碑身通高一百七十釐米、寬七十釐米、厚十九釐米。碑文為光緒辛卯副貢生魏明海撰寫，玉田人常汝廉書丹，主要記敘了張桂林在洮南生活期間節衣縮食、克己為人的品德和行為。

中共遼吉省委辦公舊址（遼北省政府辦公舊址）

中國共產黨遼吉省委、遼北省政府都曾駐在白城市，辦公舊址現為白城鐵路工人文化宮和白城鐵路運輸法院、白城鐵路運輸檢察院。這兩處都是日偽統治時期的建築，前者於一九八〇年拆除一部分，並且有一些重建，後者為一座二層小樓。

一九四六年初，國民黨在東北挑起全面內戰，以重兵向解放區發動進攻。一九四六年六月一日，東北局決定成立中共遼吉省委、遼吉軍區和遼吉行政公署，先駐洮南天恩地局。九月，根據黨中央的批示精神，中共遼西省委在洮安縣（今白城市）改建為遼吉省委，由陶鑄擔任省委書記，並兼任遼吉軍區政治委員，陳郁擔任副書記。當時遼吉省委設組織部、民運部、宣傳部，下設五個地委開展工作。與此同時，遼吉行政公署也遷至洮安縣。

一九四七年二月，根據鬥爭形勢的需要，遼吉行署改稱遼北省政府，閻寶航任主席，朱其文任副主席。省政府下設衛生廳、教育廳、民政廳、財政廳、貿易管理局、糧食局、郵電管理局等行政機構，負責處理政府日常公務。一九四八年二月，遼北省委、省政府由白城遷往鄭家屯。

隨著東北解放戰爭的不斷勝利，原遼北省區域相繼解放。一九四八年七月六日，中共中央東北局決定，將遼吉省委改為遼北省委，隸屬東北局。轄區包括今天吉林省的白城、松原、四平、遼源地區，通化部分縣區，遼寧省、內蒙古等省區部分地域。

以陶鑄、閻寶航、鄧華為首的遼吉黨、政、軍領導，在東北局和西滿分局的領導下，以土地改革為中心，領導遼吉人民勝利完成了剿滅土匪、建立民主政權、參軍參戰、經濟建設、文化建設、黨的建設等多項任務，鞏固、擴大和發展了遼吉根據地。遼吉軍區所屬部隊，先編為遼吉縱隊，在夏季攻勢中所向

披靡，參加四平攻堅戰，重創國民黨軍。秋季攻勢中，遼吉縱隊升級為主力部隊——第七縱隊，成為東北民主聯軍的勁旅。為戰勝鼠疫，一九四七年七月，遼吉省委成立了遼吉區防疫委員會，有效地防止了鼠疫的發生和蔓延，保障了人民生命安全。三年解放戰爭中，遼吉（遼北）省委、遼北省政府和遼吉軍區圓滿完成了黨和人民賦予的光榮歷史使命。

▲ 遼吉省委辦公舊址

白城市博物館

　　白城市博物館成立於一九七九年，隸屬白城市文化廣電新聞出版局，是一所集收藏保管、陳列展示、科學研究、宣傳教育為一體的社會科學類綜合博物館，通過徵集收藏文物、標本，進行科學研究，舉辦陳列展覽，傳播歷史和科學文化知識，開展愛國主義教育。館藏文物二萬五千餘件，其中三級以上珍貴文物六百餘件。國家二級博物館。二〇〇八年起，白城市博物館向社會免費開放。

▲ 小學生參觀白城市博物館

　　多年來，博物館事業逐步發展，展覽能力和作用得到充分的發揮。成為省愛國主義教育基地、省青少年教育基地和紅色旅遊點。博物館充分利用獨特優勢、發揮傳播先進文化功能作用，本著展示精品、傳承文明、服務大眾、奉獻社會的理念，形成了基本陳列、專題陳列、臨時展覽相互補充的陳列體系。

　　館內設有「白城古代歷史」「白城近現代歷史」兩個基本陳列。同時舉辦非物質文化遺產和愛國主義教育為主要內容的臨時展覽。

　　白城市博物館還先後被文化部評為「全國文化工作先進單位」，被國家文物局評為「全國優秀愛國主義教育基地」，也是吉林省「全省精神文明建設工作先進單位」，白城市「五一獎狀」獲獎單位。

白城烈士陵園

革命烈士紀念館——吉鶴靈苑，總投資一千萬元，其建築規模堪稱省內一流。陵園不僅安葬著烈士，還收藏了陶鑄、閻寶航、鄧華等老一輩革命家的一級革命文物以及馬仁興、呂明仁等遼吉功臣和革命烈士的遺物。這裡先後被命名為「吉林省愛國主義教育基地」「吉林省國防教育基地」「吉林省少先隊體驗教育基地」「白城市未成年人思想道德教育示範基地」，二〇〇九年被評為「國家級愛國主義教育基地」。

陵園安葬著抗日戰爭、解放戰爭、土地改革及社會主義建設時期英勇犧牲的一百九十二位烈士。在這些烈士中，有四十五名無名烈士、十六名蘇聯紅軍和一名日本籍烈士，有將軍、有士兵。特別是那些來自蘇北揚子江畔的新四軍三師的烈士們，他們在黃克誠將軍的率領下，從溫暖富庶的南方來到冰天雪地的東北，為了白城的解放，獻出了寶貴的生命，他們的事蹟就是最好的愛國主義教育教材。

在革命烈士陳列館四百平方米的展廳裡，陳列著多年來徵集的文物以及當時在遼吉省委工作的老一輩革命家陶鑄、閻寶航、鄧華、夏尚志、朱其文、郭峰等人的文物計五百餘件。

▲ 白城吉鶴靈苑

運河帶狀公園

　　運河帶狀公園位於白城市西郊，南北走向，北端始於通往三合鄉的三合路，南至純陽屯一號橋。公園全長六千四百米，與整個環城林果帶融為一體。運河兩岸果樹成行，鬱鬱蔥蔥，運河護坡上芳草萋萋，青翠欲滴。每百米設置一人行梯道，共有三十個梯道供遊人行走。運河西岸鋪設一條七米寬、七千多米長的砂石路，乾爽整潔。路後面的背景是大片綠野良田，清風徐來，大片的玉米、高粱如波浪翻滾，稻香和著花香沁人心脾，放眼望去，一派無限美好的田園風光。

　　運河帶狀公園是因運河而修園配景，體現了園林建築互為映襯，補充自然天成的妙境。「大躍進」時期，白城人改天換地用雙手開鑿的這條運河，作為包含著那段歷史的「地物地貌」，曾承載過白城人追求幸福的夢。當年白城地

▲ 運河帶狀公園

委一位領導曾以運河為背景，創作一部反映洮兒河兩岸人民改天換地英雄業績的長篇小說《洮兒河飛浪》，一時廣為流傳。

　　進入白城市區西郊，遠望長長的運河，猶如一條波光粼粼的綠色飄帶環繞在美麗的城市周圍，滋潤著這裡的生態環境。運河修建了五個木質遊船碼頭和六座形態各異的跨河小橋，使兩岸不同風格的美景相互連接，巧妙融合。清淺的水底，種植鳶尾、水蔥等水生植物，幾處自然的水潭小溪，魚兒在水中游，青蛙、野鳥棲息於小島及蘆葦水草中。運河水網交錯，河道縱橫，清凌凌的河水如血脈滋養著白城人。小街傍河，人家依水，青瓦白牆，木柵花窗，構成一幅幅恰似江南水鄉特有的經典畫面。

　　河長，橋自然就多。河水將城鄉接合部分割成碎片，橋又將碎片連綴起來。高高的橋身猶如一道道白色的長虹臥於河上，半圓的橋孔與水中的倒影合二為一，組成一個碧玉圓環。「船從碧玉環中過，人步彩虹帶上行」，「上下影接波底月，往來人渡水中天」，走在橋上，人便融入詩情畫意中了。

▲　白城帶狀公園

大安鐵路蒸汽機車陳列館

　　二〇一一年建成的大安北蒸汽機車陳列館，占地面積約二點一萬平方米，現陳列原東北鐵路五局二十四個機務段的蒸汽機車一百台，其中前進型機車五十三台、建設型機車四十四台、上游型機車三台，是全國唯一一個機型最全、台數最多、管理最好的園林式蒸汽機車陳列館，具有很高的歷史文物價值。二〇一二年，蒸汽機車陳列館入選白城「十評百佳」十佳旅遊景區。目前大安市正打造「亞洲最大的機車博覽名城」。

　　在這一百台蒸汽機車中，既有立過赫赫戰功的「功勳車」，也有獲得各種榮譽稱號的典型車。

　　如建設 5678 機車，一九七二年由原吉林省鐵路局吉林機務段轉配屬至通

▲ 蒸汽機車陳列館

化機務段，擔當吉安（中國）至滿浦（朝鮮）援外物資運輸任務，為局級青年文明號車，一九八一年獲吉林鐵路局「先進集體」榮譽稱號。一九八三年八月十三日，一代偉人鄧小平前往長白山自然保護區和長白山天池氣象站視察，乘坐的就是由建設 5678 號機車牽引的專列，機車銅鐵分明的材質和司機過硬的操作技術得到了偉人的高度讚揚，為鐵路爭得了榮譽。

此外，還有國家級青年文明號機車前進 1043 號、黃繼光號機車前進 1820 號等著名機車。可以說，每一台機車都代表著一段輝煌的歷史，都見證過一個時代。因為如此重要的時代意義，大安北蒸汽機車陳列館已經成為大安市一張靚麗的城市文化名片。

▲ 黃繼光號機車

▌通榆墨寶園

　　二〇一一年九月三日，備受矚目的通榆墨寶園盛裝開園。

　　這座擁有「大地印章」「五個中國之最」之稱的主題書法文化園林，集國內外當代書法名家的書法作品、碑刻藝術和園林建築藝術於一體，融傳統文化與現代設計於一身，堪稱「當代書法博物館」。在園內各個線路上，分布著六百名中國書協理事和各專業委員會委員書寫的唐詩三百首、宋詞三百闋作品碑刻，也填補了東北三省沒有主題書法園林的空白。

▲ 墨寶園

　　墨寶園以中國高端文化大格局的戰略思維將文化資源進行整合與鏈接，擁有以全國政協常委、中國文聯副主席段成桂為首席顧問的多位相關領域高端領軍人物組成的顧問團體。開園以來，相繼有紀念郭沫若誕辰一百二十週年全國書法邀請展、第五屆全國青少年書法美術大賽兒童組獲獎作品展、廣東新印象文化藝術研究院院長趙建個人書法展、詩詞名家眼中的通榆暨關東詩陣 2013 年會等多個重大書法文化賽事在這裡舉行。園內的歷代書法名家二十星宿雕像

已入選全國中小學義務教育階段書法教材封底插圖。截至目前，墨寶園已先後成為北京大學、長春工業大學、台灣文化藝術聯合會等十餘家單位的創作基地或示範園區，同時也是繼第五屆全國青少年書法美術大賽後仍擁有第六屆、第七屆全國青少年書法美術大賽承辦權的文化產業園區。

墨寶園作為承接文化產業項目的有效載體和文化產業龍頭，快速拉動了地域文化產業的發展。二○一一年，在深圳第七屆文博會的文化項目招商活動中，已有十四戶企業入駐墨寶園文化產業園。

二○一二年四月二十五日，通榆墨寶園文化產業發展公司正式揭牌營業，通過整合域內特色文化資源，鏈接域外高端文化資源，確立了書法出版、文化旅遊等九大文化產業發展方向，以「墨

▲ 墨寶園

▲ 墨寶園開園儀式

寶園」為品牌包裝開發了一批具有發展潛力的地域特色文化產品。此外，墨寶園傳媒公司與澳亞衛視合作製播《中華文化》欄目，內容涵蓋全球二十個國家和地區的中華文化名家訪談與中國二十二朝古都文化巡覽，使墨寶園國際化的形象更加凸顯。

洮南百萬畝山杏基地

氣勢磅礴的大興安嶺呈東北西南走勢，在洮南北部留下了餘脈，這裡矗立著一千五百一十七座大小山頭，風化的岩石，黃白的土，使之成為吉林省西部有名的半山區。

▲ 洮南「杏花節」新聞發布會

二十世紀五十、六十年代，洮南市北部半山區曾一度漫山遍野長滿山杏，這裡曾有著喬灌木茂密叢生、魚肥水美、鳥語花香的靚麗景觀，可謂山秀水美的豐饒寶地。到了七十、八十年代，由於發展理念不科學，占全市轄區百分之三十的北部半山區，人為濫砍濫伐，私開亂墾，生態環境遭到致命的掠奪和破壞，水土流失嚴重，生產條件惡劣，連年遭受乾旱、風沙等自然災害侵襲，旱年莊稼絕收，人畜飲水困難。這裡又成了窮山惡水。

保護資源，進行種植業結構戰略性調整，變對抗性抗災為適應性避災。此時，山杏重新進入了洮南決策者們的視線。

二〇〇二年，洮南市制定了「以北部半山區為重點，以杏治山、以杏治旱、以杏致富，到二〇〇七年建成百萬畝山杏基地」的戰略決策。

二〇〇四年七月十九日，洮南大地掀起了一股造綠風暴，「萬人治理千山，建設百萬畝山杏基地」工程戰役在洮南市北部半山區打響。

如今，一千多座連綿起伏的山上，生長著百萬畝山杏。山杏成林，明顯地改善了這裡的生態環境，大面積的山杏林引來多種鳥類在此棲息，野雞、山兔等小動物不時出現在林間地頭，使這裡的荒山煥發出新的生機，成為世界上面

積最大的一片人工山杏林基地。

　　山杏林的營造使這裡的生態得到恢復，萬畝山杏林裝點著古城洮南的廣闊遠景。

▲ 杏林

向海自然保護區

　　向海自然保護區位於吉林省通榆縣西七十千米處，幅員十點五五萬公頃。西與內蒙古科右中旗接壤，北與洮南市相鄰。保護區橫跨通榆縣五個鄉鎮場、十二個村、三十二個自然屯，有兩萬人口在區內從事著農、林、牧、副、漁各業生產。據初步統計，區內有野生動植物五百九十五種，其中野生脊椎動物三百多種，包括國家一級保護動物十種，二級保護動物四十二種。

　　向海自然保護區由於原始生態良好，保護成果顯著。一九八一年，經有關部門考察，境內生態環境及鳥類等自然資源豐富，由吉林省政府批准劃定為向海自然保護區。一九八六年被國務院批准晉陞為國家級自然保護區，一九九二年被國際野生動物基金會評審為具有國際意義的 A 級自然保護區，屬中國六大濕地之首，正式載入世界著名濕地名錄。二〇一二年九月，向海被評為首批

▲ 向海覽勝

▲ 向海舞鶴

▲ 向海秋韻

▲ 冬戀

全國低碳旅遊示範區。二〇一三年九月，獲得「美麗中國·魅力濕地特別關注獎」。二〇一四年九月，向海所在地通榆縣被授予「中國丹頂鶴之鄉」稱號。向海不僅是中國的一塊寶地，也是世界的一塊寶地。

　　三條河（洮兒河、霍林河、額穆泰河）水流注入保護區。保護區總面積十餘萬公頃，區內生物資源豐富，多種生物區系與複雜的生態環境相互滲透。向海地形複雜，生態環境多樣，沙丘、草原、沼澤、湖泊相間分布，縱橫交錯、星羅棋布，構成典型的濕地多樣性景觀，即沙丘榆林、湖泊水域、蒲草葦蕩、羊草草原。由此，形成了沙丘榆林、湖泊水域、蘆葦沼澤、草原濕地等多樣生態系統，是世界典型的多樣濕地基因庫，形成了世界上少有的四大生態景觀。

　　向海是大自然的珍品，是鳥類的天堂，那裡具有我國和世界重點保護鳥類十七種，即白鸛、天鵝、大鴇、白琵鷺、鴻雁、紅角鴞、百靈、灰鷺、鳳頭麥雞、黑翅長角鴞、長尾灰伯勞、丹頂鶴、灰鶴、閨秀鶴、紅面鶴、蓑雨鶴、白枕鶴，其中後六種鶴占世界鶴類總數的百分之四十。「千鳥島」上除千萬隻灰

沙燕之外，尚有數不清的多種水鳥。向海自然保護區在保護世界珍稀野生動物資源及濕地自然生態環境，救護瀕危珍稀大型濕地禽類等方面，有著特殊的重要地位。

　　觀景塔是向海自然保護區的制高瞭望點。塔高三十二米，有興節節登高時，向海的美也就一點點展現。

　　向海保護區這座自然博物館，猶如一個天然的野生動物園，幾百種珍禽異獸標本活靈活現，栩栩如生：披霜帶雪的野狼、亮翅舞爪的禿鷲、飛奔擊雪的野兔、舉止凝重的天鵝、嘴似琵琶的白琵鷺、目露凶光的金雕，還有引頸展翅的丹頂鶴……它們會把你帶到一個如夢似幻的神奇地方。

　　向海自然保護區是生物科學的物種寶庫，得到國內外專家學者的讚賞和肯定。一九八四年五月中旬，由世界國際野生生物基金會的要員瑪麗・肯特勒女士、鳥類專家肯奈特・塞夫婦等人組成的國際鳥類專家考察組來到此地，短短幾天的光景就觀察到具有科學研究價值的鳥類五十八種。

　　向海自然保護區以它獨特的魅力吸引著世界各國越來越多專家的注意，也吸引著更多的遊客來此觀光。

▲ 荷蘭親王貝恩哈德在向海

莫莫格自然保護區

　　吉林莫莫格國家級自然保護區暨莫莫格濕地，地處吉林、內蒙古、黑龍江三省（區）交界處的鎮賚縣境內，轄區面積十四點四萬公頃，是吉林省西部最大的濕地保留地，以世界瀕危物種白鶴及其棲息地為主要保護對象。

　　優越的自然生態環境使莫莫格保護區成為東亞候鳥遷徙的重要通道，對維護吉林省西部地區的生態安全具有舉足輕重的作用。

　　莫莫格保護區屬內陸濕地和水域生態系統類型。該濕地包括河流、湖泊、沼澤、沼澤化草甸等，屬溫帶草甸草原區以淺水湖泊為核心的濕地生態系統的典型代表。濕地自然環境基本處在原始和半原始狀態，水源充足穩定，植物類型多樣且繁茂，食物資源豐富，是白鶴、白頭鶴、丹頂鶴、東方白鸛、小天鵝等百餘種水禽的棲息繁殖地和遷徙途中的停歇地。

　　莫莫格濕地綜合評價指標名列吉林省第一，白鶴停歇數量、時間名列世界第一，面積逾三萬公頃的苔草小葉葦濕地為莫莫格獨有。

　　在吉林省西部乾旱地區生態環境極其脆弱的狀態下，莫莫格濕地對調節區域氣候、增加當地降雨量、減少減弱風沙天氣、提高農作物產量、提供淡水資源和水產品、防洪減災、保護生物多樣性特別是保護珍稀瀕危鳥類、維護區域生態平衡等方面發揮著重要作用，是鳥類遷飛與魚類洄游的典型地區。

　　莫莫格濕地在我國動物地理區劃上處於古北界東北區松遼平原亞區與蒙新區東部草原亞區的毗鄰地帶，是東亞候鳥遷徙通道上的重要停歇地。由於所處的地

▲ 莫莫格荷花塘

▲ 莫莫格白鶴

理位置優越，濕地條件良好，其鳥類資源不僅具有古北界東北區為主的特徵，同時也具有蒙新區鳥類的特徵。此外，還有數量眾多的古北界東洋界的廣布種類及東洋界種類，表現出該區的鳥類是豐富多樣的，是鶴、鸛類等珍稀瀕危鳥類和雁、鴨類等經濟鳥類的重點分布區。

　　莫莫格濕地棲息的白鶴是世界瀕危鶴類之首，是珍稀瀕危白鶴的重要停歇地。白鶴被「世界自然保護聯盟紅皮書」列為最瀕危物種，我國一級重點保護野生動物。春秋遷徙季節，停歇於莫莫格濕地的白鶴由西元二千年以前的二百多隻增加到三千多隻，占該物種世界種群數量的百分之九十以上，其中數量超過一千隻的天數達到三十三天，超過兩千隻的天數達到三十天，超過三千隻的天數達到十六天。

嫩江灣濕地公園

　　嫩江灣位於吉林省大安市境內，俗稱「老坎子」。嫩江水從大興安嶺伊勒
呼山南麓彙集了大小河川，一路蜿蜒奔騰來到了黑、吉兩省交界的嫩江灣，滔
滔激浪把江的沿岸沖積成一個近似直角的港灣——嫩江灣。

　　嫩江灣自古以來就是一個天然碼頭，也是吉林省最大的內河對外開放港
口。順江而下可達俄羅斯的五個開放港口，並可直通日本海，曾被譽為吉林省
連接中、日、俄的水上「黃金通道」。一九九三年被林業部命名為國家森林公
園，二〇〇三年被評為國家 4A 級景區，二〇一〇年十二月被國家林業局批准
為國家級濕地公園（試點）。

▲ 老坎子

　　嫩江灣濕地公園設有親水棧
道、觀水平台、遊船畫舫等景
點。在這如詩如畫的仙境中悠然
瀟灑走一回，觀賞人與濕地、人
與動物和諧相處的天然佳景：

　　秀美外灘。通過清淤疏濬、
引水入灘、恢復植被等措施，對
嫩江灣國家濕地公園外灘濕地進
行生態修復，外灘的資源功能、環境功能、生態功能都得到充分的發揮，初步
形成了水域貫通、水島相間，原始野生植被相覆蓋的濕地景觀。

　　翠谷探幽。在圈河的右面是一條淙淙流淌的小溪，連接嫩水河與印月潭，
小溪上建有一座生態橋，給人一種「小橋流水」的意境。

　　蒙古風情園。有蒙古歌舞及傳統的禮俗獻哈達。每年七、八月間，舉行蒙
古族傳統的盛大節日那達慕大會，可以進行賽馬、摔跤、射箭、蒙古象棋、歌
舞等富有民族特色的文體活動。同時，品嚐蒙古族的特色餐飲，成為瞭解和走

進蒙古族文化的一扇窗口。

奇石雅趣。在江灣古道上，擺放著一尊尊奇石。這些奇石林立，形象逼真，盡現了大自然之鬼斧神工，形成了獨一無二的景觀。這些奇石經歷了億萬年的風雨，形成了今天有故事、有特色的景觀石。

同心攬月。由同心橋、攬月亭兩大主體構成。同心橋為一鐵索橋，可繫同心鎖。這些「同心鎖」表達了眾多遊客或祝福或堅貞的情感。過橋拾級而上便登上攬月亭，一覽江天，讓人怡然自得。

柳岸清荷。在同心橋對面有一個荷花湖，占地一點六萬平方米，遊客可站在棧道上欣賞這令人賞心悅目的滿池荷花，也可泛舟賞荷。在荷花湖心島南部建有一亭，名為荷花亭。

憑欄聽濤。根據史料記載，遼代皇帝曾多次到達納水（嫩江），進行春捺缽活動。二〇一一年，根據史書描述還原復建了聽濤閣。如今，遊人登上聽濤閣，亦有遼帝聽濤之感。

▲ 嫩江灣夜景

虎躍龍騰。位於嫩江灣公園西南位置有一處龍石廣場。龍石，得自於太行，正面似白龍升騰，背面如猛虎雄踞，暗含大安為龍盤虎踞之地。該玉石曆數萬年風雨洗禮，得山川之靈秀、日月之精華，遂成此物。

　　泛舟玉龍。玉龍湖原名宮舍泡，是大安市打造「一江環繞，五湖相擁」城市水系的五湖之一，通過濕地調節閘的補水，水域面積達到三百公頃，平均水深五米。乘船極目遠眺，玉龍湖天水一線，水鳥翔集，使人倍感江山無限，心胸開闊。湖內盛產野生魚三十多種。二〇一〇年冬天，玉龍湖首次冬捕一網出魚五萬多斤。由於水質優良，魚質達到綠色食品標準，備受域內外遊客青睞。湖上還修建了一座觀魚橋，供遊人觀魚。

　　嫩江灣——人與自然合一的原始境界。

▲ 「醉美」嫩江灣

月亮湖水庫景區

　　月亮湖，又稱月湖泡，位於吉林省大安市東北部與鎮賚交界處，距大安市區三十七千米，為洮兒河與嫩江的交匯處，史稱「魚兒濼」「運糧泡」，是吉林省內大型淡水湖。水庫幅員遼闊，水域面積二百多平方千米，平均水深十米，南北長十千米，東西長二十五千米，水域遼闊，水質優良，是天然的好漁場，它素有「魚圈」「魚家」「魚庫」之美稱。

　　月亮泡歷史悠久，早在三四千年前，濊貊、扶餘等少數民族就發現了這塊得天獨厚的地方。月亮泡南岸一期文化遺址和東山頭墓群出土的篦點幾何紋陶器、各種各樣的青銅飾件，充分證明了這裡生產的發達。

　　遼代時，契丹皇帝也看中了這塊風水寶地，從聖宗耶律隆緒至末代皇帝耶律延禧，每年都來月亮泡捺缽，歷四朝而不衰。其中，遼聖宗來過兩次，遼興

▲ 月亮泡濕地風光

▲ 第二屆冬捕節開幕式

宗來過六次，遼道宗對此處更是夢繞魂牽，在位四十多年來月亮泡捺缽十二次，就在遼朝風雨飄搖時，天祚帝也沒能忘了月亮泡，還「游幸」月亮泡一次。

據《遼史》記載，這些皇帝每到正月，刀甲鮮亮，人嚷馬嘶，浩浩蕩蕩，到了月亮泡，皇帝還帶頭鑿冰捕魚，把首次所得之魚，謂之「頭魚」。大擺「頭魚宴」，獎賞群臣。君臣飲酒作樂，徹夜不眠。

除了「頭魚宴」，還有「頭鵝宴」。那是在大冰曠野上撒下人馬，一里地一個人，手執彩旗，發現天鵝便把彩旗舉起。此時，皇帝放出豢養的凶鷹海東青追捕天鵝，用它設「頭鵝宴」。其時百官朝賀，群臣頭上遍插鵝翎，觥籌交錯，歌舞相伴，場面十分熱烈。

元代，月亮泡又成為蒙古貴族們的避暑勝地。據《元史》記載，成吉思汗和太宗窩闊台都曾到此避暑。由於成吉思汗的坐騎是一匹紅色駿馬，後來還給這裡的草原留下一個美名——紅馬牧場。

月亮泡是遠近聞名的魚米之鄉，是吉林省著名的平原水庫。湖內盛產鯉魚、鯽魚、胖頭、花鰱、草根、鯿花、團頭魴、武昌魚、皇姑子、白鰾子、大白魚、麻鰱、嘎牙子、鯰魚、麥穗、鰲花、黑魚等九科三十八種。月亮泡的魚不但種類多，產量也高。一般年產三十萬公斤，最高可達六十萬公斤。所以民謠說「閘住月亮泡，銀子沒了腰」。

月亮泡景色美麗迷人，是著名的旅遊勝地。春天到來，萬物復甦，波光百里。若乘上遊艇，可觀賞沿途的「龍坑遺址」「小燒鍋珍禽鳥獸島」「鴨雁崗千年古榆」「敖包山望月亭」等景觀。船到月亮泡，登上哈爾金大閘門，極目遠眺，天水一線，沙鷗翔集，使人倍感江山無限，心胸開闊。夏日裡的月亮泡萬頃碧波，鳥飛魚躍，你可到鄉頭泡沙灘浴場去，那裡的沙又細又軟，水又清又靜。仰在沙灘上，用熱乎乎的細沙把自己埋上，彷彿千萬雙手在為你按摩，令人筋骨舒暢。然後，你再一躍而起，奔向清澈見底的湖水中，會有融化在大自然中的感覺。若有興趣，還可以去「千米釣魚台」，側坐柳蔭下，高擎釣魚竿，充分體會一下垂釣的閒適，或悄聲與釣友談天說地話魚經，或微閉雙目，凝神靜氣練身心，那才是真正地融入自然，體驗自然，享受自然。若在秋天來到月亮泡，乘上旅遊船，巡遊全湖，碧波蕩漾，天高氣爽，定讓人心曠神怡。夜宿蒙古包，還可品嚐中外聞名的「嫩江酸辣生魚」、喝羊湯、吃手扒肉。此時，湖上漁火點點，蛙聲起伏，玉兔東昇……總之，在這秋爽之夜遊人可盡情地泛舟、品酒、賞月。月亮泡的冬天，冰面平明如鏡，坦蕩如砥，會使岸上楊柳銀條倒掛，恰似水晶世界。此時，你坐上雪爬犁、冰爬犁，聽著馬蹄嘚嘚地響，爬犁吱呀地叫，你也許會尋到迷失的童年。還可以去欣賞北方奇觀——冰上捕魚，多年來吸引著周邊省市的大批遊客。

南湖濕地公園

　　南湖濕地公園位於吉林省鎮賚縣城的南部，這裡是一處純天然的泡沼地，占地面積五百七十公頃，人工綠地二五六○延長米，水泥護坡湖堤一三六○延長米，人行橫道一萬延長米，有路燈六十四盞、園林燈五十八盞，草木花卉二十八個品種，八點六萬株。

　　二○○八年六月二十六日，南湖生態園被國家住房和城鄉建設部正式批准為國家城市濕地公園，成為我省首個國家級城市濕地公園。如今的南湖湖水清澈，環境優美，植物茂盛，有蘆葦、香蒲、扁稈草、菱、芡實、水蔥、水稗草等各種植物達三百餘種，形成了公園的綠色濕地植被。南湖是鎮賚縣城濕地的微縮景觀。特別是在近幾年，每逢春夏時節，到這裡棲息、繁衍的鳥類越來越多，其中丹頂鶴、白鶴、大天鵝、白琵鷺等國家一、二級保護鳥類達二十餘種。廣闊的水域，豐盈的水草和豐富的野生資源，使這裡成為內陸珍禽候鳥遷徙途中的重要停歇地、棲息地和繁衍地，這裡已逐漸成為鳥的天堂、鶴的故鄉。

▲ 南湖濕地公園水域

鬧牛山景區

　　鬧牛山，海拔六百六十二點五米，像一條巨龍橫臥在洮南市煤窯鄉和內蒙古自治區交界處。鬧牛山山高樹綠，一座座連綿起伏形狀各異的大小山頭與藍天白雲相輝映，景色美不勝收。

　　登上鬧牛山，各種野生植物競相簇擁，長勢繁茂。山上有杏樹、楓樹、山葡萄樹、針葉樹等十餘種天然林，覆蓋率達百分之五十以上。山裡曾有狐狸、黃羊、獐子、狍子、野鹿、狼等稀有動物和沙半雞、飛龍、鐵雀、野雞等一些珍禽。山上盛產的防風、黃蓍、遠志、桔梗、紅花等二十多種藥材，已成為附近村民的無盡財源。

　　鬧牛山還有豐富的銅、鐵、金、煤炭資源。經科學探測，鬧牛山藏有中灰分、低硫、高磷、高發熱量的煤炭礦藏。煤種有肥焦、貧瘦、無煙三種。始建於民國十八年的萬寶煤礦就在山的東側，至今已開採八十餘年。

▲ 鬧牛山

昂岱山景區

　　昂岱山海拔四百八十點四米，坐落在吉林省洮南市那金鎮境內。昂岱山是蒙語，意思是此山狐狸多。山上有幾百種草木植被和野生中草藥材，有大量的建築石料石灰石和珍珠岩。山腳下有一條那金河和一個美麗的人造湖群昌水庫。山水相互映襯，景色宜人。

　　連綿起伏、高聳入雲的昂岱山以它特有的神奇和壯麗，寄託著勞動人民對真、善、美和幸福吉祥的嚮往和希冀。在山的西南側有一個很深很深的山澗，人們稱之為「狐仙潭」。傳說那是善良的農民寶柱和美麗的狐仙小玉夫妻居住的地方。昂岱山的主峰上，有一塊兩間房子那麼大的石頭，石頭下邊有一個很大的洞巢，當地人都管它叫「老鷹窩」，傳說那是為民除害、鬥敗千年蛇精的金眼神雕的住處。主峰西側的一條長岡，人稱「野雞嶺」，那裡到處都有羽毛美麗耀眼的山雞身影，雄呼雌答的鳴叫聲響徹山野，是昂岱山一道獨具特色的

▲ 昂岱山

風景線。

　　秋天，山變成了金黃色，農民都忙著採集山果、藥材，收割柳枝。這裡的柳編也非常紅火，產品出口到亞洲、歐洲的八個國家和地區，給當地的百姓增添了不少收入。

　　昂岱山現在的美景是來之不易的。「文革」時期，山上的資源遭受嚴重破壞。一九八三年，當地政府和人民群眾充分認識到大地失去植被的枯燥和山洪暴發的禍患，決心恢復昂岱山的植被和生態，開始封山育林，每年春季都有近萬人上山植樹、挖魚鱗坑，至今累計挖魚鱗坑二百多萬個。魚鱗坑雨季蓄納了山上的雨水，消除了山洪的隱患，並為山上植物的生長積蓄了水源。經過十六年的奮鬥，終於恢復了昂岱山的植被。不僅生態環境變樣，而且帶來了巨大的經濟效益。

　　昂岱山空氣清新、藍天高遠。那金河底的游魚、碎石清晰可見；群昌水庫像一面梳妝鏡，沒有一絲波瀾，由她哺育的千頃稻田鬱鬱蔥蔥、一望無邊；水庫背面山坡上的烈士陵園和閻群昌烈士紀念碑講述著幾十年前發生在這裡的那個悲壯的故事；那金林場的四百公頃大片林，十公頃果園，山坡上有半個世紀以來幾代人尋尋覓覓、至今才找到的深井清泉；還有那山區特有的運貨搭客的小火車和又細又矮的小軌道等，都是昂岱山美麗的風景線。

德隆崗景區

　　德隆崗位於吉林省洮南西部與內蒙古自治區突泉縣交界處，是一條由西北向東南走向的漫崗。它北接大興安嶺東麓山前台地，南與松遼分水嶺相連，相對高度在二百米至二百五十米之間。德隆崗原是一條無名崗地，一九二〇年，扎薩克圖科爾沁右翼前旗官放招墾，奉天（今瀋陽市）一富商在此崗買下大片土地。因其商號前均冠以「德隆」二字，在洮南的商號為「德隆久」，因此人們習慣稱之「德隆崗」。

　　德隆崗土質屬栗鈣土類，腐殖土下均為白色、黃白色或褐黃色相間的土壤，狀如雞糞，俗稱「雞糞土」，亦稱「白乾土」。這一特殊的地質、地理條件，為野生動物保留了一塊賴以生存和繁衍的天然王國。

　　過去，德隆崗的野生動物曾有黃羊（蒙古羚羊）、狍子、狼、狐狸、獾子、貉、野豬、山兔、土撥鼠、黃鼬、香鼬、艾虎、跳鼠及蛇、蜥蜴等。其中，黃鼬、香鼬、艾虎、貉、獾、狐等毛皮更為珍貴。

▲　德隆崗草狐

包拉溫都杏林風景區

吉林省通榆縣境西南，一片東西長四十餘千米連綿起伏的沙丘，生長著一百多萬株天然次生山杏樹，占地面積兩萬多畝，形成天然奇觀——杏花海。這就是與內蒙古自治區接壤的包拉溫都蒙古族鄉杏林。

仲春時節，放眼望去，杏花競放，漫山遍野，無際無涯。隨著沙崗的起伏，層層疊疊通向天際，置身於杏樹林中，馥郁的花香沁人心脾。

待到初夏，杏花已謝落，繼之而來的是紐扣大小的青杏，密密匝匝，隱藏在紫枝綠葉中間。七、八月間，是杏核成熟的季節，每年這裡都向國家交售幾萬斤杏核。

冬季，一株株樹幹變成了紫色，裸露出晶瑩閃亮的身軀。攜手連片，把這裡覆蓋成一片閃亮的紫色。難怪蒙古族人稱這裡為「紫色的山岡」（即蒙語「包拉溫都」）。

▲ 包拉溫都村民

▌興隆山蒙古黃榆觀光區

　　興隆山蒙古黃榆觀光區距吉林省通榆縣縣城約六十千米，這裡有一片亞洲最大的蒙古黃榆林，面積約五十平方千米。這是一處神奇的地方，霍林河在這裡千迴百轉，徜徉蜿蜒；蒙古黃榆在這裡落地生根，葉茂枝繁。

　　蒙古黃榆是亞洲稀有樹種，屬於榆科、榆屬，是天然次生林，是乾旱地區沙丘崗地上特有的樹種。大自然的鬼斧神工，雕就了蒙古黃榆的千姿百態，有的像古藤盤柱，有的如游龍過江，有的若霸王揮鞭，有的似八仙過海。賞榆亭上望去，一株株一簇簇挺拔堅韌、亭亭玉立的蒙古黃榆盡收眼底。隆冬時節，呼嘯的北風和漫卷的黃沙一見到它，便馴服地放慢腳步；陽春三月，別的樹種剛從睡夢中醒來，蒙古黃榆就已經吐出蔥鬱的葉子，莽莽蒼蒼，引來各種禽鳥在枝頭棲息。

　　關於蒙古黃榆的來歷，還有一個傳說。老壽星南極仙翁為了治住狂暴的風沙，挽救將要變成沙海的興隆山，而扔下了龍頭枴杖。枴杖落到黃沙崗上，興隆山的沙丘上便生出了一片片繁茂的蒙古黃榆樹，風沙隨之煙消雲散了。美麗的傳說寄託了人們對美好生活的嚮往。

▲ 通榆縣蒙古黃榆

▌牛心套保景區

　　牛心套保景區位於吉林省大安市西南部，方圓近七千公頃。南面是國營東溝林場的滔滔林海，東面、北面則包圍在姜家甸大草原中。

　　「套保」，蒙語，意為連綿的土包子、土崗子；「牛心」，意為牛的心臟。合起來就是狀如牛心的土山，這是用來形容泡子中間那座最大的土山的，所以名為牛心套保泡。牛心套保村口有兩棵樹，人們一直奉若神靈，認為它保佑了一方百姓的平安，稱其為「夫妻樹」。這兩棵樹是蒙古榆。從外貌上看，也不甚雄偉高大，但形態奇特，兩樹的根緊挨在一起，當地人都說這兩棵樹是一對青年男女幻化的。

　　牛心套保景區蘆葦資源豐富，面積竟達三千五百公頃之多，被稱為「葦海」。國家在這裡建立了國營葦場，對蘆葦進行科學的種植、養護、改良，在葦場建立了大量溝、渠、閘、涵，打了深水井，增強了抗旱排澇能力。連續幾年，蘆葦產量都在萬噸以上。

　　牛心套保景區屬草原濕地，泡沼、葦塘、沙丘、灌叢、天然次生林和大面積人工林為獸類提供了優越的覓食、隱匿、繁殖的條件，因此鳥獸類很多。這裡有蒙古兔、黃鼬、赤狐、狼、貂、獾等獸類四目八科十二種。牛心套保景區又是鳥類的天堂，丹頂鶴、蓑衣鶴、大鴇、野鴨等四十多種在此棲息。

▲ 牛心套保

第五章 ——

文化產品

一江兩河流雅韻，文華燦爛鬥芳姿。嫩江、洮兒河、霍林河，懷著慈愛，帶著期許，攜著雅韻，從遠古澎湃而來。她們以母親河的博大胸懷，擁抱著大沁塔拉這廣袤草原，哺育著白城大地的芸芸眾生，啟迪著萬物之靈的特質靈犀。那別具風情的文藝百花園，正是因你們而生生不息，因你們而蓊鬱豐茂，因你們而姹紫嫣紅、美不勝收……

文學期刊《綠野》

文學期刊《綠野》創刊於一九七九年，是新中國成立後白城地區最早創刊的文學雜誌。由著名詩人臧克家題寫刊名，第一任主編為李傑。

《綠野》秉承「當代性、文學性、思想性、地域性」的辦刊宗旨，以地方文學為特色，受到國內廣大作者的喜愛。

多年來，《綠野》還注重加強文學交流，尤其加大對文學新人的扶持力度，為繁榮白城地區的文學事業做出了貢獻。特別是自二〇〇九年以來，《綠野》連續五年舉辦全國性文學大賽。徵文體裁囊括小說、散文、詩歌、報告文學等，產生了廣泛影響，提高了刊物的知名度。

辦刊三十五年來，《綠野》已編輯出版一百二十九期，其中小說四千三百多萬字，散文一千二百餘萬字，詩歌約三十五萬行。推出了一大批弘揚主旋律、藝術品位高、社會影響大的文學作品，先後有一百多篇作品在全國獲獎，一百一十多篇作品被全國各大報刊轉載，還有的被改編成影視劇搬上螢幕。

總之，《綠野》創造了屬於白城文學藝術的輝煌，為廣大文學藝術工作者、愛好者提供了施展才華的沃土，更成為培植文學藝術人才的搖籃。

▲ 《綠野》

文藝期刊《鶴苑》

　　《鶴苑》文藝期刊創刊於一九九一年，是白城市文化新聞出版（版權）和體育局主管、白城市群眾藝術館主辦、《鶴苑》編輯部編輯出版的白城市最大的一本綜合性文藝期刊。第一任主編為王玉成。

　　《鶴苑》為十六開本，每期八十頁，約十五萬字。《鶴苑》主要刊登小說、散文、詩歌、紀實文學、曲藝、群文論壇等。

　　《鶴苑》定位地域文化風采，群眾文化品格，設有「關注」「人物」「白城印象」「文藝」「文化惠民工程」「視界」「編讀往來」七個主欄目，每欄目分設若干個子欄目。風格追求時尚性、可讀性、大眾性、新的視覺語言、新的語言思維認知。《鶴苑》從一九九一年創刊至二〇一一年，共出五十八期，合計字數總量一千多萬字，發表作品總計兩千四百篇（首）。先後為市政府出刊

▲　《鶴苑》

專號「輝煌十年——慶祝白城撤地設市十週年專號」「城建聚焦專號」，與白城市婦聯聯合推出「女子文學專號」，與大安西柳批發市場出刊「大安西柳專號」，與白城市保險公司出刊《黑山風雲》的長篇小說專號。

《鶴苑》曾召開三屆《鶴苑》文學獎評獎大會，邀請了吉林省的知名專家學者進行講學活動；組織五次《鶴苑》詩歌研討會；發表了全國政協常委、國務院參事、中國文聯副主席、中國文聯民間文藝家協會主席、著名作家馮驥才的《闖關東年畫——通榆木版年畫》；採訪了電視劇「田野三部曲」的國家一級編劇馮延飛先生，並發表了《飽蘸大愛寫人生——國家一級編劇馮延飛印象》；將文學新銳武秀紅的二十餘萬字的長篇小說《煙花煙花飛滿天》分四期給予全文連載……《鶴苑》培育新老骨幹作家近百位，他們的作品分別在省級文學期刊《山花》《參花》《北方文學》《關東文學》《小說選刊》和深圳、上海、新疆等地刊物上選發，為白城地區文學界爭得了榮譽。

創刊二十多年來，《鶴苑》力薦和培育了一大批文學新人，為推動白城群眾文化事業大發展、大繁榮做出了貢獻。

二〇〇九年，《鶴苑》以突出的思想性、藝術性、時尚性和群眾性特色，被吉林省新聞出版局評為吉林省唯一優秀文藝期刊。

《鶴苑》立足家鄉、貼近時代、弘揚地域文化，同時積極團結白城市廣大業餘作者和群眾系統的創作骨幹，繁榮了白城市文學創作和文學事業，也引起了省內外作家和專家們的深切關注。它是白城市文化界對外文化交流的一張名片，對發展白城經濟、提高白城知名度發揮了作用。

文化期刊《白城藝術》

　　由白城市藝術研究所主辦的《白城藝術》創刊於二〇〇九年。

　　《白城藝術》辦刊宗旨是為宣傳白城市文化的大發展、大繁榮服務，為文學愛好者搭建展示才華的平台。第一任主編姚蘭。主要讀者為廣大文化藝術工作者。

　　該刊在欄目設置上不斷創新，有宣傳白城市文體活動的「文體縱橫」，有介紹白城歷史文化發展的「問史白城」，有為廣大文學愛好者展示才華的「文學天地」，有介紹小品、二人轉、相聲等劇本的「戲曲之窗」。為鼓勵和培養文學新人，還為大中專院校的學生設置了「校園新作」等欄目。

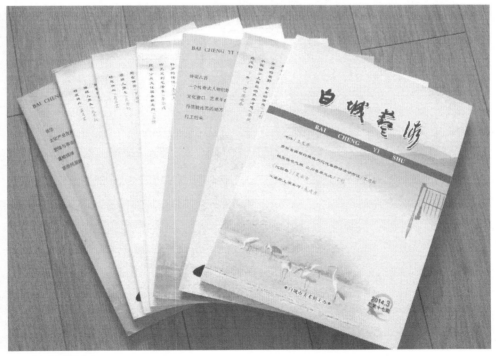

▲ 《白城藝術》

文史新著《白城歷史文化之旅》

　　二〇一一年，宋德輝編著的《白城歷史文化之旅》一書出版發行。作為白城市「五個一工程」之一，該書以白城文物遺址、文獻資料、古代民族、建制沿革、重大事件、歷史人物為背景，以最新的考古、歷史研究成果為依據編寫成書，其目的就是讓人們穿越歷史的時空隧道來認識和瞭解白城悠久的歷史、豐富的文化資源，進而增強白城人民的自豪感、榮譽感、凝聚力和向心力。

　　《白城歷史文化之旅》是白城市學術研究的新成果和重要標誌，是一部集學術研究與普及地方歷史知識為一體的學術專著，是白城歷史上第一部全面反映全市歷史文化的著作，該書的出版填補了白城歷史上沒有自己的地方歷史專著的空白，獲「吉林省優秀科普讀物獎」。

　　宋德輝，生於一九五四年，曾任白城市博物館館長、研究館員。吉林省博物館協會副理事長、白城市民間藝術家協會主席。

▲ 《白城歷史文化之旅

詩集《向海湖，或星象之書》

《向海湖，或星象之書》二〇一一年七月出版，作者葛曉強。葛曉強筆名葛筱強，稱自己是「最後一個鄉村歌手」，這既是對自己與泥土關係的一種確認，也是他對自己寫作的一種命名。在他的筆下，莊稼是他同根的兄弟，而那變化的季節，則是他靈魂的節日。在每一個瞬間，他都可以放飛輕盈的風箏，都可以吹響浪漫的風鈴。他離不開土地，因為「離開土地，我的靈魂彷彿是空中遊蕩的一張紙」，葛筱強這樣動情地說。

▲《向海湖，或星象之書》

葛曉強，一九七三年生於吉林省通榆縣，中國詩歌學會會員、吉林省作家協會會員、吉林省作家協會詩歌委員會委員。迄今在《詩刊》《文藝報》《中國環境報》《綠風》等報刊發表文學作品近二百篇（首）。讀書隨筆多在《城市晚報》《寶安日報》《長沙晚報》等發表。另著有散文隨筆集《夢柳齋集》《雪地書窗》等。

詩集《向海湖，或星象之書》獲吉林省第十一屆長白山文藝作品獎。

詩歌《大雁》收入中國作協《詩刊社》選編的《新世紀5年詩選》一書。

詩《海水》獲《青年月刊》雜誌社全國青年短詩大賽優秀獎。

▲ 葛筱強

詩集《半間書屋詩存》

▲ 《半間書屋詩存》

　　《半間書屋詩存》是詩人李厚光的第二本詩集，收入作者近年新創作的詩詞近五百首。李厚光先生的詩作和他特殊的生活閱歷是分不開的，也正是這特殊的生活閱歷，練就了他現在這樣寧靜淡泊、寵辱不驚的性格，更練就了他渾厚的文史底蘊、深邃的思維走勢、敏銳的觀察能力、嚴謹的科學態度、嫻熟的化典技巧和超凡入聖的造境手段。因之，在李厚光先生的詩作中，佳篇、佳聯、佳名俯拾即是，可謂林林總總，熠熠生輝，令人目不暇接。

　　李厚光生於一九二七年，湖南益陽人，上海法學院畢業。一九四九年參軍擔任隨軍記者，轉業後到南京文聯工作。一九五六年被錯劃右派下放到內蒙古勞動鍛鍊，從此踏上了一條坎坷而又漫長的人生苦旅。李厚光既是作家又是詩人，先後出版兩部詩集，其中《閒吟殘箋》廣受好評。年輕時得到田漢的賞識，他創作的現代揚劇《兩腳狐》《笑面虎》和古裝揚劇《蘆江怨》，公演後獲得嘉獎。他近年又將自己的坎坷人生寫成長篇回憶錄《逝水萍蹤》。

▲ 李厚光

▌詩詞集《花紅原上》

　　王述評，中華詩詞學會會員、全球漢詩學會理事、白城市詩詞楹聯家協會顧問。二〇一三年九月作品獲松花湖全國詩詞大賽一等獎，被吉林松花湖風景名勝區管委會聘為松花湖文化使者，二〇一四年六月作品獲人口文化全國詩詞大賽三等獎。

　　《花紅原上》是王述評的一部詩詞作品集，其中共收錄詩詞作品百餘首，有五言絕句、五言律詩、七言絕句、七言律詩，「詞海放舟」中用多種詞牌填創詞作，全書花團錦簇、美不勝收。王述評的詩詞作品全方位表現了社會生活，充盈著高揚主旋律的時代精神，如《讀江竹筠遺書有感》：

江嵐竹雨寫青筠，字字鏗鏘句句殷。
簞節松鱗猶浸血，最疼不過母親心。

還有迴文詩《秋收》：

糧穀垛高天色暮，豆莢熏火野蒿香。
長空月下南飛雁，赤葉楓林秋染霜。

　　《花紅原上》詩詞集出版以來，在讀者中產生很大影響，得到詩詞界一致讚譽。

詩集《夢裡飛歌》

由陸中蘭創作的詩集《夢裡飛歌》共分四輯：陽光燦爛、情感星空、夢裡飛歌、雨中淚花。

陸中蘭，筆名仙島，吉林省作家協會員、白城市詩詞楹聯家協會副主席、洮南市詩詞楹聯家協會主席。

陸中蘭是吉林省優秀教師，多年從事中學語文教學工作，業餘時間筆耕不輟，尤其在詩歌創作中有可喜收穫。近年來以筆名仙島發表的作品在《中國詩歌在線》《中國焦點雜誌》《中國詩歌》《文壇風景線》等多家刊物上發表。

作為一名鄉村女教師，陸中蘭熟悉自己周圍的生活，並被生活所感染，不斷用詩筆對生活進行熱情謳歌。在她的筆下，有默默耕耘、歷經坎坷的民辦教師，有生龍活虎、充滿朝氣的應屆畢業生，有教研評比答辯的感受，有童年生活難忘的記憶，有親人的形象，也有朋友的面影。總之，她的詩筆涉獵範圍十分廣泛。

近年來，她的電子版純愛情詩集《滴淚愛情島》在網上備受關注，以女人的心態用詩歌細膩描繪了愛情的猶疑、苦痛、期待、夢想，以及對美好愛情的憧憬等多重情感。

▲ 陸中蘭

小說《開不敗的花朵》

在八百里瀚海的深處、科爾沁大草原的東部、文牛格尺河沿岸的草原上，共有七個自然屯。這一帶原本屬於瞻榆縣（今瞻榆鎮），歸嫩江省南區管轄。一九四六年二月九日凌晨，東北民主聯軍三師八旅二十三團（原屬新四軍）解放了瞻榆縣城。二月十八日，在共產黨的領導下，組建了瞻榆縣委和縣民主政府。五月二十八日，東北民主聯軍保安一旅進駐瞻榆縣。

當時這一帶的土匪十分猖獗，他們和一些地主武裝勾結在一起，經常騷擾新政權和革命群眾。被收編的原保安隊頭子韓寶玉賊心不死，率百餘名舊部叛變，準備向南投靠駐紮在鄭家屯的國民黨部隊。

一九四六年五月三十日，中國人民解放軍晉察冀軍區派往東北哈爾濱的幹部工作團（當時簡稱「東幹團」）三十多人從通遼乘四輛馬車路過瞻榆。當行至縣城西南十餘千米處的三家子屯附近時，與韓寶玉匪眾遭遇並展開激戰。負責護送的警衛團副團長王耀東在與叛匪談判中壯烈犧牲。從此，王耀東烈士的英雄事蹟被這裡的群眾廣為傳頌。著名作家馬加根據王耀東的事蹟寫了一部小說《開不敗的花朵》，英雄的事蹟和這片「開不敗的花朵」的草原名字遂傳遍全國。

▲ 《開不敗的花朵》

散文隨筆錄《魯院日記》

▲ 《魯院日記》

　　丁利創作的散文隨筆錄《魯院日記》共計七十二篇，二十四萬字，配發魯院及社會實踐圖片八十餘幅，其中《初識鐵凝》等二十餘個單篇先後在全國各地報刊發表。

　　二〇一〇年丁利在魯迅文學院十四期中青年作家高研班學習深造四個月，其間完成了這部作品。他是魯院成立六十週年的親歷者，又經歷新舊魯院的喬遷；也是魯院歷屆學員中，唯一以魯院學習生活為背景，創作完成了文學筆記、生活筆記、心靈筆記的人。

　　丁利，吉林省通榆縣人，現任白城市作協主席、《綠野》文學雜誌主編，中國作家協會會員。他從事文學創作二十餘年，先後創作了三部文學作品集：《報導總理的小城記者》（報告文學集）、《遠去的村莊》（散文集）和《魯院日記》。

　　二〇一一年，丁利出版散文集《遠去的村莊》，二〇一四年榮獲吉林省委、省政府第十一屆長白山文藝獎。著名作家張笑天在序言裡寫道：「丁利滿懷著對生活的感恩和虔誠，為我們奉上了《遠去的村莊》。這裡呼喚的是人間真情與生命本質的芬芳，呼喚的是綠色文明與鄉野清風裡的恬淡寧靜，呼喚的是艱苦樸素的傳統與原始本真的精神風貌，這些也正是當下普遍缺失的。我想我們應該把《遠去的村莊》給我們的孩子讀，讓他們知道，有過那樣一個時代、有過那樣一個村莊、有過那樣一群人，他們真誠、淳樸、勤勞、樂觀，他

們珍愛自己、珍愛親情、珍愛生活，那對孩子和未來將是大有裨益的。」《遠去的村莊》被讚譽為「感恩的教材」。

二〇一四年十一月，丁利擔任編審，出版了建設北方文學高地「綠野之星」叢書。叢書由中國作協主席、著名作家鐵凝簽名寄語，中國當代著名作家、劇作家張笑天作總序，由白山出版社出版發行，成為吉林省地市級出版的第一套十卷本系列叢書，對檢閱白城文學成果、推動白城文學發展、探討吉林西部文學現象具有深遠的歷史和現實意義。

▲ 丁利

長篇小說《路塵》

▲ 王玉成

　　小說《路塵》通過主人公二姐講述包括她自己在內的三個女人的故事，反映新時期以來城市下層女人的追求、愛情、婚姻及各種人生羈絆。

　　作者王玉成，筆名凌喻飛，一九三九年十一月生於吉林省大賚城，就讀於長春電影學院文學系。曾任白城地區作家協會副主席，《綠野》季刊副主編。現任《鶴苑》文學季刊主編，高級編輯。係中國作家協會會員、中國少數民族作家協會理事、白城市作家協會顧問、白城首屆文學獎評委、白城第二屆文學獎顧問。

　　一九七九年，王玉成在《人民文學》六月號發表短篇小說《揚風灣》，從而走上了文學創作之路，是中國文壇頗有影響的少數民族作家。小說《船長的魄力》獲一九八〇年吉林省文學獎，中篇小說《喇嘛山紀事》獲上海第一屆萌芽獎，《大凌草原》獲一九八七年吉林省少數民族文學獎，中篇小說《旋轉舞廳》獲吉林省第三屆少數民族文學獎。

　　王玉成著有小說集《喇嘛山紀事》《愛情的彼岸》《北方的湖》《像霧像雨又像風》，影視文學劇本《媽媽，媽媽……》《迷濛的航道》《尾巴的故事》等。近年來投入長篇小說創作，並參與編寫了旅遊工具書《仙鶴迷戀的土地》。二〇〇三年，中共白城市委和白城市人民政府為表彰其文學成就及工作業績，頒發了特殊貢獻獎。

長篇小說《皇天后土》

浩瀚的科爾沁草原，歷史悠久而厚重，特別是在近代，發生了一系列與民族命運密切相關的重大歷史事件，成為中國波瀾壯闊的歷史進程上的重要一頁。長篇小說《皇天后土》以一九○○年到一九四九年半個世紀的歷史進程中，韓夏氏帶領一家人捨生忘死的遷徙歷程為線索，以其為爭取土地而不懈抗爭為主線，展現了從清朝末年到新中國成立之初，在洮兒河畔中華民族與異族入侵者、呼力營子村裡的勞動者與剝削者、共產黨政權與反動復辟勢力圍繞土地展開的矛盾和鬥爭，塑造了韓夏氏、韓

▲ 《皇天后土》

老四、韓尚志、辛文德、吳俊升等藝術典型，又一次藝術地再現了這段百萬移民闖關東的歷史，揭示了只有生產關係的根本變革才能真正解決勞動群眾土地問題的深刻主題，重現了白城波瀾壯闊的歷史，展示了一幅幅激動人心的場景。

《皇天后土》是由白城作家韓友（筆名冷言）與其子韓子龍（筆名雪峰）創作的第一部描寫白城歷史的長篇小說。該書五十四萬字，創作歷時六年。

韓友，吉林長嶺人，生於一九五六年，白城市作家協會副主席。

二十年來，韓友筆耕不輟，先後創作了長篇小說《野柳》，道德倫理小說《村支書》，世情小說《門被撞開以後》。

韓子龍，吉林白城人，生於一九八三年，吉林省作家協會會員、魯迅文學院第十三期中青年骨幹作家研討班學員。大學期間，開始長篇網絡小說創作，先後完成了長篇小說《魔月》《飛將》《仙道厚黑錄》等三百多萬字的作品。

長篇小說《興隆溝傳奇》

▲ 《興隆溝傳奇》

《興隆溝傳奇》是一部自傳體的小說，人物眾多，情節故事也原生態般平實，時間跨度很大，作者用第一人稱「我」為主述人，使整個小說靈動起來。全篇以「我」的行動為核心，以記憶為「剪輯師」，把一段久遠的、被世人忽略的、看似平淡的生活再現給讀者。該書成為中國第一部用手機寫成的長篇小說。

作者高玉田，曾任白城市文聯副主席兼攝影家協會主席，因採風期間發生車禍造成下肢高位截癱。但他身殘志堅，把他在興隆溝當兵的往事一點點連綴起來，硬是用手機打出一部十幾萬字的長篇小說《興隆溝傳奇》，得到社會各界高度讚譽。

《興隆溝傳奇》作品節選展示：

天有些放晴了。

太陽的光輝照在雪地上，刺得人們睜不開眼睛，但同時又給人一絲溫暖，使沉重的腳步變得輕鬆起來。九連的後續部隊——機炮連，在二梯隊後面大約五百米的距離上。連長孫海峰，紫黑色臉膛，眉宇之間透著一股剛毅之氣。機炮連的隊伍比較長，他們裝備了一個高射機槍排，一個八二迫擊炮排，一個八二無後坐力炮排，一個指揮排。每一挺高射機槍和一門炮都由一個兩輪馬車拉著。九輛炮車跟在隊伍後面。

車轔轔馬蕭蕭，聲勢奪人。

前線三支隊支隊長付立彪帶著通訊員，牽著一匹高大的伊犁馬，和營部通訊排無線班走在一起。營部的一輛大馬車拉著營具、首長行李、藥箱等等，由

我的老鄉魏軍趕車尾隨在整個隊伍的最後面。

隊伍走進洮兒河谷。

洮兒河在這寬闊的河谷裡散漫著她柔美婉轉的枝杈，河面凍結了，被冰雪覆蓋著。沒有封凍的河心處露出湍急的河水，冰雪的河面由這一大隊人馬踩出一條銀白色的新路，新路在疾速地向前延伸，一直伸進洮兒河谷的叢林裡。走進叢林，這條只有勒勒車碾軋出來的路已經很古老了。那古老的車輪在碾過坎坷的路面時，留下了多少彎彎曲曲的轍印？

不久，前進的速度開始緩慢下來，人馬擁擠在叢林間彎曲的道路上。路的兩邊生長著粗壯的柳樹和一人多高的灌木叢。勒勒車的轍印把部隊帶進一條狹窄的叢林胡同。

進入科爾沁山地草原。走進草原，積雪漸漸淡去，沿著山間小路，隊伍蹚起一股煙塵，細細的塵埃黏在軍人們的帽子上、肩頭上、睫毛上以及衣褲的皺褶裡。

爬上高起的河岸，回頭遠望，我們走出西口已經很遠了。

行進中，聽見後面營部司號員吹響了軍號。部隊停止前進，原地休息。

炊事班把行軍鍋架在小河邊的土崖下，化冰取水，進行野炊。吃飯用的是每個戰士隨身帶著的綠色搪瓷缸子，河邊有的是柳條，折下來就是筷子。大米飯，豬肉燉粉條——數九隆冬的日子裡青菜是沒有的，白菜帶到野外也變成了凍的。行軍途中吃燉粉條子真是不錯的想法，只是那鍋裡看不見許多的肉，粉條倒還是蠻好吃的。狼吞虎嚥一頓飯，筷子統一埋藏起來。這是軍事行動，即使是拉練也要有敵情觀念，要儘可能地清除部隊行軍走過的一切痕跡。

行軍號響了。

部隊繼續向既定目標前進。

長篇小說《心中有鬼》

《心中有鬼》二〇一〇年出版發行，作者李曉平。

李曉平的長篇小說創作始於二〇一〇年，她在三年之中，先後創作了三部長篇，簡稱「三鬼」。《心中有鬼》原名是《你的鞋子髒了》，是一部心理分析小說，該小說以女作家自述形式，把案件偵破與婚外戀情融於一體，把意識流派與傳統技法巧妙契合。二〇一一年一月，時代文藝出版社將其改名為《心中有鬼》，出版了這部二十萬字長篇小說。二〇一二年，《心中有鬼》在吉林省第七屆金盾文化工程優秀作品評選活動中榮獲文學類一等獎。

▲ 《心中有鬼》

在等待《心中有鬼》出版的日子裡，李曉平僅用了四十天的時間，一氣呵成創作了二十萬字的長篇小說《鬼使神差》。這是一部描寫潛意識犯罪的長篇小說，通過一樁離奇的殺人匿屍案，引出了一段撲朔迷離的情感糾葛，將一名女警、一個女人在情感和職責、善與惡、忠誠和背叛之間的糾結與終極對決，用一種推理的形式進行了淋漓盡致的刻畫。二〇一二年十一月，《北方法制報》首先獨家連載了該小說，後來，該小說三易其稿，終於在二〇一三年一月由中國作家出版社出版。

其後，李曉平又創作第三部公安題材的長篇小說《鬼迷心竅》。小說的創作靈感依然來自於犯罪，主要是想通過對犯罪的

▲ 李曉平

描寫，呼籲傳統文化的回歸。二〇一四年，該小說在《啄木鳥》發表後，得到了很好的反響。李曉平的另一部反映婚姻家庭的四十萬字長篇小說《古鏡》，也由言實出版社出版。《古鏡》創作時斷時續，整整孕育了二十年，可謂融盡了人世間的酸甜苦辣。

李曉平，二級警督，公安部文聯會員、吉林省作家協會會員、魯迅文學院第二期公安作家班學員，已發表各類文學作品二百多萬字，現就職於吉林省洮南市公安局法制宣傳科。李曉平是一位工作在公安戰線最基層，經常與不法分子「親密接觸」的女警察，因此，她能從女性的視角揭示人的犯罪心理。

李曉平熱愛寫作，也喜歡當警察。從警後，李曉平如魚得水，每年都在各類報刊發表新聞、通訊、報告文學等反映公安民警工作或生活的宣傳稿件幾百篇。尤其是《人民公安報》副刊版和《吉林日報・東北風》，經常刊登她的散文，最近幾年，《啄木鳥》《天津文學》等文學刊物也經常發表她的中篇小說。

李曉平當過十年的交警，目睹了很多起交通事故。其中有幾起重大交通事故逃逸案深深地觸及了她的靈魂，她便以這些事故為原型，創作了一部中篇小說。該小說被改編成了電影，與長春電影製片廠簽約並投入了拍攝，這就是我國第一部反映交警破案的電影《道是無情》。二〇〇二年至今，《道是無情》在中央六台先後八次播出，後該劇被公安部評為金盾影視獎。後來，李曉平又先後撰寫了反映賭博題材的電影劇本《血色玉鐲》、反映交警題材的電影《國道天使》和反映素質教育題材的電影《孩子街》等五部電影和兩部電視劇。後來《血色玉鐲》在《公安作家》雜誌上發表，當地報紙也連載了該劇本，都收到了較好的反響。

長篇小說《誰繫的死結》

　　《誰繫的死結》是網絡作家武秀紅的長篇力作，榮獲二〇一〇年第七屆新浪原創文學大賽懸疑推理獎和影視改編獎。書中講述了一個叫沈小北的女性所遭遇的一系列離奇事件，為當下婚姻、情感問題設下了一個又一個問號。一個個神祕身分的人物不斷出現，沈小北迎面而來的是背叛、陰謀、吸毒……誰為婚姻設下圈套，誰為愛情繫上死結？

▲ 《誰繫的死結》

　　武秀紅，女，自由撰稿人，筆名老三，曾用筆名多個。一九七〇年生於吉林省大安縣大賚鎮，從事多種職業。

　　初中時武秀紅接觸到金庸、古龍的武俠小說，高中時也看瓊瑤、亦舒、李碧華的小說，成人後又開始閱讀斯蒂芬・金的恐怖小說。高二，她開始了真正的寫作生涯，並在《鶴苑》上發表了第一篇小說。一九九七年她創作長篇小說《煙花煙花飛滿天》，二〇〇〇年重新寫，二〇〇三年該小說被《鶴苑》連載。因為這部長篇，她被聘為《白城日報》記者。

　　武秀紅先後在《家庭》《愛人》等時尚雜誌發表二百多篇短篇小說（共計一百多萬字）。二〇一〇年，她開始從事長篇寫作，並出版四部長篇小說：大眾文藝出版社出版長篇小說《離婚真相》《血色纏綿》，上海文藝出版社出版長篇小說《誰繫的死結》《走婚》。近年出版的短篇小說集有長江文藝出版社出版的《非主流恐怖》，群眾文藝出版社出版的《香水有毒》。二〇一一年四月，長篇小說《誰繫的死結》榮獲第七屆新浪原創文學大賽懸疑推理獎和影視改編獎。二〇一四年她又創作了六十集劇本《東北王》。

白城篆刻藝術

白城篆刻藝術謹守傳統，以漢篆為基礎，參以明清諸家刀法，對朱文、白文乃至鳥蟲篆等皆有嘗試，並且有出古不泥、入古出新的意旨。二〇〇四年白城綠野印社的成立，為當地篆刻家及篆刻愛好者提供了一個良好的交流和創作平台，進而使白城篆

▲ 白城綠野印社參與交流活動

刻藝術得到了長足發展。特別是在此期間，有多人在省以及國內一些篆刻大賽中獲獎。骨幹作者有李憲忠、王占剛、李瑋、陳穎志、趙冶夫、楊永強、李明、程萬波等。

該印社創辦了網絡期刊《白城刀刻》，內設十個欄目，不但有理論的指導，還有作品的交流。與此同時，印社還定期舉辦具有沙龍性質的社員聚會，大家進行現場交流，及時總結經驗，暢談體會，探討白城篆刻發展方向以及風格的追求，在會上還對每個人的近期作品進行集體點評，大大促進了白城篆刻藝術的繁榮和發展。

▲ 王占剛刻

▲ 李憲忠刻

▲ 李明刻

▲ 趙冶夫刻

《高洪賢書法作品集》

《高洪賢書法作品集》收入高洪賢精心創作的書法作品三十二件。

高洪賢，白城市書法家協會主席、中國書法家協會會員。其書法主攻隸書，兼及行草，結體樸茂，線條厚重，能自出機杼，表情達意，有著很高的藝術價值。有多件作品在國內大賽中獲獎。

高洪賢的行書由明清上溯魏晉，對《集王羲之聖教序》用功尤勤。他研習此帖能在摹形的同時，注重對其神韻味的理解與把握，在此基礎上，他還對唐明清諸家法有所涉獵，其中對五鐸書法關注頗多。遂使他的行草書筆勢遒勁，結體凝練。隸書是高洪賢的又一強項。他的隸書從秦漢入手，堅持「取法乎上」，將《張遷碑》作為主攻方向，強調字的堅實、樸茂、稚拙、雄強，逐漸把握書寫規律，進而使他的隸書古意盎然、俊逸瀟灑，具有很強的裝飾性，藝術價值很高。

▲ 《高洪賢書法作品集》

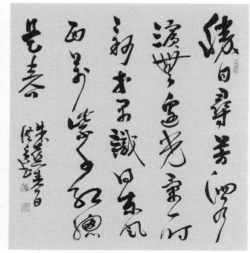

▲ 高洪賢書法作品

《杜尚臣書法作品集》

《杜尚臣書法作品集》收入作者近年創作的書法作品二十八件。

杜尚臣現為中國書法家協會會員、吉林省書法家協會理事、白城市書法家協會副主席。他的作品曾入選沈延毅杯等全國書法展覽。

杜尚臣的書法初從唐楷入手，上追魏晉，下啟宋明清，博采眾長，汲古出新，無論是讀帖還是臨摹，很注重從前人的法帖中尋找閃光點，總結規律性，找出適合自我心態的每一筆每一畫，以期博采眾長，融會貫通。目前，其書法已初具個人特點：雄強而寓稚拙，沉著且伴飄逸。他的書路也很廣，正、行、草、隸皆善，偶涉篆籀，亦身手不凡，並有著鮮明的時代感。

杜尚臣的隸書從漢碑入手，對《張遷碑》《乙瑛碑》浸淫較深，在此基礎上又深入研究《石門頌》乃至漢簡等碑帖，汲取精華，提升品位，遂使他的隸書凝重古茂，墨酣筆暢，結體奇偉而中規入矩。

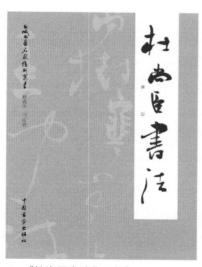

▲ 《杜尚臣書法作品集》

▲ 杜尚臣書法作品

《李瑋書法篆刻集》

▲ 《李瑋書法篆刻集》

李瑋的書法以隸書見長，主要以漢隸為宗，以《好太王碑》為形，用筆質樸，結體古茂，章法舒朗開張，給人以平和簡淨之感。

其篆刻善於學習傳統，在創作上有自己的獨到見解，因此他的作品造型精美，變化多端，對各種刀法都有純熟的把握。

《李瑋書法篆刻集》收入李瑋創作的書法、篆刻作品三十件，代表了他近年創作的最高水平。

李瑋對書法篆刻藝術的痴情令世人讚歎。他為了探得篆刻藝術的真諦，隻身多次赴江浙一帶拜訪名師，並到浙江西泠印社拜觀名蹟，心摹手追，放大眼界。他的篆刻朱文細膩、靜穆，確得「西泠」之意象；他的白文印端厚、渾樸，頗具漢風浙韻，受到業內專家的充分肯定。李瑋的書法以篆、隸見長，但其行草亦不離晉唐神韻。他的隸書得《石門頌》之恢宏，取《好太王碑》之架構，且師古不泥，自出機杼，形成天真樸拙，爽健俊麗之風貌。而他的篆書更是與篆刻高度結合的產物。他將二者有機結合，相互影響，相互促進，筆中有刀，刀內含筆，相得益彰，一舉雙贏。

由他創辦的白城市弘藝書畫院成立於二〇一二年。該院以弘揚中國書畫藝術為己任，至今已培養了近百名青少年書畫骨幹，並多次參與社會上舉辦的書畫展覽、書畫筆會、對外交流等活動，為繁榮和發展白城書畫藝術事業做出了貢獻。

▲ 李瑋刻

近年來，李瑋的書法、篆刻作品屢見報端，並多次在省乃至全國書法展（賽）中獲獎。他本人現為中國書法家協會會員、吉林省書法家協會理事、白城市書法家協會秘書長。

《陳穎志書法篆刻集》

　　《陳穎志書法篆刻集》收入陳穎志近年創作的書法篆刻作品共三十二件。

　　陳穎志的書法入筆重狠，出鋒輕靈，勁爽利落，斬釘截鐵。他的篆刻作品刀法靈動，結體茂密，章法自然，有一定的傳統功力。

　　陳穎志現為吉林省書法家協會會員、白城市書法家協會副主席。他的書法是與他和篆刻藝術並駕齊驅的。從書法角度講，他的興趣非常廣泛，元

▲　《陳穎志書法篆刻集》

真、草、隸、篆皆在他的研習範圍，與浩瀚的碑帖朝夕相處，筆耕不輟。從字體上分，他的楷書從顏體入，後參以《好太王碑》筆意，從而形成渾穆古拙一路風韻；他的隸書以《張遷碑》為基，以漢簡為參照系，耐嚼耐看，不落俗格；他的行草書上追魏晉，尤對「二王」用功更勤，其字盡顯爽利、勁健之特色；而他的篆書雖宗《石鼓文》，但廣臨秦磚漢瓦仍是他的日課。由於他對篆刻藝術的深入追求，使得他的篆書形成似乎刀筆並用的特點，柔中帶剛，小中見大，別有一番風味。他在藝術上主張「諸體兼擅，以文薈書，書文並進」。

▲　陳穎志書法作品

劉寶泉扇面書法

劉寶泉（1940 年至2008 年），字龍川，中國書法家協會會員，白城市書法家協會創始人之一。曾出版《新華字典鋼筆字帖》《名言絕句書法集》等。

劉寶泉的書法以隸書見長，其結體規範且靈動，用筆方圓並舉，特別是章法自然得體，嚴謹中不乏行雲流水般自然天成。扇面書法是一項很古老的創作形式，其特點是作品造型別緻，美觀精巧，既適於懸掛，又利於觀賞。下圖中劉寶泉的這件作品處理得十分得體，形圓字方，各方巧配，美在其中。

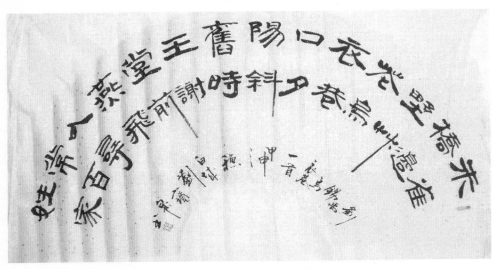

▲ 劉寶泉扇面書法作品

《王長富水彩畫作品集》

王長富，生於一九六五年，吉林省大安市人，大學學歷，畢業於吉林省教育學院美術系，國家二級美術師、吉林省美術家協會常務理事、白城書畫院院長、白城市美術家協會主席、白城市文聯吉盛文化產業有限公司董事長。

《王長富水彩畫作品集》收入王長富創作的水彩畫作品二十八件。王長富主攻水彩畫，兼事國畫。從他的水彩畫《牧歌》中，可看出技巧的純熟，在刻畫光和大氣的表現中恰到好處，從而使作品呈現出雄渾、蒼茫的氣象，既耐人尋味，又意境深遠，妙趣無窮。

王長富在《白山黑水》《憩》《林村》《瑞雪》等作品中都體現出對英國繪畫作品的眷戀和印痕。他努力把英倫三島的霧靄與中國東北部平原沐浴陽光的

▲ 王長富水彩畫作品《牧歌》

冰雪相對接並巧妙地轉換。利用水和彩的交接表現出白雪的光感及自然中大氣的夢幻和蒸騰，創作出無愧於時代的水彩佳品。

　　十幾年來，王長富刻苦實踐，潛心研究，取得了令世人矚目的成果。有很多作品在各級報刊上發表，多次參加國家或省、市展覽並獲獎，有多幅作品被國內外友人和機構收藏。

▲　《王長富水彩畫作品集》

《王占軍水彩畫作品集》

　　王占軍，一九六三年生於吉林省白城市，一九八七年畢業於東北師範大學美術系，吉林省美協會員、白城市美協理事。

　　《王占軍水彩畫作品集》收入王占軍的水彩畫作品二十六件。王占軍的水彩畫不求表面上的華美，卻透出內在的率真之氣，從他的作品能感受到北方廣袤浩氣，感覺到作者對生活的真情實感，帶給觀賞者一種純真之美，一種近似稚氣的樸拙之美。例如「田園詩意」系列作品尤其彰顯了本色，畫家真切地注視著大自然的醇美與寧靜，誠摯地抒寫著自己的精神歷程與心靈幻象，他將水彩藝術的精神表達得高雅、含蓄、和諧，懷揣對自然風光的愛慕之情。

　　因此，他不僅僅是單純地再現風景，更多的是將生命的勃勃生機與他對中國傳統文化的理解投注到創作中，如《雨後》《晚霞》等作品不僅謳歌了自然美，更重要的是表現出人格化的自然美、詩意化的自然美。這與畫家豐富的閱歷和長期的生活積累是密不可分的。

▲ 《王占軍水彩畫作品集》

▲ 王占軍水彩畫作品《雨後》

武立君水彩畫作品《守望春天》

武立君，一九六一年生於白城，曾任白城市美術家協會主席，現為中國環境管理幹部學院藝術與設計學院美術基礎部主任、秦皇島市美術家協會副秘書長、秦皇島市水彩藝委會副主任。

武立君在繪畫觀念上是個唯美主義者，在他的筆下所呈現的總是一種優雅的韻味、悠揚的情調、優美的線條，在操作上則心平氣和、細細描摹、絲絲入扣、娓娓道來，輕輕展示那種不激不厲、風規自遠的畫風。

▲ 武立君水彩畫作品《守望春天》

水彩畫《守望春天》是武立君深入生活精心創作的一件作品。從作品中可以看到，他的水彩畫頗富特色——渾厚、穩重，筆筆著實。這自然得力於他深厚的油畫功底。該作品畫面並不複雜，一棵飽經風霜的百年老樹，一位歷盡滄桑而精神矍鑠的老人，老人身邊陪伴一隻勇敢而忠誠的愛犬，僅此而已。然而，該作無論構思還是技法都是頗費一番思量的。

《中國藝術家》王雅君特刊

　　《中國藝術家》王雅君特刊是一本由中國藝術家雜誌社編輯出版的當代畫家王雅君個人國畫作品專集，書中收入了二十件近年創作的國畫作品。

　　王雅君的國畫創作筆墨酣暢淋漓，雅逸空靈之風盡顯。古代題材力求新意，現實題材生動鮮活。例如，作品《與魅對飲》在筆墨揮灑中透著陽剛奮進的氣勢。情思勃發湧動，在疾徐頓挫、潑灑揮動之中盡抒浪漫情懷。

　　王雅君，生於一九五七年，現為吉林省美術家協會理事、白城市美術家協會副主席，他的作品多次在全國大賽中獲獎。

▲ 王雅君國畫作品《與魅對飲》

《李玉龍國畫作品選》

　　李玉龍，一九五〇年生於河北任丘，現任華夏名人書畫院副院長、中國東方紅書畫院副院長、白城市美術家協會副主席，國家一級美術師。

　　李玉龍的作品以水墨意筆見長，以山水花鳥為主，創作中博采眾長，兼容並蓄，秉承中國畫傳統精神，拓展中國畫創新領域，在題材、構圖、色彩等方面形成了獨特的藝術風格。作品廣為社會政要、書畫藏家、商賈名流、中產階層所選擇。部分作品被中南海、人民大會堂、中國美術館、文化部，以及海外機構收藏或陳列。

　　李玉龍以水墨寫意的禽鳥走獸畫見長，筆黑粗勁潑辣，風格雄健豪放。所繪獅、虎亦如此，《雄獅圖》中的獅，《長嘯鎮百獸》中的虎，均細勾密染毛髮、身體和斑紋，使體貌極富有質感，並準確表現出骨骼結構和前後透視，中西法結合，形與神兼備。山水畫亦具寫生意味，如《北國銀裝圖》，取景即用焦點透視法，近大遠小，筆墨雖紛披率意，也旨在再現樹石，屋宇與積雪的明暗凹凸，宛如親睹其景。這些作品的畫風，均顯示出李玉龍先生在師法自然，寫生求真方面

▲ 李玉龍國畫作品《遠瞻雲際》

▲ 《李玉龍國畫作品選》

所下的功夫。

多年來，他數度舉辦個展，作品多次入選國內外一些大型畫展，如一九九八年參加全國第二屆花鳥畫展；二〇〇〇年參加由文化部、中國文聯等單位主辦的二〇〇〇年世界華人藝術展，國畫作品榮獲銀獎，並被授予「優秀藝術家」稱號；二〇〇二年參加在上海舉辦的「慶香港回歸五週年・國際華人美術精品展」；二〇〇三年參加由中國美術家協會、中國文化藝術發展促進會在韓國舉辦的「漢城・中國書畫交流展」；二〇〇四年參加在無錫舉辦的中日書畫交流展；二〇〇六年參加在法國巴黎舉辦的「巴黎・中國美術周」；二〇〇七年參加在北京舉辦的「中國畫畫中國・走進新疆」大型畫展；二〇〇八年參加了中國當代花鳥畫大展，獲金鷹獎；同年八月，參加由國際奧委會、文化部、北京奧組委、中國美協等聯合舉辦的「2008 奧林匹克美術大會」，作品《雄風》參加並被收藏。一九九八年以來，曾在北京、山東、新疆、廣東、安徽、山西等地舉辦個展二十餘次。

《王中傑畫集》

　　王中傑，號梅園、三子、蘭馨閣主，一九五八年生於吉林省遼源市，吉林省美術家協會會員、白城市美術家協會副主席。

　　《王中傑畫集》收入王中傑創作的國畫作品三十件。王中傑國畫創作以人物見長兼及山水花鳥。其筆下的古代仕女，雖千嬌百媚、形貌各異，但時代鮮明、氣質高雅。他能將人物的內心世界作為創作的主旨，或喜或憂，或靜或動，各就各位，無不處理得恰到好處。王中傑的作品之所以能奪人眼目，正是源於其創作手法的獨到之處。另外，他的作品設色多取清新淡雅，因此顯得空靈秀逸，風規自遠；其構圖險絕與平正互動互融，顯得自然天成。

▲　《王中傑畫集》

▲　王中傑國畫作品《梅之雅韻雪中香》

《李肇宏中國畫寫意作品》

　　李肇宏，生於一九四一年，哈爾濱人。一九六四年畢業於哈爾濱藝術學院。曾擔任第一至第四屆吉林省美術家協會常務理事、吉林省藝術插圖委員會副主任、白城市美術家協會主席等職，高級美術編輯。擅長油畫、國畫、連環畫、文學作品插圖等。《李肇宏中國畫寫意作品》收入李肇宏創作的國畫作品三十件。

　　李肇宏的國畫創作，在牢牢把握傳統技法的基礎上，盡情地抒發著個人獨特的審美理想。他的作品內容豐富、形式多樣且技法全面，尤其在墨法與筆法的結合上，做到了水乳交融，自然天成，因此有著很強的抒情成分和很高的藝術品位。

　　另外，李肇宏國畫擅寫大幅，愈大愈顯氣勢恢宏，當然這是與他開闊的生活眼界和博大的藝術情懷相關。

▲ 李肇宏國畫作品「再踏征途」

《于惠子中國畫作品集》

　　于惠子，原名于淑文，生於一九六九年，畢業於河北大學。中國工藝美術家協會會員、中國書畫家研究會會員、吉林省美術家協會會員、白城市美術家協會理事。

　　《于惠子中國畫作品集》收入于惠子創作的國畫作品二十七件。花鳥畫，是將鏡頭對準大自然的特寫，是針對某些物象的微觀。所以「鳥語花香」是花鳥畫創作的一個永恆主題。對於于惠子來講，寫意花鳥畫的創作過程，正是造型藝術的多種思維和表現形式綜合體現的過程。其中依據筆墨去造型的創作觀念，尤為重要。

　　觀于惠子的繪畫作品，墨色隨意賦形，滲透出水墨的酣暢和意境之淋漓。

　　于惠子是一位善於思考、勤於實踐的女畫家，短期內畫出了大量作品，從中總結歸納出了中國畫筆墨技法的一些規律。她筆下表現的事物，從立意、造型、筆墨、色彩、構圖及時空概念、觀察方法和表現手段上，都形成了很強的規律性。

▲ 于惠子國畫作品《鳥語花香》

白純中油畫作品《說唱西北》

　　白純中，一九五六年生於白城，畢業於東北師範大學美術系油畫專業，現為秦皇島美術家協會副秘書長、河北省美術家協會會員。

　　白純中的作品主題鮮明，色彩厚重，用筆直率，設色考究。

　　油畫作品《說唱西北》創作於二〇〇八年，取材於我國西北地區歷史悠遠的一種民間說唱形式——老腔。在我國，有很多民間演唱（或曰「說唱」）形式，鮮活而火爆，形式簡單而內容深刻，講哲理，接地氣。因此，當這些「老腔」一旦出自藝人之口時，這種「下里巴人」的表演便把人們帶入歷史久遠的過去或活靈活現的真實。因此，具有堅韌的生命力和藝術感染力。白純中的這幅油畫作品，充分運用了攝影家的手法，緊緊抓住人物的氣韻，令畫面主體生動、傳神，雖然人物動作比較誇張，但這也是藝術創作的規律和需要。

▲ 白純中油畫作品《說唱西北》

《包玉紅版畫作品集》

包玉紅，生於一九七七年，蒙古族，二〇〇〇年畢業於內蒙古師範大學。現任職於通榆縣實驗高中。

《包玉紅版畫作品集》收入包玉紅版畫作品三十一件。如果用繪畫的語言來評論這位女版畫家的作品，總感到稍顯疏離，因為這些作品看上去那麼質樸，又那麼深刻地嵌入觀者的記憶。那些為藝術而來的靈感，都滲透著女版畫家對生命的思考與讚美。可以說畫家是用版畫這種獨特的藝術語言去表達對世界的認知，每一個線條，每一種色彩都是一種哲思的幻化。例如她的套色木刻版畫《小河流水人家》、黑白木刻版畫《夜晚車流》等，表達了一種溫暖的入世情懷；而絲網版畫《源》、套色木刻版畫《月上中天》、獨幅版畫《三度空間》則是畫家對生命與自然的關係的探討。

▲ 《包玉紅版畫作品集》封面

▲ 包玉紅版畫作品「小河流水人家」

韓鳳翯攝影作品《鑽井女工》

　　韓鳳翯是白城市老一輩攝影藝術家，曾在市文聯工作幾十年，他的攝影作品功力深厚，涉獵廣泛，特別是對黑白藝術照片的研究頗有造詣。

　　韓鳳翯的作品有兩個特點：一是充分反映家鄉的風土人情，貼近生活，瞭解百姓，細膩生動，涉及人物則更加傳神；二是緊跟時代步伐，及時記錄和反映祖國工農業建設的大好形勢。早在二十世紀七十年代，他曾深入扶餘油田採風，精心拍攝了一批反映油田工人精神風貌和工作狀態的圖片。其中一幅生動傳神的《鑽井女工》，被當時的《人民畫報》刊登在封面上。幾年前，中央電視台還在一檔專題節目中特邀了那位女工到場，講述了當時的拍攝情況，觀眾聽後很有感觸。

▲ 韓鳳翯攝影作品《鑽井女工》

李玉輝攝影作品《崢嶸歲月》

　　李玉輝，現任白城市攝影家協會主席，中國攝影著作權協會白城市首席代表，他的攝影作品多次獲得全國比賽大獎，個人傳記載入《中國攝影家大辭典》。

　　李玉輝從事攝影藝術創作已有三十多年。他的作品從宏觀到微觀無不涉獵，尤其擅長風光和人文攝影。在風光攝影創作上，他肯花大力氣，下真功夫。為了反映科爾沁的獨特風情，他幾乎跑遍了內蒙古的草原，大量反映草原風光的作品在他的鏡頭下定格。

　　其中《崢嶸歲月》獲得文化部二〇一二年「群星璀璨」全國群眾書畫攝影大賽吉林賽區一等獎、全國優秀獎。該作品表現了高大的山石與堅韌的小草，

▲ 李玉輝攝影作品《崢嶸歲月》

兩者雖反差巨大，但都統一於日月經天、江河行地般的歷史輪迴之中，但最後的勝利往往屬於強者。

　　為了真實記錄我國西藏地區的壯麗景象，他赴藏深入高山大川和民居，拍攝了大量藝術圖片，並在家鄉白城舉辦了西藏風情攝影藝術展，其作品將西藏大氣、狂野、超脫的那種只能意會不能言傳的魅力充分表現出來，受到廣泛好評。

　　為了研究人體藝術，李玉輝隻身去黑龍江與同道切磋、探討人體藝術攝影的經驗和規律，並拍攝了一批人體藝術圖片，分別在吉鶴文苑、市博物館舉辦了人體藝術攝影專題展，這在白城尚屬首次，讓白城人品賞到人體藝術的獨特之美。

　　為了宣傳白城，謳歌家鄉，打造一支技術過硬、德藝雙馨的攝影隊伍，李玉輝連續四年自費為二百一十七位優秀會員訂閱《中國攝影報》，累計花費二點二萬餘元。在他的精心選拔、培養和舉薦下，已有十七人加入中國攝影家協會。

　　二〇一二年十二月，李玉輝榮獲白城市委、市政府頒發的「白城市十佳文化名人」稱號。

　　二〇一三年十月，由於在攝影文化服務基層的工作中表現突出，李玉輝被中國攝影家協會評為全國百名優秀會員之一。

　　二〇一五年七月，吉林省文學藝術界聯合會、吉林省攝影家協會授予他「優秀攝影組織工作者」稱號。

　　二〇一五年九月，中宣部、中組部、中央文明辦授予他「全國優秀文藝志願者」稱號。

潘晟昱攝影作品《蒼鷺》

　　潘晟昱的攝影創作總是充滿藝術激情。國家級自然保護區莫莫格就坐落在鎮賚縣境內，潘晟昱作為鎮賚人在這人傑地靈的寶地獲得創作靈感，可謂得天獨厚。

　　綜觀他的創作，在題材上除了自然風光之外，對人物的研究刻畫也很下功夫。他抓拍的人物影像，十分注意在傳神上把握分寸。所謂傳神，首先是人物的眼神。在他的作品中，可以通過人物的神韻來體察內心世界，是平靜還是激盪，是深情還是沉思。至於光線、色彩以及周邊環境等的配合襯托，又是那麼自然和諧，使畫面渾然一體，十分可愛。潘晟昱的作品近年來在國內一些大賽中屢獲佳績。他的攝影作品《蒼鷺》取景獨特，角度新穎，畫面既充滿動感，又把蒼鷺表現得高雅迷人。

▲ 潘晟昱攝影作品《蒼鷺》

邱會寧攝影作品《辣椒紅了》

邱會寧是白城攝影家隊伍中比較年輕的一員。他以年齡之優勢,不斷髮奮努力,以充沛的精力在攝影領域裡跋涉得很遠,其功力、成績有目共睹。他的作品有著強烈的時代特色,各條戰線、各種題材、各種創作手法都是他的藝術興奮點。他的「辣椒紅了」系列作品,熱情地頌揚了椒農的勤勞、智慧和豐收後的喜悅之情。

▲ 邱會寧攝影作品《辣椒紅了》

呂作成攝影作品《奔騰的科爾沁》

　　白城市青年攝影家呂作成的攝影作品，最感人之處是具有濃濃的鄉情。呂作成近年來拍攝草原風情的圖片，每一件作品都傾注了對科爾沁草原全部的愛。尤其那些獲大獎的作品，其場景、用光、神韻的抓拍都十分講究，非常到位。

　　呂作成的《呼倫貝爾旋律》獲攝影之友六十城市作品展長春賽區特等獎，《流淌的牧歌》獲《中國攝影報》北國大拜年長春賽區一等獎，《奔騰的科爾沁》獲第二屆科爾沁草原行全國攝影大賽金獎。

▲ 呂作成攝影作品《奔騰的科爾沁》

電視專題欄目《發現白城》

　　《發現白城》是白城市電視
台於二〇一〇年起播出的電視專
題欄目，目前已播出三百二十四
期。它是以弘揚白城優秀歷史文
化、展現白城改革發展和崛起振
興為宗旨的電視文化紀實欄目。
它以歷史文化為切入點，選取白
城域內最具特色的歷史傳承、非

▲ 專題欄目《發現白城》片頭

物質文化遺產、自然景觀、民間工藝、風土人情、民族民俗、傑出人物、科技
創新、特色經濟等亮點，用跨越時空的方式，用人文發現的視角，用引人入勝
的故事，全面、綜合、深入、立體、全景式地體現白城的地域性格。讓外地人
認識和瞭解白城，讓白城人熟悉和熱愛白城。

　　《發現白城》力求用鏡頭將觀眾帶進白城獨特的人文空間，用探尋歷史、
敘述故事、介紹人物、感受自然的方式，讓觀眾不知不覺間進入節目的敘事、
發現和思考之中。欄目創作中重視現場感，講究權威性，體現深入性和文化品
位，追求「大氣與精緻相交融」的品質，努力在人文價值、文化品位、專業品
質三方面全力打造精品欄目。

　　《發現白城》開播以來，創作人員曾經冒著零下三十多度的嚴寒，深入出
土猛獁象牙的鎮賚白沙灘實地踏查；為尋找白城大地人類文明曙光的蛛絲馬
跡，遍尋當地閱歷豐富的老者，傾聽他們的講述。為了節目在學術上更加嚴
謹，主創人員又先後到吉林大學邊疆考古研究中心、省博物館，與專家學者以
及考古人員共同探討，核實相關數據，終於整理出四集系列紀錄片《白沙灘文
化》。隨後又相繼推出了《白城新石器時代》（五集）、《白城‧青銅時代》（四

集）、《白城建制》（四集）、《探秘古城》（六集）、《走進科爾沁》（八集）、《百年滄桑話白城》（五集）。

《發現白城》欄目的另一項重要內容是推介白城的自然景觀和民風民俗，相繼推出過《家在向海》（十三集）、《相約莫莫格》（五集）、《瞻榆古榆》（三集）、《杏花之約》（三集）、《見證冬捕》（兩集）、《走進嫩江灣》（四集）、《月亮湖》（三集）、《白城大地的契丹文明》（六集）、《白城蒙語地名略考》（六集）、《城市記憶》（四集）、《滄桑巨變鎮賚城》（六集）、《日新月異大安市》（六集）、《文化通榆》（六集）、《古城洮南》（九集）。在非物質文化遺產的保護和傳承上，相繼推出《漸行漸遠的行當——掛馬掌》《年畫記憶》《代代傳承話剪紙》《鬼斧神工話石雕》《布貼畫》《烏力格爾》《萬寶粉條》等等。

在欄目創辦的幾年時間裡，創作人員對白城域內最具特色的文物、古蹟探尋的腳步一直沒有停止，《冢中枯骨》《德順雙塔》《墓群迷蹤》《探訪古蹟》等一系列節目見證著白城一段段歷史時期的興盛和繁華。

▲ 《發現白城》欄目組主創人員

電視連續劇《永遠的田野》

　　將田野系列拍成三部曲是製片人叢麗和導演闞小龍一直以來的心願，繼《希望的田野》和《美麗的田野》之後，他們又拍攝了《永遠的田野》。秉承著《希望的田野》和《美麗的田野》一貫鮮活與厚重的藝術風格，作為「田野三部曲」的終結篇，電視連續劇《永遠的田野》用別開生面的藝術方式，讓全國觀眾看到了一個共產黨的好幹部，看到了一片充滿生機的大自然，更領略了東北的獨特魅力。

　　《永遠的田野》是一部二十六集電視連續劇，編劇馮延飛，導演闞小龍，主演程煜，於二〇〇七年在向海湖畔拍攝完成。曾在央視一套熱播，將一個即將消失的村莊的故事介紹給了廣大觀眾，讓全國乃至全世界的觀眾看到了一片充滿生機的大自然，也領略到了關東科爾沁大草原神奇的魅力，生動地詮釋了生活在這片美麗土地上的人們的精神風貌。

　　《永遠的田野》成為全國轟動一時的「田野三部曲」的終結篇，也是吉林戲劇的又一部登高之作，榮獲第十二屆精神文明建設「五個一工程」獎，再次為吉林爭光。

　　《永遠的田野》講述了生活在中國最底層的普通農民對土地的熱愛和捍衛，突出人和自然的關係，向海的美正是人與自然和諧相處的寫照。

　　馮延飛自稱他有農民情結，他的劇寫的是農村的想像、農民的想像，不寫想像中的農民。《永遠的田野》的主題是「記住恩情、忘記仇恨」，和以往農村題材相比，這部戲角度不同，人文性更強。

電視連續劇《我的土地我的家》

由吉林影視劇製作集團出品的二十四集電視連續劇《我的土地我的家》在吉林省通榆縣實景拍攝，該劇因其獨特的視角、宏大的歷史背景、現實的題材而備受矚目。是繼專題片《家在向海》、電視劇《永遠的田野》、電影《向海故事》之後，以向海為實名、實景拍攝的又一力作。編劇譚文峰、尹春江，導演王小康，主演由力、張洪傑、關小平、張錚。二〇一二年冬在中央電視台電視劇頻道播出。

該劇播出後，連獲第二十九屆中國電視劇飛天獎長篇電視劇一等獎、第十三屆精神文明建設「五個一工程」優秀作品獎以及第二十七屆中國電視金鷹獎優秀電視劇三項榮譽，實現了精神文化生產領域國家級三項最高獎勵的大滿貫。

《我的土地我的家》以一九七八年土地承包到戶至今天為背景，描述了三十年來農村改革開放的歷程。以農民張老栓一家人的恩怨糾葛故事為縮影，講述了農村和農民在改革開放的歷史背景下，由貧窮走向富裕，由保守走向開放，與貧窮落後抗爭的命運故事。正面反映改革開放給農村和農民帶來的巨大變化和從生活到思想發生的巨大變革。劇中塑造了張老栓、張二糧等熱愛土地、對土地充滿感情、始終堅守在土地上的一群農民的形象，體現了現代農民的精神追求。

文藝評論家李准說，《我的土地我的家》在新的形勢下把兩個農村題材的重要課題放在一起。一是在新的態勢下怎麼看待農民、中國人和土地的關係；另一個是在新的形勢下怎麼看待中國農業發展，包括糧食生產的發展，實現產業化。

話劇《田野又是青紗帳》

　　話劇《田野又是青紗帳》講述的是改革春風吹到了榆樹屯，使這個原先冷冷落落的村莊，一下子變得熱氣騰騰，人人都在施展才能，尋找致富之路的故事。面對改革的好政策，有人乘機搞歪門邪道。而勞動模範八聾子從北京回來後，宣傳勞動致富的道理，使鄉民們看清了前途。司馬聰、彥子和牛犁三個大學生在田野上測量，這裡將修築一條四通八達的大道。

　　作者李傑曾任白城地區文聯主席，於二○○○年病逝，他生前是我國話劇界的有識之士（見前文《雄才猶在領風騷的劇作家——李傑》），積極致力於話劇改革。這部《田野又是青紗帳》是我國話劇界改革的又一可喜成果，被編入中國對外翻譯出版公司二○○八年出版的《中國改革開放 30 年話劇劇作選》。

▲　《田野又是青紗帳》海報

話劇《高粱紅了》

同樣由李傑老師編劇的四幕話劇《高粱紅了》創作於一九八〇年，它深刻地反映了改革開放後，新經濟政策給農民帶來的變化，塑造了鄭毅軍這樣具有優秀共產黨員品質的基層農村幹部形象。

這部話劇榮獲一九八〇年、一九八一年全國優秀作品獎，以濃厚的生活氣息展現了我國土地改革時期至二十世紀八十年代初的東北農村生活，歌頌黨的十一屆三中全會路線和「四化」的創業者。劇情是圍繞土地改革時期的年輕縣長鄭毅軍的命運展開的。一九五八年，為人剛正、體恤民情的鄭毅軍被貶為公社農業助理。在「十年動亂」中，他身處逆境，疾病纏身，仍為人民利益直言上書，並因此成了被「專政」的對象。「四人幫」被粉碎後，他認清了三中全會的路線是唯一能使農民真正富裕起來的正確路線，並為此同「四人幫」的殘餘勢力進行了不妥協的鬥爭。他最後雖然倒下了，但黨的路線已經深入人心，燦爛陽光灑在他為之獻身的土地上。劇本的成功不僅表現在主題的深刻，它的藝術風格也像劇名《高粱紅了》一樣，樸實無華，散發著田野的清香。

▎吉劇《白沙灘》

現代吉劇《白沙灘》是白城市為落實吉林省吉劇振興，積極進行舞台藝術創作與生產的部署而排演的一部話劇，它由白城市吉劇團及市歌舞團八十人共同演出，並被吉林省委宣傳部、省文化廳列為二〇一一年度全省重點精品劇目。

全劇以白城市實施的「引嫩入白水利工程」為背景，藝術地表現了以村主任巧杏為首的一班人，帶領群眾治理風沙、改造鹽鹼地，克服重重阻礙，使白沙灘改頭換面的艱辛歷程。該劇劇本第一稿由吉林省文化廳藝術處處長孫喜軍於二〇〇九年初創編。他多次深入鎮賚、大安等水利工程現場和沿岸農民家中體驗生活，獲取素材。之後經吉林省著名編劇張慶東改編劇本，並特邀黑龍江省龍江藝術劇院國家一級導演李文國任導演，聘請了省藝術研究院國家一級編曲李敏傑編曲。

二〇〇九年八月，該劇正式開始排練，公演後，收到了良好效果，被列為吉林省「五個一工程」活動劇目之一。該劇是集文化價值、藝術價值於一體的主旋律力作，反映了白城人民團結一心、開拓進取的精神風貌。

▲ 《白沙灘》劇照

▲ 《白沙灘》劇照

▌吉劇《良子》

　　《良子》是由中國十大劇作家之一的郝國忱編劇、李敏傑譜曲、著名導演李濱執導的一出樣式新穎的原創吉劇。此劇是一部弘揚主旋律的現實題材精品力作，被列入二〇一四年度全省重點創排的三個大型吉劇劇目之一，具有很強的思想性和教育意義。

▲　《良子》劇照

　　《良子》一劇揚棄了僵硬的戲曲程式，充分發揮吉劇母體的喜劇精神，並以跳出、跳入這種輕鬆自如的表現方式，生動地講述了小人物的家長裡短，關注百姓間的熱門話題。全劇在不離傳統基本唱法、板腔的表演形式上，更多地融入了現代科技的燈光、視頻等效果，融入了大多數群眾容易接受、願意接受、喜歡接受的現代流行語彙、網絡語彙，從視覺、聽覺、感覺上給觀眾以極大的衝擊，得到觀眾的連連好評。

　　吉劇《良子》是白城市吉劇團有限責任公司自開展吉劇振興工程，被省委宣傳部、省文化廳設為省重點吉劇創作演出基地以來，推出的第一部大型吉劇，既是一座風向標，也是一顆問路石。

　　白城市吉劇團始建於一九六〇年，是在原白城縣二人轉隊的基礎上成立的。擁有演員、樂隊、創作、編導、舞美等多個機構。成立初期編排了眾多的傳統劇目，包括《藍河怨》《桃李梅》《包公賠情》《燕青賣線》《隊長不在家》等優秀作品。經過多年的磨礪，該劇團已培養出眾多的劇作家、作曲家、表演藝術家、導演、編劇等，如著名劇作家張國慶、周永太、劉承志，著名作曲家常維齊、李敏傑，著名吉劇表演藝術家楊慶寶、韓冰、勾麗華，著名導演劉廷堯等。近年來自主創作生產的劇目主要有《梟雄夢》《白沙灘》《守望幸福的人》《望水村》等。

李東平創作歌曲集《草原戀歌》

　　《草原戀歌》是作曲家李東平的個人創作歌曲集。李東平長期生活在白城這片草原沃土上，他堅持文藝工作者的宗旨，深入實際，辛勤耕耘，創作出了大量歌唱家鄉、讚美生活的優秀歌曲，取得了豐碩的成果，對於激勵人們熱愛白城、建設白城起到了積極作用。同時對於白城所有文藝工作者也是一種借鑑和啟迪——唯有對草原懷有真情、對家鄉懷有大愛，才能創作出感人肺腑的文藝作品。

　　李東平，中國音樂家協會會員，一級作曲，原白城市音樂家協會主席。他從藝三十多年來，共創作音樂類作品二百六十件，撰寫專業論文二十餘篇，有很多作品在全國獲獎。

▲　《草原戀歌》

張志堅創作歌曲《把握》

　　張志堅，現任白城市音樂家協會主席，係中國音樂家協會會員、吉林省音樂家協會理事，一級作曲家。多年來共創作了一百八十餘部（首）音樂作品，其中《擁抱輝煌》《歡迎你遠方的客人》獲全國歌曲創作比賽一等獎。歌曲《把握》創作於二〇一四年，是一首鼓勵奮進和催人立志的作品——面對誘惑，面對失落，要頭腦清醒，不要放棄理想，從而燃起奮鬥的激情。其曲調委婉而堅定，優美而昂揚。

　　藝術與生活是不能分離的，脫離了生活，那麼藝術就沒有了生命力和感染力。歌曲創作也是如此。正是作曲家對生活的體驗和整理，才創作出了諸如《把握》這樣的優秀作品。該作品的最大特點是把握住了時代氣息與生活氣息，與時代「同進退、共榮辱」，把健康向上的正能量情感印痕深深地烙在了歌曲之中。

▲ 張志堅創作歌曲《把握》

舞蹈《忙忙忙　樂樂樂》

▲ 舞蹈《忙忙忙 樂樂樂》

二〇一二年十月，情景舞蹈《忙忙忙　樂樂樂》參加全國老年藝術節比賽，榮獲一等獎，並參加人民大會堂的匯報演出。

舞蹈描述了當代老年人在疼兒女、哄孫子的過程中，享受的天倫之樂。舞蹈用《忙忙忙　樂樂樂》命名，由老人扮演老人，講述自己的故事。用真實的情感和生活，演繹自己在退休後，忙著看孩子、哄孫子，儘管忙與累，但臉上仍充滿幸福，從心底感到快樂。

該舞蹈由中國舞蹈家協會副主席、國家一級演員王曉燕和北京舞蹈學院編導系的史記老師創編。該劇在二〇一二年東北三省電視舞蹈大賽上獲得了群文組的金鶴獎。

二〇一三年十月，舞蹈指導王穎婕帶領洮北區老年藝術團去北京參加中央電視台三套節目《舞蹈世界》欄目，參賽舞蹈《忙忙忙　樂樂樂》受到專家的好評，王穎婕榮獲指導金獎。

▲ 王穎婕獲獎證書

王穎婕，一九五五年出生於遼寧省錦州市，曾任白城市洮北區文化館館長。中國舞蹈家協會會員、中國群眾文化學會會員、吉林省舞蹈家協會理事、吉林省群眾文化學會理事、白城市文聯副主席、白城市舞蹈家協會主席。一九九六年、一九九九年兩次被省文化廳評為全省文化（藝術）館優秀館長。在舞蹈方面成績卓然，獲得多項殊榮。

舞蹈《寸子舞・秧歌橋》

二〇一二年，舞蹈《寸子舞・秧歌橋》由白城市群眾藝術館報送文化部第十六屆群星獎舞蹈比賽，併入圍參加複賽，同年十一月在青島大劇院演出。這部舞蹈作品大膽地運用了具有滿族風情的寸子舞，迎風擺柳的獨特風韻極富藝術魅力。

二〇一三年六月，該舞被文化部授予「喜迎十藝節、全民共歡樂」全國群眾文化優秀節目惠民展演優秀節目獎。

《寸子舞・秧歌橋》編導李敏，蒙古族，生於一九七五年，曾擔任吉林省戲曲學校白城分校舞蹈教師、白城市群眾藝術館文藝輔導部業務輔導幹部。現為白城市群眾藝術館副館長、白城市舞蹈家協會主席，從事舞蹈專業工作二十六年。一九九七年組建小仙鶴藝術團。二〇〇三年組建白城市老年藝術團。

▲ 舞蹈《寸子舞・秧歌橋》

單鼓

單鼓，屬握執型單面鼓，亦稱太平鼓。單鼓表演是一種古老的集文學、音樂、舞蹈為一體的民間說唱形式，最初是漢人祭祖燒香時由專人表演的項目，後來逐漸演變為一種文藝表演形式。它包括若干個曲牌，比如《小佛調》《游四營調》《闖四門調》等。

▲ 單鼓表演

新中國成立後，這種民間娛樂形式在黨的「百花齊放、推陳出新」方針指引下，又獲得了新生。經過單鼓藝人和文藝工作者的共同努力，在加工整理單鼓詞、曲上，取其精華，棄其糟粕，填入社會主義建設新內容，使其無論在內容上還是表演方法上，都有了創新和提高，成為百花園中一束奇葩，深受廣大人民群眾的喜愛。例如，早在一九五三年，鎮賚縣丹岱鄉的民間藝術家李發為宣傳黨的方針政策，組織了演唱小組，用單鼓形式，自編自演《互助合作好》《支援前線送公糧》《多積肥多打糧》等節目，受到了鄉親們的歡迎和鄉政府的表揚。

同年冬，李發的單鼓演唱小組代表鎮賚縣出席了黑龍江省舉辦的民間藝術會演大會。他們演唱的《互助合作好》被評為優秀節目，並獲得了獎品和獎狀。在他們的影響和帶動下，鎮賚縣的廣大農村地區，如坦途、五棵樹、套保、東屏等地都先後組織了單鼓演唱小組，為宣傳黨的方針政策，活躍群眾文化生活做出了很大貢獻。在鎮賚縣歷屆業餘文藝會演中，單鼓這種為群眾所喜聞樂見的藝術形式，經常出現在舞台上。

烏力格爾

　　烏力格爾，一種傳統的蒙古族琴書藝術，是蒙古民間藝人用四絃琴作伴奏，進行說唱表演的曲藝形式，但它又有別於「好力寶」。烏力格爾歷史較為悠久，尤其在科爾沁草原一帶，流傳時間長達千年。目前，烏力格爾主要分布於吉林省通榆縣西部鄉鎮，松原前郭爾羅斯、內蒙古自治區科右中旗、科左中旗等地區。

　　一九四八年出生於科左中旗腰力毛都的蒙古族人梁海清，早年喜歡民間說唱藝術，是村裡的文藝活躍分子。一九六九年一月，梁海清為了搶救和傳承這門藝術形式，專程投師科左中旗著名藝人孟斯格冷，系統學習包括蒙古族烏力格爾在內的各類傳統琴書曲目。當時孟斯格冷收了很多徒弟，梁海清是其中非常優秀的一位。現在梁海清已成為白城地區烏力格爾的重要傳承人。

▲ 烏力格爾演出現場

董氏嗩吶

▲ 嗩吶演奏

嗩吶演奏，經久不衰。吉林省鎮賚縣的董氏一家，在嗩吶演奏上堪稱一絕。從祖父到曾孫，已有百年的歷史，他們都能把嗩吶演奏得有聲有色。二〇一四年，董氏嗩吶入選鎮賚縣非物質文化遺產。

已年過七旬的董長海是董氏嗩吶的第二代傳人，雖已高齡，可沒事時還是手裡拿著自己製作完的嗩吶，專注地試音。對於嗩吶，董長海說：「其實用不著試，擺弄了一輩子嗩吶，一瞧就知道好壞。」董長海吹嗩吶是跟父親學的，其實董父也是個業餘愛好者，幹了一天農活後，父親就在炕頭吹嗩吶。脆生生的音調總能把董長海吸引住。就這樣，董長海把父親的嗩吶吹奏學得有模有樣，經過多年學習，董長海悟出了用氣的門道，僅憑記憶就能把父親的拿手曲目吹得一點兒不走音、不跑調。聽到演奏的街坊都說：「董長海是個吹嗩吶的天才。」在董長海的記憶裡，他常跟著父親去吹紅白事。迎親的時要吹《柳青娘》，節奏明快，抬轎的人踩著節奏一步一顛，走得穩當；接到白事的活兒，父親就換大號的嗩吶吹《悲麾子》，走在前面的孝子們不哭都難。一個場子吹下來，大戶人家能賞些現錢，小門小戶的就用褡褳裝點兒粗糧給父親。「那幾支嗩吶幫一家人闖過了一個個難關，能餬口啊！」董長海說。

董長海不光會吹嗩吶，還會製作。在他家屋裡，一個用舊箱子改造的木格子裡放著幾十支大大小小的嗩吶，其中大部分都出自董長海之手。嗩吶的喇叭口起擴音作用，被稱作「碗」，董家製作嗩吶的「碗」都是用黃銅打磨成的，配以紫檀木的錐形管身。一般情況下，製作一支嗩吶需要校對幾十次音色，音

色的好壞跟管身上的八個孔有關。董家最老的一支嗩吶是董長海的父親十幾歲時親手做的，到現在已近百年。董長海說，那支嗩吶是用鐵犁木製成的，現在已經很少有用這種材質做的了。這支嗩吶長約六十釐米，明顯比正常的嗩吶大一圈。

後來，董長海在縣裡的宣傳隊當副隊長，隊裡排演大戲，嗩吶是場場不落的主力樂器。

董長海的兒子也對嗩吶感興趣，董長海告訴兒子：「老輩人吹嗩吶靠的不是譜子，是心，如果心不在上面，你一輩子都開不了竅。」

董長海的兒子董旭也四十九歲了，他從小跟父親學吹嗩吶，刻苦用心，僅「噴音」就練了一年多。「噴音」就是把一張白紙貼在牆上，人的嘴對著白紙發聲，直到白紙不被口水弄濕為止。

董旭八歲時演奏的《幸福年》，在鎮賽廣播電台錄音並播放。十二歲參加白城地區的文藝會演，嗩吶獨奏《山村來了售貨員》獲得一等獎。一九八九年參加吉林省中青年器樂大賽（專業組），演奏的曲目《一枝花》和《百鳥朝鳳》獲三等獎。二〇〇九年在全國德藝雙馨藝術大賽中獲吉林省賽區金獎。

如今董家後繼有人，第四代也走進了民族音樂的殿堂。

通榆年畫

通榆年畫作為通榆民間文化的例證，已經成為通榆地域文化的標識。通榆年畫包括通榆木版年畫和通榆現代年畫。

通榆木版年畫：又叫「闖關東年畫」，是闖關東的民間藝人帶到東北的。通榆闖關東年畫的傳承主要以李向榮家族傳承為主。李向榮的曾祖父李祥一八六八年由山東濟南府歷城縣千佛山遷至通榆。他把木版年畫的技藝傳給了後世子孫，傳承脈絡為曾祖父李祥──祖父李連春──父親李興亞──李向榮。

通榆闖關東年畫早期以傳統年畫為主，並以喜慶吉祥、驅邪打鬼等民間題材為主，主要分為三類：財神類有「財神」「福壽雙全」「四季平安」「五路進財」等，胖娃娃類有「五子登科」「觀音送子」等，民間類有「門神」「灶神」「水漫金山」等。

新中國成立後題材多以吉祥喜慶、民間風俗、民間故事為主，如「八仙過海」「大姑娘叼個大煙袋」等。

通榆現代年畫：新中國成立前，通榆縣境內沒有繪畫作品問世，僅有一些民間的油漆畫工匠，畫一些人們喜愛的山水花鳥等箱櫃圖案。一九五三年至一九五八年，開通、瞻榆兩縣文化館設美術輔導幹部，負責輔導業餘美術創作，但此間美術作品多為壁畫。一九六〇年夏季，縣文化館美術幹部朱家安為慶祝建黨四十週年創作的宣傳畫《中國共產黨萬歲》由吉林人民出版社出版，這是通榆縣第一張由出版社出版的美術印刷品。通榆縣的繪畫作品中，以年畫居多，其他畫則數量較少。

一九六一年，開通公社文化站美術輔導幹部劉長恩創作了一張名為「打豬草」的年畫，張貼

▲ 劉長恩年畫作品《打豬草》

在公社文化站的畫廊裡。時任吉林人民出版社年畫編輯室主任的吳龍才先生來通榆組稿，發現了這張畫作。這張年畫出版發行後，成為縣內出版年畫之首。嗣後，《打豬草》在香港印刷技術展會上展出，還被長春電影製片廠選作故事片《兩家人》道具。一九六二年至一九六五年，發行通榆年畫十一幅，宣傳畫一幅。

一九七六年十月，通榆年畫創作重新興起，至一九七九年共創作年畫三十九幅。一九八〇年至一九八五年，在全縣創作出版的三十幅年畫中，一幅獲全國二等獎，兩幅獲省一等獎，四幅獲省二等獎，九幅獲省三等獎。

在專業美術工作者的帶動下，全縣業餘美術創作取得了可喜成果，最多時從事創作的人員達一百多人，每年創作年畫作品達數百幅，先後有十人的年畫作品出版發行或參加省群眾美展。

在數量上升的同時，通榆年畫的技法也不斷發展和創新，既繼承傳統又不墨守成規。從傳統畫法到擦筆年畫，從一擦到底到擦畫結合，從半透明水彩到透明水彩，以至水彩技法、國畫技法的融入，畫面飽滿與大膽留白的交匯，民俗風格和現代韻味的互補，使通榆年畫在年畫界一枝獨秀。

經過四代多位年畫作者的努力，全國有十家出版社共出版發行通榆年畫三百餘幅，通榆年畫在全國年畫領域有較大影響。一九九一年六月二十五日，通榆縣被命名為「中國現代民間繪畫之鄉」。

▲ 安學貴年畫作品　　　　▲ 谷學忠年畫作品
　《家訪》　　　　　　　　《快樂的暑假》

石雕藝術

▲ 李國祥石雕作品《踏雪尋梅》

別具一格的白城石雕藝術是以草原人固有的豪邁性格和精湛技藝，在形態各異的石頭上經過奇思妙想、精雕細刻和年復一年的刀耕不輟而形成的，並以獨特的石韻藝術風格創造出了五大石雕系列：巧色雕刻系列，利用石料的不同顏色及形狀巧妙構思雕琢而成；仿古雕系列，《周天子之享——九鼎》，成為石雕作品中的瑰寶；自然生物系列，飛禽走獸、人物花鳥等；民俗石雕系列。從神話傳說到現實生活應有盡有，生動傳神。

李國祥是白城頗具代表性的石雕藝術家。他的石雕作品飲譽省內外，其代表作《百財富貴》於二〇〇三年八月參加了中國（長春）民間藝術博覽會，並被作為會展標識鐫刻在參展證上。吉林衛視對其進行了人物專訪，大會組委會授予他「優秀民間藝術家」榮譽稱號。他的石雕也成為省級非物質文化遺產保護項目。

剪紙藝術

▲ 李銳士剪紙作品《孔夫子像》

剪紙藝術是中國民間傳統裝飾藝術的一種，歷史悠久。據資料記載，起源於漢、唐時期，此後逐步發展，全國各地民間都有不同風格的剪紙作品。

李銳士剪紙源於家族傳承。其曾祖父李春山、祖父李項辰、父親李智三代均對民間工藝美術、書法、繪畫有一定的造詣。李銳士受三代家學影響，從小就喜愛剪紙，剪紙藝術成為他的愛好和追求。經過幾十年的不懈努力，李銳士剪紙以其獨特表現形式，賦予剪紙藝術以新的內涵，即以歷史人物、中華菁英、古代才女為題材，並配以詩詞傳記，作品既表現剪紙藝術，又突出歷史人物，使其有機地融為一體，藝術地再現這些古代人物和中華英傑，形成自己的剪紙風格——詩意剪紙。

為了不斷地擴大「詩意剪紙」的影響，一九九八年李銳士剪紙作品《中華英傑》出版發行。李銳士用一把剪刀表現了從一八四〇年以來到今天的三百餘位民族菁英，並配以翔實的文字說明。出版當年，作品被列入白城市「兩史一情」教育輔助材料。在此基礎上，二〇〇六年又出版了第二本剪紙藝術專集《絕豔驚才》。該書集中再現了三百餘位古代才女的形象，並配以詩詞、傳記，圖文並茂，技法高超。作品多次在白城博物館展出，並被選為白城市政府禮品用於餽贈國際友人。

一九九八年隨著一部《民間剪紙講座百集》在吉林省教育電視台和山東教

育電視台聯合播出，白城地區的王岩剪紙在國內的影響也驟然升溫且越來越大。

　　王岩剪紙源於家族傳承，其母梁桂芬的剪紙造詣頗深。王岩從小就喜愛上了剪紙藝術，並在母親和外婆傳授技藝的基礎上，有了很大的突破。在她十二歲的時候，作品《加油》在首屆國際少兒春筍杯書畫大賽上榮獲佳作獎。其後，又多次參加全國、省、市級美展及剪紙專題展覽並獲獎。一九九三年，被吉林省文化廳授予「民間剪紙藝術家」稱號。一九九五年，參加首屆中華巧女手工藝品大獎賽，獲優勝獎和「中華巧女」稱號。

　　身為中國工藝美術家協會會員的安秀俠，其剪紙作品也獨樹一幟。她的作品大多取材於民間，博采眾長，涉獵廣泛，創作獨特，技法翻新，其刀法簡潔明快，大處氣勢磅礡，小處精緻細微，構圖注重章法，頗具國畫神韻。借鑑通榆年畫的藝術特點，傳承民族傳統剪紙技藝，刀剪並用，兼工代寫，並在李向榮、李銳士二位先生的影響下，將中國書法小篆等藝術融入作品，使作品文化內涵豐盈，藝術表現力強。為壯大她創立的「俠刀秀藝」剪紙品牌，她赴北京張氏裝裱中心學習技藝，回到家鄉後租房安置裝裱設備，開辦了安秀俠剪紙工作室。

　　安秀俠的剪紙作品代表作有向海珍禽系列、向海風光系列、心雕龍紋系列、宗教圖騰系列等。她的剪紙影像在吉林電視台曾作為《新農村》和《中國夢》的欄目開片反覆播放。

　　二〇一三年，安秀俠榮獲「吉林省民間文化藝術突出人才」榮譽稱號。

▲ 安秀俠剪紙作品《百壽圖》

▲ 王岩剪紙作品《美麗的向海我的家》

布貼畫

▲ 姜淑豔獲獎證書

布貼畫，是以各種色彩的布料作為原創材料，再用剪刀施以造型，最後塗上膠水貼到硬紙板上，附以外框等其他裝飾，炫麗精美。

白城市著名布貼畫藝術家姜淑豔，被吉林省文聯、吉林省文化廳、吉林省民間藝術家協會授予「民間文化藝術大師」榮譽稱號。

姜淑豔的每件作品的每個部位，無不細緻入微，不傳神不罷手。為了表達某個細節的真實、精準，她不惜跑遍各家布店，直到選出滿意的材料。她的作品尤其是一些人物造型，每個動作、每個眼神，都楚楚動人，栩栩如生。

姜淑豔作品的特色可歸納為三點：一是做工精細；二是題材廣泛，人物、花鳥、風景一應俱全，充分展示出作者深厚的創作功底和多方面的藝術修養；三是作品風格獨特，意境深邃。作品集中體現了八個字：激情四射，唯美是求。

▲ 姜淑豔布貼畫作品《牧羊曲》

刺繡藝術

▲ 董麗瑋

　　二〇〇二年夏天，在澳大利亞旅遊文化節上，一件繡有十二位花神的中國刺繡作品引起了組織者和各國遊人的極大興趣。這幅長一點四米，寬一米的傑作，出自吉林省洮南市一位下崗女工叢翠蓮之手。

　　在漫長的歷史長河中，江南和中原的漢民族文化與北方的契丹、女真以及後來的蒙古等少數民族文化的相互融合，孕育了獨具特色的塞外文化。古城洮南的刺繡，就是這類文化奇葩中頗有代表性的一枝。它既有南方的細膩、陰柔、精巧，又有塞北的粗獷、豪放、簡潔。其主要流派可分為四類，即拉繡、蘇繡、盤繡和直針繡。拉繡的代表作《九個石榴一個手》和《十二生肖》在民間流傳十分廣泛，是母親為孩子們祈禱健康和吉祥的紅布兜兜上的普遍圖案；蘇繡是南方傳統刺繡落戶塞北草原的結晶，其代表作是繡在百姓人家的鞋、枕套、服飾及窗幕上的牡丹、蝴蝶等圖案；盤繡是直線和彎線的巧妙結合，代表作是民間千層底鞋上的萬字、雲字等圖案；直線繡是極具韻味的針法，畫面既簡潔又富於變幻，多用於居室掛畫和飾品上。據統計，洮南刺繡的針法多達三百餘種。除了傳統的民間針法之

▲ 董麗瑋刺繡作品《家和》

▲ 刺繡京劇臉譜

外，許多現代年輕的繡工又以奇特的構思、誇張的手法、大膽的實踐，創作了新一代全新的刺繡佳品，無論是人物畫、現代畫、風俗畫，都讓人耳目一新。

洮南的董立瑋，在傳統技藝基礎上，推陳出新，一改手繡以絲為細的舊念，採用少數民族韻味的個性化裝飾手法，大膽利用現代的粗絲線、厚緞料，根據不同圖樣一起並用了平針、包梗針、緞針、長短針、打籽針、三角針、鎖針等多種針法，使作品的畫面呈現出恢宏大氣、跌宕起伏、高雅古樸、凸凹有序的浮雕式效果，創造出「納繡」工藝。多年來，她的納繡作品屢獲大獎。二〇〇六年，其作品《關東四神》被長春文化部門推薦去法國進行文化交流，她本人更是被評為優秀民間藝術家，並被指定為白城市非物質文化遺產項目傳承人。

在旅遊產業飛速發展的今天，曾一度沉寂的洮南刺繡又煥發了青春。以叢翠蓮為代表的一大批能工巧匠，在不斷挖掘整理民間傳統刺繡工藝的基礎上，正在打造著洮南刺繡工藝的新品牌，並吸引著國內外遊人的目光，令古城洮南名揚四海。

柳編工藝文化

　　柳編工藝品，是吉林省鎮賚縣的一種具有地方特色的手工藝品。

　　二〇一〇年以來，白城市委宣傳部立足職能，向上申請文化創意產業專項扶持資金，為鎮賚縣從事柳編工藝的博藝柳編工藝製品有限公司注資一百三十餘萬元，培植壯大了這個傳統民營企業。如今，他們的產品受到歐美客商青睞，遠銷到美國、德國、荷蘭、法國等十六個國家和地區，年創外匯三百二十萬美元。

　　鎮賚境內豐富的蒲草、蘆葦、柳條等為草柳工藝品生產加工提供了得天獨厚的資源。採用人工柳、天然柳進行工藝品編織，大到柳編書櫃、書架，小到柳編菜筐、提籃、紙簍、花盆套、兒童果品筐等，樣樣獨具特色，件件巧奪天工。柳條作品潔白如玉、一塵不染；未扒皮的黑柳條作品原始天然、質樸大方，是頗受遊人青睞的旅遊紀念品。一批批訂單為鎮賚縣柳編出口搭建了創匯平台，該公司被省政府批准為柳編出口生產基地，被國家農業部評為全國鄉鎮企業實施「走出去」戰略先進企業。如今，柳編已經成為鎮賚縣特有的地方工藝品，鎮賚博藝公司柳編的傳統技藝已成功列入吉林省非物質文化遺產申報項目序列之中。同時該公司建立了五個柳條生產基地，並採取基地加農戶的形

▲ 柳編工藝品

式，帶動農戶發展柳條種植業。目前，鎮賚縣的柳條種植面積達五百公頃，年生產柳條五百五十噸，實現了公司、農戶經濟雙贏。

▲ 柳編工藝品

二〇〇六年，鎮賚博藝柳編工藝製品有限公司被國家農業部評定為「全國鄉鎮企業實施『走出去』戰略先進企業」；在二〇〇六年、二〇〇七年和二〇一〇年三次被鎮賚縣人民政府授予「農業產業化縣級重點龍頭企業」；二〇〇七年，被吉林省農委授予「吉林省鄉鎮企業創名牌重點企業」；二〇一二年，被白城市委、市政府評為「白城十佳文化企業」；二〇一三年被評為「吉林省民營文化企業十強」。公司總經理焦提勇於二〇〇七年被評為「吉林省新型鄉鎮企業家」，二〇〇九年被評為縣級「全民創業先進個人」和「首屆鎮賚縣十大傑出青年」。

玻璃工藝文化

二〇一〇年以來，白城市委、市政府在重點抓好「新興文化產業」發展的同時，著力在傳統文化產業再發展、再振興上下功夫，以專項扶持資金及稅收減免等辦法，在資金、政策、人力方面不斷傾斜，培植壯大了大安市春光玻璃工藝製品有限責任公司、鎮賚新諾玻璃工藝製品有限公司等一批傳統產業。

成立於二〇〇三年的大安春光玻璃製品有限責任公司，位於擁有豐富石油和天然氣資源的吉林省大安市兩家子鎮。春光玻璃工藝製品項目，正是依託當地豐富的天然氣資源興建。截至目前，創新開發新產品一千三百多種；終端客戶遍及歐洲、北美、中東四十個國家和地區，年生產各類玻璃工藝品上百萬件；二〇一三年，全年創匯超過二百萬美元，利潤超過三百萬元人民幣。

鎮賚新諾玻璃工藝製品有限公司成立於二〇〇六年，位於鎮賚市（縣）建平鄉，公司由四人手工業作坊起步，現發展成廠房建築面積一千一百平方米，年利潤三百五十餘萬元。

▲ 「風雷」企業榮譽獎牌

二〇一四年儘管承受著經濟增速放緩的壓力，依然產銷兩旺。

這就是文化創意企業大安市春光玻璃工藝製品有限公司、鎮賚市新諾玻璃工藝製品有限公司所走出的穩健步伐，在他們的事業中，閃耀著玻璃的質感，晶瑩剔透，光彩斑斕。

▋新興電子文化

近年來，白城市委、市政府高度重視文化產業發展，積極提供政策服務，全市文化產業呈現出持續發展態勢，企業數量日漸增多，產業規模不斷壯大，經濟效益逐步提升，已基本形成了以網絡遊戲、廣播影視、廣告裝潢、工藝與設計等為主體的產業群體，為活躍地區經濟、促進社會發展注入了新動力。

二〇一一年初，白城市掛牌成立文化產業園區，以政府引導為主，多方融資，突出文化的綜合性和產業的特色性，扶持了一批基礎較好、實力較強、發展潛力較大的文化創意企業，集力打造自主文化品牌。自二〇一一年以來，中共白城市委宣傳部幫助域內創意產業龍頭企業——吉林風雷網絡科技股份有限公司申請省級文化產業專項扶持資金累計達一百五十餘萬元，為企業發展提供了強有力的資金保障。

吉林風雷網絡科技股份有限公司位於白城市經濟技術開發區，公司成立於二〇〇六年六月，註冊資金兩千四百萬元。二〇〇八年六月，在長春市設立分公司，經營網絡覆蓋吉林全省。

該公司經過多年的改革與建設，現已發展成為集創意策劃、產品研發、市場運營、客戶服務為一體的，具有獨立自主知識產權的省內優秀互聯網文化企業。截至目前，該公司共申請軟件著作權二十一項，美術作品著作權四十八項，商標著作權六十

▲「風雷」企業榮譽獎牌

八項，榮獲吉林省著名商標、知名商標。二〇一四年，該公司實現營業收入四千餘萬元，繳納稅金一千餘萬元，為促進本地文化產業發展和繁榮地方經濟，做出了突出貢獻，受到社會各界的稱讚與認同。

第六章 ——

文化風俗

六胡更迭處，黑土蘊民俗。在古往今來的時空轉換中，東胡而後扶餘，而後鮮卑，而後契丹，而後女真，而後蒙古。次第更迭的「六大部族」文化之光，化作山川草木，無不為今日的淳樸、豪放的民風烙下永久的歷史印跡。

白城當地習俗

出行習慣

　　清末民初，白城境內富人出行方式為騎馬、乘坐馬車或驢車，窮人步行。花轎、轎車供富紳辦婚事使用。蒙古族農牧民外出坐勒勒車（牛拉的大輪罩篷木車）或騎馬，冬季也坐爬犁。一九一七年，境內始有長途汽車，乘者甚微。平齊、長白、白阿鐵路在境內貫通後，乘火車者漸增。城裡有二馬車接送旅客或供人僱用。少數富人騎自行車。一九五〇年後，自行車逐漸成為人們的主要交通工具。城鎮通往鄉村的大客車和通往全國各地的火車定時往來。一九七九年後，農村小型四輪拖拉機逐漸取代膠輪大車，城鎮的三輪車、摩托車、電動車、小型客車、轎車迅速增多，城鄉的公共交通線路已四通八達。

漢族婚嫁

　　舊時青年男女婚姻不自由，完全操縱在家長手裡，他們講門當戶對，財勢相等，還有買賣婚姻，少女成了父母的搖錢樹。甚至有包辦婚姻，童男幼女即由父母包辦，經媒人介紹便定了終身，毫不考慮本人幸福與否。此外還有迷信婚姻，訂婚前，媒人將男女雙方生辰八字寫成紅帖（也叫「庚帖」），然後再由雙方家庭各找算命先生核算二人是否合婚。如雙方命相剋，就叫不合婚，如不相剋，就為合婚，這才可以結婚。總之，舊式青年男女的婚姻是受多方面限制和約束的。

　　媒人有兩種，一種是職業媒人，另一種是臨時媒人。職業媒人多為中老年婦女，也有男人，他們多半是巫婆神漢。這些人在跳神弄鬼時就瞭解各村各戶的生

▲ 出行

活情況及青年男女的年齡容貌。在閒暇時，就專門走南串北，以保媒為業，從中索取禮物報酬。

▲ 漢族婚嫁

舊時漢族婚姻的主要程序有：保媒、相門戶、會親家、過彩禮、訂婚、拜天地、回門等等。

結婚前，要請算命先生選擇良辰吉日。結婚前一天，女方親友到女家以錢物相贈，表示祝賀。男方新郎要先拜祖墳，再拜見親友。富人家要請「吹鼓手」吹奏、賃轎，轎行街市，謂之「亮轎」。

結婚之日，新郎家用花轎或車將新娘接來，舉行儀式。房前掛「天地牌」，下擺供桌，新郎新娘一拜天地，二拜高堂，夫妻對拜，然後「入洞房」。富人家大擺酒席，招待客人；窮人家一般不設宴，只備菸茶招待。當晚，一些青年男女來「洞房」說說笑笑，稱之「鬧洞房」。

二十世紀三十、四十年代，開始出現文明的結婚形式。結婚儀式由司儀主持，新郎新娘向證婚人、主婚人、介紹人、來賓鞠躬後，即視為結婚典禮結束。

一九五〇年頒布《婚姻法》之後，廢除買賣、包辦婚姻，婚姻自主。婚禮從簡，不設酒宴，不收禮，僅備菸、糖、茶招待客人。二十世紀六十年代後，也有不舉行儀式的，新郎由來賓陪同騎自行車或步行到女方家將新娘接來，到新郎家門前燃放鞭炮，以表慶賀。

二十世紀八十年代，要彩禮、講排場之風復起。訂婚一般要會親家，即男女雙方先後置辦酒席，宴請介紹人和雙方父母、親友等人。婚前，男方多置衣櫃、沙發、床、落地燈、電扇、收錄機、電視機等，女方多備被縟、應季服裝等。迎娶漸由自行車改為汽車，甚至有摩托車開路，轎車迎親，大客車殿後的送親車隊。男女雙方大宴親友，隨厚禮之風漸成公害。

蒙古族婚嫁

清末，境內蒙古族男女配偶的選擇由父母做主，一般都由男方託人到女方

家說合，女家應允後，男方正式托媒到女家求婚。

　　求婚前，請喇嘛僧卜擇吉日，到時由媒人帶著男家準備的燒酒、哈達等禮物到女家，與女家父母商酌。定妥後，一般以元寶、綢緞、首飾等作為聘禮。然後，男家再請喇嘛僧卜擇吉日，到期約媒人與親友，攜豬羊、燒酒、麵粉、綢緞或布匹等到女家贈送，稱為「四合禮」。女方也邀請近親，雙方共議婚姻事宜。議妥後，擇吉日，舉行婚禮儀式。

　　婚禮儀式非常講究，新郎戴紅纓帽，著長袍，穿馬靴，腰束綢帶，左邊挎腰刀，右邊繫飄帶荷包，由媒人、伴郎和主持人陪同，騎駿馬、駕彩車到女家迎親。女家親友頗眾，置豐盛的全羊酒席相款待。宴時，由女家親友用新郎攜帶的小刀割羊脊肉一片祭祖，次片敬新郎，再次片敬新娘。接著，陪伴新娘的一名歌手高歌作賀詞，大唱婚禮歌、祝酒歌和民歌。宴後，女家為新郎更換新衣。然後，由女客中一長者為新郎新娘結髮，將新郎的髮辮末端分為兩束，以示有婦之夫；將新娘的頭髮前額從中間分開，以示有夫之婦。翌日晨，新郎乘馬辭行，新娘及其姐妹同乘彩車，男女方親友隨行。行至距兩家距離相等之處，舉行告天儀式，新郎新娘並列焚香叩頭，敬拜天神。及至男家後，新郎領著新娘到佛壇拜祖先，再到設有火盆的屋子裡舉行拜火禮。之後，新娘拜見公婆及親近人等。拜畢，舉行宴會款待親人，邊飲邊歌至次日晨。

▲ 蒙古族婚嫁

　　二十世紀五十年代後，男女婚姻自主，戀愛婚姻，不受彩禮。在婚禮儀式上減少了那些繁雜的禮節和浪費財物的形式，但仍保留著嬉戲、唱歌、跳舞至夜的習慣。

回族婚嫁

　　舊時代回族一般不與其他民族通婚，特別是不與漢族通婚。漢族姑娘嫁給回族青年，必須首先信奉伊斯蘭教。回族姑娘嫁給漢族小夥，就要遭到親友和同族人的非議和宗教方面的譴責。由於白城回族人口少，解決婚姻問題就比較困難。所以在回族群眾中，「親上加親」的現

象比較普遍，且夫婦往往年齡差距較大。又因包辦婚姻比較普遍，男女青年婚姻不能自主，也往往成為夫妻間的一生痛苦。

新中國成立以後，國家頒布了《婚姻法》，回族男女青年得以和其他民族一樣，相親相愛，婚姻自主，喜事簡辦，組成美滿幸福的新家庭。

滿族婚嫁

清代，境內滿族人婚配，由男方托媒說親。當時有「旗、民不通婚」的禁令，女方必問清楚男方的三代家世及功名，故稱「問門戶」。

女方認為男方門第相當後，求婚者到女方家，讓女方父母相看，稱為「驗姑爺」。女方同意後，男方父輩攜酒、肉到女方家議婚。女方以此酒肉款待，喝頭盅酒時，雙方父輩相互交換酒盅，謂之「換盅」。之後，男方來的人向女方叔伯等人敬酒，借此相認，俗稱「認親家」。席間，議定婚事，男方交出婚禮，此舉又稱「小過禮」。

婚禮一般三天，女方由新娘的叔伯兄嫂等同輩數人前往男方家送嫁妝，新郎披紅敬候門旁。並在院門、房門、屋門設敬酒人，力勸來者飲之，以示厚意，稱為「卡倫盅子」。

迎親時，迎親的領班人為「塔拉密」，挎貼著雙喜裝著好酒的酒鱉子，向女方父母及尊親敬酒。女方親友設法偷出酒鱉子裡的酒，換成水。行敬酒禮時，「塔拉密」先捧酒給女方父母嘗，如果是酒，說：「好酒，好酒！」一飲而盡。如果是水，說：「此酒需好酒，婆家不備，娘家有。拿酒來！」盜酒人遞上酒，先給「塔拉密」嘗嘗，嘗後笑說：「真是我的好酒，你真有兩手，賞錢！」當場賞錢給盜酒人，引起闐堂大笑。

▲ 滿族婚嫁

在迎親禮時，新郎向女方親眷不作聲地行叩頭禮，也稱「磕啞巴頭」。迎親花轎到家門，鼓聲大作，新郎向轎虛

射三箭，意在去凶煞。花轎進院後顛簸三次，稱為「鳳凰三點頭」，表示新娘對婆家的滿意。院中朝北設一供桌，擺一方肉，上插一把尖刀，置三盅酒，新娘由女儐相攙扶，頭蒙紅帕，懷抱銅鏡，腳踏紅氈到供桌前與新郎並立。由察瑪或族中長者主持婚禮，唱一段《阿察布米》（喜歌）。歌罷，將一盅酒高高舉起，然後潑在地上，再割一片肉拋向空中。唱三段喜歌，潑三次酒，俗稱「撒天地盅子」。新郎新娘面北叩拜北斗，以示不忘祖籍。之後，新娘不直接進屋，在院中的帳篷裡揭蓋頭，「開臉」「坐福」，新郎在帳篷外守衛。天黑後，新郎繞帳篷三圈問：「留不留宿？」新娘答應留宿，新郎方能進入。此時往往有許多姑娘、媳婦圍著新娘，新娘羞口不好意思讓新郎進入帳篷。姑娘們便一邊逼新娘開口，一邊故意難為新郎，叫新郎再三懇求。新婚之夜就在帳篷裡度過。

翌日，新娘給尊親裝菸，尊長要給新娘「壓腰錢」。賓客散後，新娘打開自己的箱子，把為婆家做的鞋、襪等穿戴給公婆看，並分贈給公婆、叔伯、兄嫂等人。衣箱分散一空，稱之「散箱」。

朝鮮族婚嫁

▲ 朝鮮族婚嫁

境內朝鮮族聯姻，一般由媒人介紹。訂婚日，男方請酒，邊飲邊舞邊歌至夜。婚前亦有「過禮」之習，女方陪送全套家具。

新郎迎親，女方家設宴，宴後，新娘拜別父母去夫家。是日，新郎家大宴賓客，載歌載舞，深夜方罷。次日晨，新娘拜見公婆、兄長。第三日回娘家，次日還。

蒙古族待客風俗

哈達，這是藏語音譯，即「禮巾」。獻哈達是蒙古族日常生活中不可缺少的禮儀，為遠道而來的客人獻上潔白的哈達，充分表達了主人的一片歡迎之意。

敬茶。到牧民家做客或在旅遊點上，主人或服務小姐首先會給賓客敬上一

碗奶茶。賓客要微欠起身用雙手或右手去接，千萬不要用左手去接，否則會被認為不懂禮節。

敬酒。斟酒敬客是蒙古族待客的傳統方式。他們認為美酒是食品之精華、五穀之結晶，拿出最珍貴的美酒敬酒，是表達草原牧人對客人的敬重和愛戴。

唱歌。唱歌是蒙古族迎賓的重要禮儀之一。蒙古族的勸酒往往通過情真意切的歌唱表達出來，唱歌與勸酒同時進行，往往一人主唱後，大家舉杯合唱，然後大家一起乾杯，如此數遍，情意酣暢。

民族服飾

　　白城地方各民族的服飾文化是地方民俗文化中最具特色的重要組成部分之一。特別是世代生活在通榆地方的蒙古族、滿族等少數民族的傳統服飾，能夠長期保持其鮮明的民族特點，為通榆民俗文化增添了一抹靚麗的色彩。

漢族服飾

髮式

　　民國前，白城地方無拘官民，成年男子剃額剃鬢，束頂髮結辮，垂於腦後，勞動階層多依時令或垂或盤。一般男子四十歲以後蓄鬚，但有父健在者蓄鬚者尚少。女子未婚的梳單辮，婚後梳「疙瘩鬆」。清亡後，除少數遺老外，男人不再留辮，多剃光頭，部分城鎮青年留中分式短髮。成年人蓄鬚者漸少。女子的髮式變化多在縣城，女青年留雙辮者居多，知識階層女青年多剪短髮，一般為前齊劉海兒，後齊頸下。少數青年女子（如富家女子或從藝者）燙披肩長髮。此一時期老年女子及農村女子髮式一如清時，無大變化。從新中國成立到近年來，男女髮型多有變化，人們不斷追求著時尚的髮式。

　　至於各類首飾，自清朝至新中國成立後再至現今材質無大變化，無非是金、銀及各種名貴石頭等，但做工、花形卻有了較大變化。變化大的是手錶，漸入高檔，原來的計時功能已不被重視，漸漸成為其個人財富的象徵。

▲ 新中國成立前男女服飾

服飾

　　白城在未建置前，一直是少數民族居住地區，東胡、鮮卑、契丹、蒙古族都曾在此留下深深的烙印。大批漢族人進入通榆是在建置後，這時已經是清代晚期，其服飾受滿族的影響，衣冠皆從滿制。男子平時著長袍、馬褂、白襪、青鞋。袍色多用灰黑或藍色，馬褂則用青色、料質以大布、花旗為主。農家一般用粗布，即「家織布」，腰間束帶。儉者或不著馬褂，只於內衣之外套藍布大衫，長可過膝。冬月天寒，多著氈鞋、皮襪，多戴黑或褐色兩耳帽（左右有兩耳的氈帽）。如新年或遇喜事，富者著狐帽貂袍，腰束絲帶，足著緞靴。貧者頭戴氈帽，上著短襖，下著棉褲（布色多藍），腳穿烏拉，有愛美者在鞋上堆雲錦，名曰「雲子鞋」。新中國成立後，人們的服飾隨著時代潮流的改變，從中山裝、列寧服到軍裝綠。現在男人多以西裝革履，夾克 T 恤為主，女士服飾鞋帽更是百花齊放了。

蒙古族服飾

髮式

　　古代蒙古族亦為辮髮之族，男人髮式在室韋時期為「撥髮」，成吉思汗時期至歸附清朝以前留「三搭頭」，清時髮式隨滿俗。

　　女子髮式，清朝時在聚居區的蒙古族已婚婦女梳盤髮高髻，用扁簪橫插在髮根，並用珊瑚、瑪瑙、朱玉等串綴成串，盤扎頭上，叫塔塔古爾（額箍），外用絲巾綢布纏繫。未婚女子把頭髮自前至後分為兩部分，把髮根處紮緊，髮根上面各帶一個大圓珠，髮梢下垂，並用瑪瑙、珊瑚、碧玉等裝飾。也有的地方姑娘不分髮，梳一根長辮搭在身後，一般上繫小型飾件。民國以後，境內的蒙古族男女髮式漸同漢族。

服飾

　　蒙古袍是蒙古人民為適應牧業生產和自然環境而創造的一種傳統服裝，具有濃郁的草原風格。多為綢緞類製成，衣領、衣襟、袖口，皆有豔色的鑲邊；

衣釦多用黑條子繡製，或綴以特製的黃銅釦子；從右方開襟，左方多不開衩。按季節分為單袍、夾袍、棉袍和皮袍。牧區冬裝多為光板皮衣，也有綢緞、棉布衣面者；夏裝多為布裝。長袍身端肥大，袖長，男女長袍下襬均不開衩。以紅、綠綢緞做腰帶。男子腰帶上多掛刀子、火鐮、鼻煙盒等飾物。喜穿軟筒牛皮靴，長到膝蓋。農民多穿布衣，有開衩長袍、棉衣等。冬季多氈靴烏拉、高筒靴，保留扎腰習俗。

蒙古坎肩是蒙古民族服裝的配套服飾之一，是蒙古長袍的一種外套。坎肩無領無袖，前面無衽，後身較長，正胸橫列兩排紐扣或綴以帶子，四周鑲邊，對襟上繡著鮮豔花朵，並綴有五顏六色的電光片兒，光澤閃閃。比較有特色的是蒙古族摔跤服，包括坎肩、長褲、套褲和綵綢腰帶。

鞋帽

▲ 蒙古靴子

蒙古族男子多戴藍、黑、褐色帽，也有的用綢子纏頭。女子多用紅、藍色頭帕纏頭，冬季和男子一樣戴圓錐形帽。

蒙古禮帽是蒙古族男子首服之一，是一種橢圓形的、四周有一圈寬邊簷的帽子。一般用精緻呢料製作，多為黑色、棕色或灰色，帽筒前高後低，帽頂中央稍凹陷，帽筒與帽簷相接處，綴以花紋鑲邊。穿蒙古袍或西服，佩戴禮帽，顯得文雅美觀。

蒙古靴子是蒙古民族服裝的配套部分之一，分布靴、皮靴和氈靴三種。

現今境內的蒙古族，其服飾鞋帽已趨漢化，本民族服飾在重大節日之中才

會有人穿著或作文藝表演之用。

滿族服飾

髮式、頭飾

滿族髮式頭飾獨具特色，特別是女子的頭飾，更是雍容華貴，落落大方。

滿族入關前，男子髮式是剃髮留辮，「胡俗皆剃髮，只留腦後少許，上下兩條，結辮以垂。口髭亦留左右十餘莖，餘皆鑷去。」入關後，男子髮辮形式雖無根本變化，但保留的頂髮和髭鬚較前增多，主要是為便於在山林中騎射。滿族人認為髮辮是真魂棲息之所，視為生命之本，在戰場上陣亡的八旗將士，必將髮辮帶回故里，隆重埋葬。

滿族婦女在成年前，只梳一根單辮垂於腦後，辮梢上纏紅繩，前額剪成劉海兒，並常以金銀、珠寶製成別緻的珠墜，繫於辮梢上。已婚婦女必須綰髮盤髻，中間橫插一根銀製的扁方，稱「高粱頭」，地方俗稱「大撐子」。其中最典型的是梳「兩把頭」，將頭髮束在頭頂，編成「燕尾式」，長頭髮在後脖頸上，並戴上扇形髮冠，這種髮型稱「旗頭」「京頭」，滿語為「答拉赤」，俗稱拍子、花冠或稱子。自古以來滿族婦女就重視髮式頭飾，並且從不纏足，故有「金頭天足」之美譽。時至今日已同漢族無異。

服飾

滿族的傳統服飾，既充滿北方游牧民族的特色，又吸納了漢族服飾的精華，顯得更加豐富多樣，富於變化。滿族有尚白的習俗，以白色為潔、為貴，白色象徵著吉祥如意。所以傳統的滿族服飾色彩多以淡雅的白色、藍紫色為主，紅、粉、淡黃、黑色也是其服飾的常用色。

滿族最具特色的服飾是旗袍。旗袍，滿語稱「衣介」。從古代一直到民國時期，旗袍一直都是滿族男女老少一年四季都穿著的服裝，分為單、夾、皮、棉四種，又分男式女式兩大類。清初男子旗袍為圓領、大襟、箭袖，四面開衩，繫扣絆，腰中束帶。箭袖是為射箭方便，滿語稱「哇哈」，形似馬蹄，又

稱「馬蹄袖」。冬季在棉袍外往往套一件長到肚臍、四面開衩、對襟的短褂，俗稱「馬褂」。清末，男式由四開衩改為左右兩開衩，箭袖多改為平袖。隨著時代的發展，男旗袍已漸棄不用，只有八旗婦女日常所穿的長袍才與後世的旗袍有著血緣關係，並在不斷演變中成為中國傳統女裝的代表。

　　坎肩也是滿族人常穿的服飾。坎肩亦稱背心、馬甲、披襖、搭護等，滿語稱「窩龍帶」。坎肩是在進關之後民族融合的產物，是由漢族的「半臂」演變來的。

▲ 滿族服飾　　　　　　　　　　　　　▲ 滿族青年男女

鞋帽

　　滿族有「女履旗鞋男穿靴」之說。早期滿族男人多穿雙涼鞋。婦女皆穿「平底鞋」「千層底鞋」。雙涼鞋是滿族男人的便鞋，鞋面多用青布、青緞布料。千層底鞋用多層袼褙做鞋底，故得此名。鞋面多為布料，一般不繡花卉等圖案，多在勞動中穿用。平底鞋鞋面一般用布或緞，色澤不一，鞋面上皆繡花卉圖案，鞋前臉多繡「雲頭」，屬家常便鞋。

　　繡花的旗鞋以木底為佳，史稱高底鞋，或稱花盆底鞋、馬蹄底鞋。其木底

高跟一般高五至十釐米左右，有的可達十四至十六釐米，最高的可達二十五釐米左右，一般用白布包裹，然後鑲在鞋底中間腳心的部位。跟底的形狀通常有兩種，一種上敞下斂，呈倒梯形花盆狀。另一種是上細下寬、前平後圓，其外形及落地印痕皆似馬蹄，「花盆底」和「馬蹄底」因此而得名，又稱「高跟鞋」。除鞋幫上飾以蟬蝶等刺繡紋樣或裝飾片外，木跟不著地的部分也常用刺繡或者串珠加以裝飾，有的鞋尖處還飾有絲線編成的穗子，長可及地。高跟鞋多為十三四歲以上的貴族中青年女子穿著，老年婦女的旗鞋，多以平木為底，稱「平底鞋」，其前端著地處稍削，以便行走。裕鞋多雙臉，美者或用綢緞堆雲錦，名曰「雲子鞋」。貧者著鞋為藍色，稱「青蛙」。靴子有夾有棉，可用緞、絨、布、革製作。按規定，官員穿方頭靴，平民穿尖頭靴；另有薄底快靴，俗稱「爬山虎」，多為兵丁武士所穿。

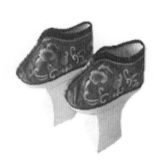

▲ 滿族鞋子

　　烏拉是滿族傳統的防寒靴鞋之一，以豬、牛、鹿等獸皮（後多用牛皮）縫製而成。形狀為前尖後圓，前臉拿褶，鞋底後面呈方形，釘大圓釘兩個。鞋幫貫以六個鞋耳，鞋口近腳處墊以襯布，並用一細皮帶聯結鞋耳。鞋較寬大，穿時內著氈襪，並在鞋中充墊「東北三寶」之一的烏拉草。男子出遠門者多穿俗稱「蹚突馬」的革靴，冬季內襯氈襪，輕便保暖。

　　滿族所戴的帽子滿語稱「瑪哈」，大致可分為禮帽、氈帽、暖帽、涼帽或

便帽等。禮帽，又稱四喜帽或「四塊瓦」，有四個毛皮耳，皮耳縫以貂等皮毛，多為富家子弟所有。耳朵帽即氈帽，在天氣寒冷的時候使用，有左右兩耳，上縫製皮毛。滿族婦女秋冬多戴「困秋帽」，式樣與男帽略同，有簷，帽頂有蓋花，並綴有飄帶。多數婦女也常戴耳包。便帽，亦稱小帽，六瓣縫合而成，俗稱「瓜皮帽」，乃滿族通常戴用的半圓形小帽，多為黑色。富人帽的正前面綴有碧璽或翡翠，亦有綴珍珠者，稱為「帽正」。暖帽，有簷，即冬季戴用的毛皮氈帽。在氈帽耳朵上縫製各種皮毛，高檔者有狐狸毛皮的。耳朵帽為黑色或褐色，左右有帽耳以御風寒。涼帽，也叫草帽，無簷，形如覆釜，用「得勒蘇」草或竹絲、藤絲編成，有綴纓、尖纓涼帽、繫孔譽翎涼帽之別。六合帽，帽面以六塊綢緞拼合而成，俗稱「六塊瓦帽」，帽下沿鑲有寸寬繡邊，前端釘一個玉或翠的飾物，帽上方綴紅頂。隨著時代的發展，這些特色服飾逐漸遠離了人們的生活。

白城住宅風格

漢族住宅

新中國成立前，境內城鄉居民住房絕大部分為土平房。房牆多用土坯砌或「干打壘」，房蓋縱架梁柁，橫架檁木，其上鋪秫秸或蘆葦，再抹鹼土泥，窗戶多用紙糊塗油，玻璃窗甚少。城鎮少數紳士住磚瓦房。農村地主有的住磚平房，多數住土平房，但較高大、寬敞。有的地主為防匪患，院牆高築，並在院牆四角建砲臺，俗稱「響窯」。貧民自有住房很少，多租用。冬季室內多用火盆取暖。

新中國成立後，經過土地改革，農民有了自己的房屋。城鎮居民多住公房或自建房屋，為土木結構。冬季室內多用爐子取暖。二十世紀七十年代後期，磚瓦結構房屋逐漸增多。冬季室內多用土暖氣取暖。八十年代中期，磚瓦、磚混結構房屋已為城

▲ 土平房

鄉建房的主要形式。有些屋內設有寢室、客室、餐廳、廚房，有的還設衛生間，一改一明兩暗的舊模式。而市內駐軍、鐵路、機關、企事業單位，開始陸續建一些磚混結構、設備齊全的新式居民樓房，一般為三至五層。內部結構有三室一廳、兩室一廳，配有暖氣、自來水、下水道、廁所等。自二十世紀九十年代以來，特別是進入二十一世紀，白城居民建設發展較快，除農村外，城市居民基本都搬入了樓房，很多高層住宅亦拔地而起，不僅居住舒適，也給城市創造了道道靚麗的風景線。

蒙古族住宅

　　清代，蒙古族住蒙古包，古稱「穹廬」「氈包」或「氈帳」，是一種天幕式的房屋，呈圓形，壁和包頂用木架支撐，外用羊毛氈子覆蓋，有門和天窗。

　　蒙古包有移動式和固定式兩種：移動式為「逐水草而居」的牧民所用，隨著季節變化人走搬家；固定式的多用於農牧經濟區。定居後，除王公貴族住磚瓦房外，蒙古族人多住土平房或馬架子。結構、設置大體同漢族住房，唯西房山有窗戶。二十世紀八十年代後期，一些人家住上了磚瓦房、樓房，現在居住也與漢族一般無二。

▲ 蒙古包

白城飲食特點

主食

清末至民國時期，白城境內居民多以玉米麵（有的摻大豆麵，俗稱雜合麵）窩頭或餅子、高粱米飯、小米飯、苞米粥為主，輔以黃米、其他雜糧。農曆冬、臘月多食豆包、切糕、蕎麵餄餎等。逢年過節才吃幾頓白麵饅頭、麵條、餃子、餅等。夏一日三餐，

▲ 玉米麵大餅子

冬一日兩餐。中等以下人家多吃粥，荒年或青黃不接時吃糠菜。東北淪陷時期，在農村實行「糧穀出荷」，在城鎮實行糧食配給，細糧極少，粗糧定量不足。主食多為玉米麵、橡子麵夾雜糠菜。新中國成立後，口糧日漸充足。一九五三年後，城鎮居民糧食定量供應，品種齊全，但細糧比例仍然很小，一般每人每月二、三、四斤不等，農村種啥吃啥，自行調劑。一九七八年後，農村小麥種植麵積增多，細糧增加。

蒙古族牧民以牛羊肉和炒米為主食，輔以牛奶以及奶製品。新中國成立後，主食漸同漢族。

朝鮮族喜食大米，節日多做打糕。回族喜食麵條，燒賣為待客和喜慶時主食之上品，過開齋節時有炸「油香」互送親友分食之習。

蔬菜類

新中國成立前，境內貧民春季多食野菜（苣蕒菜、馬齒菜等）、乾菜（角瓜乾、茄子乾等）、鹹菜（醃芥菜、黃瓜等）；夏秋季多食角瓜、倭瓜、茄子等，很少吃豆角、黃瓜、辣椒

▲ 包豆包

▲ 家常燉豆角

▲ 豬肉

▲ 燉魚

等細菜；冬天以酸菜、鹹菜、土豆為主。

二十世紀七十年代後，曬乾菜、食野菜者已少見。夏秋季多食茄子、豆角、黃瓜、辣椒、白菜、蔥、蘿蔔、韭菜、芹菜、西紅柿、土豆等；冬季多食酸菜、白菜、土豆，輔以黃豆芽、綠豆芽等。新年春節食用的山菜主要是蘑菇、木耳、銀耳、黃花菜等。一九八五年後四季均可食用黃瓜、辣椒、豆角、茄子、芹菜、韭菜等鮮菜。

肉類

漢族以豬肉為主，牛羊肉次之，農村居民多在年節時殺豬自食，逢年過節或喜慶待客食雞。回族以牛羊肉為主。朝鮮族喜食狗肉，調味品喜辣椒，醃漬菜以「辣白菜」為主。蒙古族因長期居漢族中，主食肉類之習漸相近。

魚類

以食淡水魚為主，如鰱魚、鯉魚、鯽魚、草魚、雜魚和蝦。冬季從沿海購進帶魚、黃花魚等海魚。

白城特色菜品

白城的地方菜品花樣繁多，包含蒙古族、滿族、漢族、回族、朝鮮族飲食文化特點。

羊湯

羊湯極具風味，最典型的做法是：將兩年至三年的肥羊宰殺、接血、去皮，將內臟取出，腸、肚清理乾淨，將羊窠裸不去骨分割成小塊。分鍋將肉、肚、腸「緊」一下，漂去血沫髒物，用清水洗淨，將內臟、肉等煮熟。羊血煮熟後，放清水中涼透，然後將帶骨的肉及心、肺、腸、肚、血切成條，一同放入鍋中，不加作料慢燉兩至三個小時，至湯呈乳白色，裝盆上桌，

▲ 羊湯

▲ 滾刀肉

由食客自行盛入碗中食用。桌上放醋、鹽、蒜末、香菜等調料，依口味自己向湯中添加。這道菜不羶不膩，爛熟純香，天然淳樸。

滾刀肉

滾刀肉即紅燒羊脖子。把新鮮羊脖子洗淨煮熟，再伴以作料紅燒，做成後呈肉紅色，大盤上桌，光澤鮮豔，看之就已令人垂涎欲滴。其肉鮮美不膩，骨爛筋熟，香嫩可口。因為似肉墩形，食用時必須用刀或筷子撕下肉來，大家輪流割肉吃，這肉墩就在盤子裡滾來滾去，因而這道菜得名滾刀肉。

▲ 手扒肉

▲ 烤全羊

▲ 烀狗肉

▲ 白肉血腸

手扒肉

手扒肉是蒙古族千百年來最喜歡的傳統食品，因用手抓著吃肉，故名手扒肉。牛、羊、馬、駱駝等家畜及狍獸類的肉均可用來烹製手扒肉，但通常白城地區的手扒肉主要指手扒羊肉。手扒肉是蒙古族款待客人必不可少的佳餚。

烤全羊

烤全羊是蒙古族的傳統食品，選用一年半至兩年的嫩羊，宰殺後去內臟，用特別的器具，將整羊做成一隻臥著的活羊式樣，在炭火上烤三至四個小時，然後上桌。肉味鮮美，香飄滿堂，濃郁撲鼻。賓客在進餐前，要舉行一定的儀式，高唱讚歌，朗誦獻烤羊的祝詞等。賓客要高舉酒杯以示感謝，然後將羊分割，蘸調料食用。

烀狗肉

烀狗肉是地方特色菜品。將狗宰殺後，去毛，將窠裸砍成大塊，放大鍋中烀。烀狗肉的用料是祕製的，一般不外傳。烀熟後，大塊上桌，食者可用手掰著吃，類似手扒肉，很有原始風味。

白肉血腸

白肉血腸是從古時女真帝王及族長祭祀所用祭品演變而來的。所謂血腸，即「司俎滿洲一人進於高桌前，屈一膝跪，灌血於腸，亦煮鍋內」。而將血腸放於「汆白肉」（酸菜加豬五花肉）中同燉，即通稱為「白肉血腸」。清代瀋陽和吉林地區開設的白肉館，都兼營血腸，成為遼寧和吉林省滿族特有的傳統名菜。

白肉血腸選料考究，製作精細，白肉肥而不膩，肉爛醇香，血腸明亮，鮮美細嫩，配以韭菜花、腐乳、辣椒油、蒜泥等佐料，更加醇香四溢，鮮嫩爽口，備受人們的喜愛。這道菜現已成為白城非常普遍的接人待客特色佳餚了。

一鍋出

源於舊時農家。夏季農忙時節，家庭主婦做飯時，在一個鍋中又燉菜又貼餅子，菜燉在鍋底，餅貼在鍋邊，餅子上浸著菜的香味，讓人一想就饞涎欲滴。這種做法既得到了美食，又省時省力省柴，同時也免去炕熱烙人之苦。

▲ 一鍋出

一鍋出是將鐵鍋直接搬上桌，多數一鍋出裡有排骨、豆角、土豆塊等，鐵鍋的四周貼上玉米麵餅子。此菜用料十分豐富，味道也別具一格，豆角綠綠的，綿而不過爛；土豆塊已經到了被燉得沒有任何棱棱角角的狀態，入口即化；吸收了青菜香味的排骨，更是鮮香無比。當然主菜可以改成魚、牛肉、雞肉等等。也可在鍋邊貼上一圈小花捲、小饅頭等，吃起來更有風味。現在一鍋出早已走出家庭而成了飯館的一大特色。

年豬燴菜

殺年豬是農村老百姓的傳統習俗。舊時，屯中某家殺豬，親戚朋友、左鄰右舍都要去幫忙。

前些年，冬季很少有時令蔬菜，於是便切上一大鍋酸菜絲，和新鮮豬肉一同放在鍋中燉。燉到肉、菜爛熟，上桌時，再切一些血腸放在裡邊。肥肉在酸菜中燉後，香而不膩，蘸上蒜醬食之，香味滿口。此菜由於下鍋的原料較多，一般要吃上一週左右。每餐反覆熱燉，其肉已經爛熟，酸菜已經沒有了酸味，越燉越好吃。

▲ 雞蛋燜子

雞蛋燜子

這道菜一般包括炒土豆、茄子。特別是在農村，平常百姓家常將茄子、土豆和雞蛋燜子放在一個鍋中一次蒸熟，上桌後將土豆、茄子搗爛，和雞蛋燜子拌在一起食用。

農家在蒸茄子、土豆和雞蛋燜子的同時，在鍋中還可以蒸一些窩窩頭，因為這三種菜品與窩窩頭形成了菜品包圍主食的布局，粗米大飯，簡單好做，營養豐富，是農家的常用食品。

雞蛋燜子的做法也很簡單，將幾個生雞蛋打到小盆或碗中，攪幾下再佐以鹽、花椒麵、蔥末等，再多加些青辣椒絲，以增加辣味，然後放到鍋裡蒸熟即可。

▲ 大觀茶園舊照（1926年）

開江魚

在每年的四月中下旬，東北大地的冰雪日見消融，呈萬物復甦之象。此時，嫩江、松花江等江河的冰層逐漸解體，在江面上形成冰排浩浩蕩蕩順流而下，這便稱作「開江」。

江中之魚之所以稱作「開江魚」，正是因為此時的魚隨著冰面解凍，憋了四五個月的魚兒都被喚醒，魚貫而出，更由於這些魚兒整個冬天潛在江底，忍饑挨餓，體內的脂肪已消耗殆盡，廢物也排泄得異常乾淨，其肉質變得非常緊密，不肥不爛，若烹調得當，其肉鮮味美難以形容，故開江魚早已成了東北人不可多得的美味。反之，進入春暖花開季節，魚兒開始育化，吸收物華也吸收了濁氣，便沒有了那種乍開江時的鮮美了。當然，到了每年的正常捕魚季節，已經不再分「開江魚」或「封江魚」了，江河水庫都在大量產魚，其產量、其品種、其場面是開江魚無法比擬的。

▌白城飲食品牌

楊麻子大餅已有上百年的歷史了，其創始人是楊家先祖楊玉田。

楊玉田，河北省撫寧縣台頭營鎮北台莊人，幼年家境清貧，父親執教私塾，母親為人傭工，勉強維持溫飽。他十二歲入台頭營鎮一家小飯鋪，學油麵案，烙家常餅、燒餅，備嘗艱辛。日久，技藝不斷長進，經過不斷改進，逐漸形成了楊家吊爐餅的雛形。

一八九六年，楊玉田隻身來到洮兒河南岸的沙雞毛頭做起了大餅生意，設攤賣餅，很受當地人歡迎。後定居於七間房市場，取名楊餅鋪。過了六年，洮南一帶開始放荒，人漸漸增多，楊家大餅店也開始紅火。到了一九〇四年洮南設府，楊家大餅店也就成了府城名店。因楊玉田自幼患天花，臉上有疤痕，大家混熟了就叫他楊麻子，他烙的大餅也就成了楊麻子大餅。

楊麻子大餅因銷量日增，供不應求，人手日趨緊張。當時，製作大餅的手藝是保密的。為擴大營業，楊玉田把子姪數人召集到餅鋪，分別傳藝。先後親

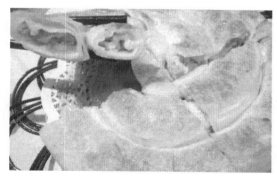

▲ 楊麻子大餅

傳者有楊善修、楊江、楊慶、楊清等人。

一九五〇年二月，楊善修與楊清遷到瀋陽，在小河沿設攤，生意興隆。六月，楊玉田亦遷居瀋陽，在小東門裡市場開業，終日顧客盈門。一九五六年公私合營後，定名為「楊家吊爐餅」。從此，「楊家吊爐餅，清蒸雞蛋糕」，在東北三省流傳開來。但顧客仍習慣稱之為「楊麻子大餅」。

楊玉田一九七八年病逝於瀋陽市。楊玉田老先生過世後，身為二代傳人的楊慶深得真傳，繼承了父親的傳統工藝，留在洮南，繼操祖業。後併入國營食堂，成為國家正式工人。楊慶於一九八九年作古，其三子楊福成接班後成為國營飲食服務業中楊家吊爐餅的傳人。

一九七九年，楊慶的兒子楊福貴以個體名義申請開業，白城地區有關方面贈送一塊墨底金字牌匾，上書「楊麻子大餅」，正式恢復了名號。一九八〇年，楊麻子大餅被評為吉林省地方名菜名點風味品種。具有獨特地方風味的楊麻子大餅在一九八七年就以麵食三十八類註冊中華人民共和國商標，一九九〇年又以麵食三十類註冊國際商標。

▲ 楊麻子大餅餅店

白城漁獵習俗

簇子捕魚

簇子，又稱亮口，源於清康熙二十九年（1690年），漢人鄧福庚在河神口子，用柳條編織簇子一處，為本地簇子漁業之始。簇子漁業是定置漁業，也稱擋魚簇子。汛期利用魚的洄游規律和水勢漲落插箔，到結冰時開始捕撈產量較高。一九一三年，月亮泡簇子漁業年產魚三百萬公斤。一九八六年，根據魚類資源和繁殖保護條例，將洮兒河水域的簇子一律清除，二〇〇〇年大安市已無簇子漁業。

網箔捕魚

最普遍的生產形式之一，二十世紀七十年代中期由山東微山漁民傳入，用聚乙烯織成規格網片或用機器網布裁成規格網片，然後用竹竿每隔一定距離支撐網衣形成一片，將竹竿與網用聚乙烯線牢固縫死，叫箔片。使用時將箔片連接起來插入水底的泥土中，每隔一段用木桿固定。用這種箔片插成彎彎曲曲、大小不等的圈口和一些耳朵形的獲魚漩渦。由於七彎八拐，魚進去出不來，群眾管它叫「旋」。這種捕魚方法叫插旋旋箔，也稱迷魂陣，多稱網箔。特點是成本低、省人力、產魚多、效率高，因此一些湖泊、水庫、泡沼多採用此法進行捕魚。

冰槽子捕魚

冰槽子捕魚是一種定點的捕撈方法。漁民們將冰鑿出一個三十多釐米寬的長槽，一頭衝著冰下的水流並用高粱秸把口編封住。初冬，江河泡沼雖然結凍了，但冰並不厚，有時夜裡結冰，白天太陽一照或風一刮，冰又破裂，發出嘎嘎的響聲，恰恰成了趕魚的響動。這時，魚兒敏感地躲冰，四處竄游。為尋找不被冰劃碰的地方，不知不覺地就進了冰槽子。一個上等的冰槽子可以捕幾千乃至萬斤的魚。有一年，在老什王漁梁子，漁民們一個冰槽子打了三萬斤小白

魚。魚在槽子裡黑乎乎一片，把江冰都焐化了。一九六六年僅大安就有冰槽子二十七處。

拉網捕魚

拉網為地曳網具，歷史較長。有大、中、小之分，適合於江河、泡沼水庫生產，過去多用於江灘捕魚。此網為多片組成，網片大小、多少視生產需要而定。其特點都是由兩翼和網肚組成，長度最長達四五百米，也有二三百米長的，最小也有幾十米或十幾米長。

▲ 拉網捕魚

冰下捕魚

此方法捕魚使用的是一種封冰期使用的漁具，屬地曳網具。其作業情形和明水大拉網相似，不同的是明水江灘拉網前後有高低之分。網的長度也不一樣，一般是一千米左右，也有更長的，主要看水域大小而定，水深網苗自然長些，網片也大；水淺網苗相對短，網片也小。它的形狀是把多片網連接起來形成袋狀網肚，兩側各接有一翅翼網。

野泡子網捕魚

野泡子網用於泡沼水深一點五米左右的封冰水域作業。過去簾子漁業生產時期，放完簾子必須用野泡子網打魚，所以也稱起泡子網，其作業方法與其他拉網相似。

鐵鉸子網捕魚

鐵鉸子網是一種有袖囊帶兜的小型拉網，底鉸（沉子）是用鑄鐵做成墜子。一般五到七人作業，多用於開江後選擇自然網灘作業。

施網捕魚

使用的是一個單人操作的小型圓錐形扣網，在江河岸邊或船上均可作業。

操作時將網撒入水中，把魚扣住，拽網綆時地腳子合攏，魚進兜後逃不脫被捕撈上來。

扒網捕魚

扒網也叫把網子，形狀似旋網，在江上由打魚的撐船作業，逆流下網，順流向上拉網。此網具多用於開江後封江前。

壩網捕魚

壩網和旋網、扒網基本相似，適合於在江壩前、水庫房、泡子邊的深水層作業。過去使用普遍，現在使用不多。

白城冬捕文化

　　這裡的冬捕，特指冬季捕魚，白城地區冬捕地點頗多，但以月亮泡為最。

　　月亮泡水庫位於吉林省大安市境內，東與黑龍江省肇源縣接壤，北與鎮賚縣相鄰，是兩省三縣的交界處，也是洮兒河和嫩江的交匯處。月亮泡的漁獵文化具有悠久的歷史，據考古史料記載，月亮泡古稱鴨子河、魚兒灤，早在三四千年前就有人類在此以漁獵為生，到遼金時代，月亮泡捕魚更是盛極一時。今日的月亮泡更加風光秀麗，景觀迷人，特別是每年一次的冬捕，吸引成千上萬的遊客前來參觀、品魚、購魚。

　　月亮泡冬捕，是延續數千年的一項民俗。冬季捕魚是一大樂趣，更是一大特色。每到隆冬時節，冰層凍到約一米厚，當地漁民就會以他們特有的方式，殺豬宰羊，燃放鞭炮，敬告天地，敲鑼打鼓，載歌載舞，舉行隆重的拉網儀式。吃過開網宴，漁民們在魚把頭的指揮下，幾個人、十幾個人或幾百個人分成兩組，開始在冰面上鑿冰窟窿，先鑿一個撒網口，再鑿一個出網口，冰窟窿鑿好後，因為這裡的氧氣充足，魚兒就會自然地游過來。

　　冰窟窿的大小因網的大小而定。首先將漁網從撒網口下到水裡，每隔十五米左右打小眼下穿桿用於冰下走網，最後從出網口拽上來一角。網的大小不一，有千米長的，有百米長的。最激動人心的是出網的一刻，漁民們非常有節奏地喊著號子，在出網口從厚厚的冰層下面往出拽網。月亮泡冬捕的網都是特別大的，所以採用最傳統的馬拉絞盤的方式拽網。有經驗的魚把頭，會憑著手感能預測出每網大概出多少魚。如果你有幸目睹這一冰上捕魚的壯觀場面，你也會為之激動，為之雀躍。此時是漁民最忙碌也是最幸福的時刻，他們穿著烏拉鞋，往來穿梭於冰面上，不停地給魚翻個、分類、攢堆、炒冰，眉毛和鬍子上都掛滿了霜花和冰溜子，望著小山似的魚堆，臉上都笑開了花。

　　冬季的魚肉鮮美、肥嫩，營養豐富。因為冬季的魚在水下活動很慢，腹中

亦無多少蟲草之類，只有一身鮮嫩的白肉，是夏季之魚所不可媲美的。正是由於北方冬魚的鮮美，所以吸引了歷代帝王將相爭食冰魚。據遼史記載，從遼聖宗耶律隆緒到遼天祚帝耶律延禧，每年春捺缽都到月亮泡一帶鑿冰捕魚，設頭魚宴宴請群臣和各部落首領。向朝廷進貢冬季魚貢的場面就更加有趣了，趕車伕在送魚貢時，要用香料洗浴，身穿黃坎肩，肩披黃布帶，牛頭和車上也要繫上黃綾。將冰凍的貢魚挑選個頭勻稱漂亮的，繫上紅綾裝在車上，車上插著寫有「貢」字的小黃旗，一路趕往行宮或京城。據《嫩江漁業史話》記載，在冬捕的歷史上，一網最多出魚達四十萬斤，其場面甚為壯觀。二〇一三年，月亮泡冬捕傳統技藝被白城市人民政府列為白城市第四批非物質文化遺產保護項目。

▲ 冬捕

白城地區傳統娛樂活動

擊鼓傳花

　　這是一種傳統的集體性遊戲，其特點是激烈、機靈、激動人心。數人或幾十人圍成圓圈坐下，其中一人拿花（或一小物件），另有一人背著大家蒙眼擊鼓（桌子、黑板或其他能發出聲音的物體也可）。鼓響時眾人開始依次傳花，至鼓停為止。此時花在誰手中（或其座位前），誰就上台表演節目（多是唱歌、跳舞、說笑話，或回答問題、猜謎、按紙條規定行事等）。如果偶然花落在兩人手中，則兩人可通過猜拳或其他方式決定負者。

　　除此之外，尚有扭秧歌、廣場舞、民間樂隊與歌詠、說書講古、聽唱本甚至薩滿舞等，都是來自民間的文化活動。

那達慕大會

▲ 那達慕大會

　　那達慕大會是歷史悠久、一年一度的蒙古族傳統盛會，在蒙古族人民生活中占有重要地位。那達慕，蒙語的意思是娛樂或遊戲。每年七月、八月牲畜肥壯的季節舉行那達慕大會，這是人們為了慶祝豐收而舉行的文體娛樂大會。白城作為蒙古族聚居區，每年也要舉辦這樣的盛會。

　　那達慕大會上有驚險動人的賽馬、摔跤、射箭，有爭強鬥勝的棋藝，有引人入勝的歌舞。大會召開前，男女老少乘車騎馬，穿著節日的盛裝，不顧路途遙遠，都來參加比賽和參觀。身著豔麗民族盛裝的草原兒女來自四面八方，喜慶的臉上洋溢著歡欣的笑容，談笑風生，表達著內心的喜悅，傾訴著美好的祝

福與心願。

　　大會主持人高亢而洪亮的聲音傳遍會場內外，隨著一聲大會開始的指令下達，身著蒙古服飾的姑娘們楚楚動人，步履輕盈；披紅掛綠、身體強壯的摔跤隊員們跳著摔跤舞步，給人留下強悍之美；騎著駿馬的草原兒女威武地從廣場正面穿行而過，讓人們看到馬背民族的英姿；迤邐前行的蒙古原始交通工具勒勒車，承載著生活用品，跟隨在馬隊後面緩緩前行。

　　開幕式結束後，即進行體育競技項目。悠揚的蒙古長調為摔跤比賽拉開了序幕，成為歷次那達慕大會最為精彩的場面。

　　摔跤手腳蹬高筒馬靴，下身穿寬大的綢緞摔跤褲，上身穿「昭得格」（一種皮革製的坎肩），在脖頸上圍有五彩繽紛的飾物「江戈」，仿古代騎士跨著大步，繞場一週，便開始激鬥。

　　賽馬也是大會上重要的活動之一。比賽開始，騎手們一字排開，個個紮著彩色腰帶，頭纏彩巾，洋溢著青春的活力。賽馬的起點和終點插著各種鮮豔的彩旗，只等號角長鳴，騎手們便紛紛飛身上鞍，揚鞭策馬，一時紅巾飛舞，如箭矢齊發。先到達終點者，成為草原上最受人讚譽的健兒。射箭比賽也吸引著眾多牧民。技藝高超者可百發百中，贏得觀眾的陣陣喝采。隨之進行的有拔河、投布魯、賽摩托、田徑運動等近三十餘種賽事活動。

　　在盛會期間，不時有高蹺隊表演、安代舞表演、啦啦隊表演……重頭戲大型歌舞把那達慕大會推向高潮，讓人們長時間沉浸在歡歌笑語中，沉浸在豐收的喜悅裡。

　　近年來，那達慕大會又成為農牧物資交易會。除了工業和農副產品外，還有具有民族特色的食品，如牛羊肉及其熏乾製品、奶酪、奶乾、奶油、奶疙瘩、奶豆腐、酸奶等。

　　那達慕大會是一種民間的更是民族的體育盛會，這種運動形式傳承了千百年，還將傳承下去，這是民族的瑰寶。

拔大蔥

這是一種二人角力遊戲，不分季節，不擇場地。二人相對而立，叉開雙腳，張開手臂互相抱住對方的腰，喊「一、二、三，起」後，同時用力，以一方將另一方抱起為贏。拔大蔥玩起來很有趣，因為如果一方力氣大於對方很多，經常出現剛喊完口令就把另一個人抱成大頭朝下的尷尬狀態。拔大蔥雖是個力氣活，但也有技巧。站立姿勢很重要，一般雙方都是馬步，而互相抱腰的位置高低都能決定輸贏。所以，每次拔大蔥的時候，開始前雙方總是在姿態和高低上互相糾正，以達到雙方共同認可。

▲ 雕塑《撞拐》

撞拐

有的地方叫鬥雞，可能跟這種遊戲的姿勢有關。撞拐前，雙方一條腿站立，另外一條腿盤起來，一隻手抓住腳脖子，另一隻手可以托住自己的膝蓋。宣布開始後，雙方用一條腿一跳一跳地衝向對方，通過互相衝撞等動作，迫使對方摔倒或另一條腿落地。撞拐可以單挑也可以群體撞拐，一幫人分成兩個陣營，喊一聲口號即衝向對方，頗有一番廝殺戰陣的樣子。

看馬掌

馬掌也稱「麻掌」，一種自清朝以來廣泛流行於本地民間的紙牌。其實它是由唐朝的葉子戲演變而來的博弈遊戲。其遊戲過程稱為「看麻掌」或「看牌」「看小牌」。

此牌為撲克樣的紙板製品，形狀為長方形，一般長度約十至十二釐米，寬約四釐米。整體圖案為豎形結構。上下兩端各有一正方形的固定圖案，叫「牌闕」。牌的內容如麻將般分為「條」「餅」「萬」三組，每組九個數字。即么條、二條直至九條，么餅、二餅直至九餅，么萬、二萬直至九萬。每個數字均有牌四張，另有三個花色：「紅花」（也稱紅中）、「白花」（也稱白板）、「老千」（也

稱發財或千萬）。每個花色也為四張。總計一百二十張牌。

　　遊戲人數或二人或三人或四人不等。一般不用台案，均席地或席炕盤腿相對圍坐。每局開始前先由某一人洗牌，洗完後隨意抽出一張，並將牌面朝上作為「莊牌」插入整體牌摞，接著按逆時針方向依次抓牌。凡抓到同樣花色的牌都豎向形成一排並交叉持在手中。每人抓滿十六張。其中抓到那張「莊牌」的即為莊家，莊家再抓一張牌（稱為收牌）以補滿十七張。

　　每人所抓牌中如有「喜牌」，須事先摺在面前席面上，稱為「摺喜」或「亮喜」。「喜牌」每三張一組。大體有由幺條、幺餅、幺萬組成的「幺喜」，九餅、九萬、九條組成的「九喜」，紅花、白花、老千組成的「紅喜」，八條、九萬、白花組成的「江喜」。當然根據牌型還有「老喜」「烏拉喜」等等。

　　摺完喜牌便進入一如「麻將」規則（「抓牌」「吃牌」「岔牌」「過槓」「和牌」均與麻將同）的正常遊戲程序了。還有就是在打牌進程中，如某人手中持有三張花色相同（比如三張紅中或三張六萬等）的牌，持在手中也構成「一套副」，但一般都扣在面前，叫「哈（音）子」。再有就是在麻將遊戲中稱為「麻將」的那雙「對牌」，在此稱為「馬掌」。遊戲進程中如某人長時間沒湊成「馬掌」，可將上家打出的能與自己手中某張配成對的牌吃過來，叫「釘掌」。

　　遊戲中某人如進行到再見到一張牌就贏此局時，即麻將中的所謂「上聽（音）」，在此稱為「有叫」。麻將中的「窮和（音 hú）」「報聽（音）」在此稱為「報叫」。其他規則基本皆與麻將相同。

下五道

　　這是一種類似於象棋的智力遊戲，一般就地取材，一方用石子，另一方用小樹棍或小草棍。限兩個人參加，在五線×五線的正方形「棋盤」內遊戲。具體玩法：1. 排子：雙方各有五子，位於己方底線，一字排開。2. 走子：由一方先走，任意棋子只能走到其相鄰的四個點上（棋子不可重疊），不可跳躍行走。3. 吃子：當某方在一次走子中，己方兩子相鄰並呈一條直線（稱之為「槍」），此直線上，敵方棋子亦與己方棋子相鄰（槍口位置），且後方無根，

則可吃掉敵方此棋子；若此「槍」並非此步走子形成，則為「死槍」，敵方棋子走在「槍口」時，不會被吃子；若敵方棋子後方有其棋子，則為棋「根」，亦不可吃子。4.勝負：某方只剩一子時，判負，另一方為贏家。兩方若各自偏安一隅，二十步內未有吃子，可協商和棋。注意：此棋與五子棋完全不同，不可混為一談。

除上文所述娛樂活動之外，還有掰腕子、爬樹、撇鏢、下五虎、破悶兒（猜謎）、解鐵環等民間娛樂活動流傳至今。

白城地區的民間遊藝

　　白城的各民族體育遊藝文化，從體育、遊藝的起源來說，有的體育遊藝活動起源於狩獵，有的體育遊藝活動起源於征戰。遼、金、元時期的契丹、女真和蒙古族等皆「善騎射」，形成了強悍的民族尚武精神。因而，產生了以騎射為中心的體育遊藝文化。此外，通榆地方各族舊時曾廣泛開展的摔跤、賽馬、滑冰、象棋等體育、遊藝活動，也是很有特色的體育遊藝項目。這些風采多姿的民間體育項目，有的具有少數民族特點，有的具有地域特色，也有的顯然受中原漢族體育的影響，是長期不斷的文化交流、融合而形成的。

東北大秧歌

　　白城民間秧歌中，盛行城鄉的是東北大秧歌，民間簡稱大秧歌，其由來已久。大秧歌演出多在春節期間舉辦，一般從正月初一至初五和正月十五的元宵節。舊時的秧歌隊多是民辦，由城鄉群眾自發組織，隊伍走街串巷，走屯串戶，有互為拜年、恭賀新春之意，並成為民間的傳統習俗。傳統秧歌中的人物，多扮著名戲曲中人物。常見的有扮《白蛇傳》中的許仙、白娘子和小青三人一組「遊西湖」一折的，也有的扮法海和尚、蝦兵蟹將和蚌精等「水漫金山」一折的，還有扮《西遊記》中唐僧、孫悟空、豬八戒和沙僧「西天取經」等，扮相多樣。唱詞內容有的是傳統老調，有的是根據不同對象、情景即興現編的，皆為吉祥祝語。

　　新中國成立後，新社會保持發展了扭秧歌這一傳統習俗，每到春節，城鄉普遍舉辦秧歌。一九七八年以後，秧歌有所恢復扮演傳統戲劇、傳說人物的習俗，但人物形象更講究俊美，並增加了反映時代氣息的內容和形式。近年來，

▲ 秧歌拜年

隨著群眾文化的普及繁榮，秧歌舞隊遍布城鄉，成為百姓茶餘飯後重要的娛樂活動之一。

▲ 耍龍燈

耍龍燈

新春佳節，通榆地方有「耍龍燈」的習慣。「耍龍燈」也叫「舞龍」，又稱「龍燈舞」，是流行於我國各地的一種民間舞蹈。在古代，人們把「龍」作為吉祥的化身，代表著風調雨順的願望，因此，用舞龍祈禱神龍的保佑，以求得風調雨順，四季豐收。

在白城，春節耍龍燈的習俗由來已久。舊時，只是春節或大型廟會有龍燈表演。新中國成立以後，凡有大型慶祝活動，有秧歌表演即有龍燈。人們舞起用竹篾、鐵線結紮，外蒙裹繪有鱗片的綢緞或布匹製作的彩龍，表現歡快的心情。多年來，經過民間藝人不斷加工製造，「耍龍燈」已發展成為通榆地方一種形式完美、具有相當表演技巧和帶有浪漫主義色彩的民間舞蹈藝術，深為廣大群眾所喜聞樂見。在耍法上，較常見的動作有：蛟龍漫遊、龍頭鑽襠子（穿花）、頭尾齊鑽，龍擺尾和蛇蛻皮等。耍龍中，不論表演哪種花樣動作，表演者都得用碎步起跑。

舞獅

▲ 舞獅

舞獅是我國優秀的民間藝術，每逢元宵佳節或集會慶典，民間都以舞獅前來助興。這一習俗在中原起源於三國時期，南北朝時開始流行，後傳至東北，至今已有一千多年的歷史。

中國的舞獅分為南獅和北獅兩派，通榆地方的舞獅屬於北獅的造型，酷似真獅，獅頭較為簡單，全身披金黃色毛。每頭獅子由二人合演，舞獅者的褲子，鞋都要披毛，惟妙惟肖。獅頭上有紅結者為雄獅，有綠結者為雌獅。北獅表現靈活的動作，與南獅注重威猛不同。舞動則是以撲、跌、翻、滾、跳躍、

擦癢等動作為主。一般是雌雄成對出現，由裝扮成武士的主人前領。有時一對北獅會配一對（或一隻）小北獅，小獅一般只由一人扮演。表演時小獅戲弄大獅，大獅弄兒為樂，盡顯天倫。北獅表演較為接近雜耍。配樂方面，以鈸、鑼、鼓為主。

旱船

民間表演藝術形式之一，是一種模擬水中行船的民間舞蹈。逢年過節，境內各地都流行這種舞蹈表演。「旱船」是依照船的外觀形狀製成的木架子。在這種船形木架周圍，圍綴上繪有海藍色水紋的布裙。在船的上篷裝飾以紅綢、紙花，有的地方還裝有綵燈、明鏡和其他裝飾物，務使其豔麗華美。

▲ 老漢推車

乘船者一般是一個人，有時也有雙人共同乘用。乘船者多由姑娘、媳婦化裝後直接飾演。舊時也有男扮女裝的。表演時，表演者中有一名「艄公」划槳引船，在前頭帶路，做出各種划船動作。而乘船者在表演中，走快速碎步，這樣能使船身在保持平穩的狀態下前進，猶如在水面上漂動的船，頗為形象的塑造出水面行船的情景。一般的旱船表演不止一隻船，兩隻的為多，也有時三五成群，一線排開，在前進中，要跑出各種平時訓練好的套路，起伏波動、生動活潑。跑「旱船」時，一般使用的伴奏樂器是鑼、鼓、鈸等打擊樂器，也有的地方加上一至兩支嗩吶伴奏，氣氛熱烈，情緒歡快，具有濃郁的地方風情和民族色彩。

二十世紀五十、六十年代，又由「旱船」派生出相似的舞蹈「老漢推車」，由一男性表演者扮老漢，持桿做推車狀，扮少婦者做坐車狀，二人協調配合，隨鑼鼓點翩翩起舞。

摔跤

古時稱摔跤為角抵，在我國已有數千年的歷史。中國式摔跤，是以契丹、蒙古族形式為主，經過滿族的改進、提高而流傳下來。

▲ 蒙古摔跤

▲ 滿族布庫

　　蒙古族摔跤已有千年的歷史。同其他摔跤一樣，要求運動員手、腰、腿部動作協調配合，在對抗中充分顯示自己的力量和技巧。蒙古式摔跤的特別之處是，參賽人數必須是二的乘方數，如八、十六、三十二、六十四等。單淘汰制，無時間限制，一跤定勝負，每輪淘汰半數。歷來分大、中、小三種類型。蒙古式摔跤服裝（蒙語「卓鐸格」）頗具民族特色。摔跤衣為布製或皮製，上綴閃亮的銅釘或銀釘，頭上繫有圍巾，用青、紅、黃三色製成，青象徵天，紅象徵太陽，黃象徵地。一般穿用白布縫製的摔跤褲，褲邊還套有一種無襠的「套褲」，上繡有民族特色的花紋，有護腿和護膝作用，一般還用結實的皮條為蒙古靴或馬靴加固。在脖頸掛上五色飄帶為裝飾（占嘎），飄帶標誌著獲勝多少次，數次越多，彩條越多。比賽開始歌聲起，雙方運動員以鷹步跳躍進場，這是蒙古式摔跤的又一特點。

　　滿族的角抵，又稱「布庫」，也叫「善撲」「摜跤」「爭跤」，早在清入關前即已盛行。通榆地方的滿族人由於散居於漢、蒙各民族間，無聚居地而使此項活動漸衰。

射箭

　　是蒙古族、滿族等民族全民喜愛的遊戲項

▲ 射箭

目。蒙古人、滿族人自幼生活在鞍馬之間，精於騎射。蒙古族婦女也像男子一樣擅騎射，蒙古族年輕的姑娘和婦女們騎在馬背上飛奔，同男人們一樣敏捷。一般大型騎射比賽，參加者多達百餘人，中型的約二三十人，小型的也有十至二十人。隨著時代的前進，弓箭雖退出了軍事舞台，但是射箭作為體育活動卻增添了民族體育運動的色彩，射箭成為蒙古族、滿族顯示武功、鍛鍊身體的重要體育項目。多少年來，無論逢年過節，抑或日常閒暇之時，各種射箭比賽活動均有舉行，頗具民族特色。隨著科學技術的進步，古老的弓箭逐漸被鋼弓、塑料弓、尼龍弓、金屬箭所代替。

抽冰猴兒

一種冰上遊戲。冰猴兒，木製圓形，一般拳頭大小，上平下尖，中間有一圈凹刻，尖端處嵌一鐵珠。玩時，將小鞭的鞭繩繞在凹刻處，放在冰上一甩，冰猴兒飛轉，再用鞭子不斷抽打，冰猴兒不斷地飛轉。有的在平面黏貼五顏六色的圖案紙，轉起來令人眼花繚亂。

▲ 抽冰猴兒

溜冰車

溜冰車即玩爬犁，也是滿族一種傳統的冰上體育活動。冰車是用木頭製成的小爬犁，在下面加上鐵條。人既可以坐在上面，又可以蹲坐在上面，還可以站在上面。一個人玩或幾個人玩均可。一般是一個人蹲在上面，雙手握著「冰扦子」撐動前進。也有的將冰車放在有坡

▲ 溜冰車

的澆凍冰道上，藉著慣力往下衝行。還有的坐二人以上由人拖著在冰上奔跑。民間溜冰活動，舊時散見於江湖泡沼以及水坑、井旁的冰面。二十世紀六十年代興起人工澆凍冰面，活動又有了新的發展。

放風箏

　　源於春秋時代。據古書記載：「五代李鄴於宮中作紙鳶，引線乘風為戲。後於鳶首以竹為笛，使風入竹，聲如箏鳴，故名風箏。」所以，不能發出聲音的叫「紙鳶」，能發出聲音的叫「風箏」。

▲ 放風箏

　　白城地方舊時常見的風箏主要有方塊（俗名豆腐塊兒）、八卦、月亮、七星、美人、和合二仙、蜈蚣等。二十世紀八十、九十年代以來，軟體風箏漸流行起來，蝴蝶、蜻蜓、燕子、雄鷹、人物等取代了舊式風箏。近年來又有一種無骨風箏，它的結構是引入空氣於絹造的風坑之內，令風箏形成一個輕飄飄的氣枕，然後乘風而上。每年初春，多有大型風箏賽事。

踢口袋

　　女童用四或六塊碎花布縫製成小布袋，內裝半下碎米雜糧，俗稱「口袋」，其玩法和踢毽子相似。近年來，此遊戲活動逐漸減少。

踢毽子

　　起源於漢代，盛行於南北朝和隋唐，至今已有兩千多年的歷史了，通榆地方的踢毽子活動源於中原漢族，是深受青少年喜愛的一種體育活動。

▲ 踢毽子

　　踢毽子的場地比較簡單，在室內、室外均可進行，不受限制，只要平坦即可活動。踢毽子的基本動作主要有盤、拐、磕、蹦四種。盤，即用腳內側交踢，俗稱「盤毽子」；拐，即用肢外側反踢，俗稱「打拐拐腳」；磕，用膝蓋

將毽子向上彈起；蹦，用腳尖踢毽。除此外，還有「壓、打、跪、踩、掏」等其他踢法。

踢毽子比賽有單人賽與集體賽。單人賽以每人踢毽的次數多少判定勝負；集體賽按個人技術高低分組，以總踢次數多少判定輸贏。技藝高超者可連踢數千次而毽不落地。另有一種團踢，即一群人共踢一毽。一人拾毽，一人踢毽，踢出後，眾人搶接，接到者踢毽；踢漏或被拾毽人接到，即由原踢毽者為原始毽者拾毽。

嘎拉哈遊戲

▲ 嘎拉哈

嘎拉哈就是動物的拐踝骨，嘎拉哈是滿、錫伯、鄂溫克語音譯。在通榆地方，作為一種傳統民間文體遊戲，其玩法較多。一是彈嘎拉哈。先將嘎拉哈按人數均分，按規則以食指彈之。彈者將大家出的嘎拉哈撒出，選任意一子為「頭」，向另一個面紋相同的子兒彈擊，命中即贏回；不中或碰到其他子兒以及彈錯、揀錯或無對可彈時，則輪到下一人重新撒、彈，彈完最後一對者為勝。二是歘嘎拉哈，參加者多為少女、少婦。有歘單、歘雙、單裏、雙裏等名目。歘嘎拉哈時，扔出碼頭（銅錢串或小布口袋），快速抓住面紋相同的子兒後，再接住碼頭。歘錯或接不住，則由下一人接著歘。以抓得多者為贏。還有擲嘎拉哈、捉嘎拉哈、猜嘎拉哈等玩法。

投布魯

布魯為木製，形狀像一把鐮刀。在西元一三〇〇年前，就已成為蒙古族打獵工具和對敵人鬥爭的武器。同時，人們也把投布魯作為一項鍛鍊身體的活動。投布魯活動分擲遠和投準兩種。擲遠布魯為「海木勒」布魯，扁形，握手處是圓的；投準的布魯為「圖拉嘎」布魯，圓柱形，頭頂處包有鉛頭或銅、鐵箍環，這種布魯能打較大的野獸。比賽用擲遠布魯重量為五百克，投準布魯重

量和形狀均不限。遊戲和打獵用的布魯重量可因人而異。

布魯比賽場，一般為七百五十平方米長方形平坦地，在場地一端劃一條投擲線，離投擲線三十米處設圓形木樁三根，為投擲目標。木樁間隔十釐米，高五十釐米，上端直徑為四釐米，下端直徑為六釐米，此為投準比賽而設。正式比賽時，不論擲遠或投準，每人以三次為限，每次投擲時間不超過三十秒，投擲姿勢不限，最後按得分多少排列名次。

打嘎

「嘎」是一塊小而結實的橢圓形木塊，被削成兩頭尖的樣子。打嘎是男孩子的遊戲，擊打嘎的用具是塊下窄上寬的木板，手握窄端。玩時，需找一片很寬敞空闊的場地，將嘎放在地上起點處，操板者用板子一側狠剁嘎的末端，嘎會飛起來，這時必須眼疾手快，用木板將飛起來的嘎用力擊出，遠者勝。打嘎是比較危險的遊戲，容易傷人打碎玻璃。此項運動在二十世紀五十年代至八十年代在少年兒童中很為流行。

彈琉琉

琉琉，一種內有彩色花紋的小玻璃球，彈琉琉一般為男孩子的遊戲。參加者兩人或兩人以上。遊戲時先在硬地上摳一小坑，距小坑十米左右畫一條線，遊戲者以此線為起點，用拇指彈出琉琉，陷入坑者為勝。入坑前也可把離坑較近者的琉琉擊走，頗有競爭意義。也有在一定距離處「擺子」

▲ 彈琉琉

的玩法，遊戲者手持琉琉，用拇指彈出，撞擊對方在場地上的琉琉，擊不中者，改由對方彈擊。擊中者為勝，並贏得被擊中的琉琉。

跳格

一般為女孩子的遊戲，參加者二人以上，或多人編組。在場地上按規定畫

出若干方格，遊戲者將內置米粒或細沙石的小布口袋放第一格中，單腿跳動，將小布袋依序踢進其他方格，踢錯或未動為輸，換下家或另一組來跳踢，最先將小布袋踢入頂格者為勝。

跳皮筋

　　一般為女孩子的遊戲，參加者三人以上。首先由兩人將繫成套型的皮筋套在腳脖上，拉開適當距離，稱為抻筋。另外的遊戲者依次或單人或編組到皮筋上按規矩跳動，大家邊跳邊唸誦一些流行的童謠。一首童謠未完時跳者絆筋或踩筋，下來替換抻筋者，重新開始。如果跳者跳完了一首童謠，皮筋高度由踝骨升至膝蓋，跳

▲ 跳格

第二首童謠，如此反覆，皮筋一次次升高，直至高過頭頂（雙手高舉）。以能跳完最高的皮筋者為勝。

扇啪嘰

　　啪嘰，東北地區說作 pià ji，是一種直徑約三至六釐米繪有各種人物圖案的硬紙板。扇啪嘰是一種興起於二十世紀五十、六十年代的兒童遊戲，遊戲者用自己的啪嘰去扇對方放在場地上的啪嘰，以能翻過來扇入底端為勝。

其他遊戲

　　除上述遊戲以外，器具遊戲還有打界、打穿、尜扎、梃落子、串箭桿兒、踢馬掌、擲杏核、丟手絹兒等遊戲項目。

　　無器具遊戲主要有拉拉狗兒（也叫老鷹抓小雞）、撞拐（搬起一條腿，單腿繃著撞膝蓋，搬著的腿不落地為贏）、騎馬戰（分雙人騎、單人騎、坐轎子等多種形式，兩伙「騎士」互相撕扯，以將對方拉下「馬」為贏）等遊戲項目。

白城美麗的傳說

▲ 飛黃騰達

飛黃騰達

　　「飛黃騰達」是一個成語，關於它的出處，被廣泛認可的是唐代文壇巨匠韓愈的名叫《符讀書城南》的詩作。不過，在吉林省民俗學會理事長施立學看來，「飛黃騰達」還有一個更美妙的傳說，且與當今的吉林省白城市淵源不淺：飛黃是古代白城一匹「神馬」的名字，被朝貢中原之後生出雙翅，飛昇天外，獨留下一句膾炙人口的成語在人間。

　　史上曾有華夷五方格局之說，它的形成經歷了春秋、戰國五個多世紀，而文獻中明確以華夏居中，東夷、西戎、南蠻、北狄配合四方的記述，大概出現於戰國，其中的東夷包括了現今的東北三省地區，這裡有個地方叫作白伯，即為白城一帶。施立學說，在近年出版的《走進東北古國》一書中記載了這樣一個傳說：黃帝時，白伯曾向中原進貢一匹黃色的駿馬。三年之後，這匹馬生出翅膀，得名「飛黃」。後來，「飛黃」帶著軒轅黃帝飛昇上天，這才有了後來的「飛黃騰達」這句成語。「我們現在看來，馬是不可能長出翅膀的，它只是一個神話，在正史中，也確實無法找到關於『神馬飛黃』的記載，但一句成語的由來並不完全需要歷史的真實。」施立學認為，當歷史記載不足的時候，傳說就成了補充歷史的唯一佐證。

　　施立學先生說，「飛黃騰達」與白城連繫在一起，白城是繼河北邯鄲之後，中國又多了一個成語的故鄉，非常珍貴。

乾隆題匾

　　坐落在通榆向海自然保護區境內的香海寺，可謂久負盛名。幾百年來，圍繞該寺曾發生很多傳奇故事，遂令其更具神祕色彩。

相傳清乾隆三十七年（1772 年），
乾隆皇帝在承德避暑山莊待了一個時
期，決意要出宮私訪。於是帶著劉
墉、和珅等三十四人，欲去長白山探
祖尋根。他們從承德出發，經赤峰、
奈曼旗，翻山越嶺來到通榆縣的向海
馬家營子。

▲ 大觀茶園舊照（1926年）香海寺

位於向海的青海廟高大宏偉的氣
勢使他們驚嘆：關東塞外還有如此景緻！於是乾隆一行三十四人下榻青海廟。
住持及住寺喇嘛熱情接待他們。當時因乾隆帝屬微服私訪，故沒有驚動地方官
府，吃住都在寺內，不與外界來往。飲食起居，皆遵從寺內規矩。三四天過
去，大家已釋去疲勞，乾隆便對寺內外仔細觀賞，他用了兩個時辰，繞寺院轉
了一圈，邊走邊看，心情十分舒暢，午膳時分才回寺。當他走到寺院門前，抬
頭仔細觀看寺門上的匾額「青海廟」三個字時暗想：「這青海廟的『青』字是
大清帝國的清字去了三點水，豈不是削去我大清帝國的半壁江山，這還了
得！」於是他命和珅叫來住持，並取來文房四寶，說道：「這裡可謂是山鄉水
鄉魚米之鄉，福地聖地興隆之地，這青海廟就改叫『福興廟』吧！」說完，大
筆一揮，寫了「福興廟」三個大字，貼到了青海廟的匾額上。此後，青海廟就
叫「福興廟」了。乾隆改了青海廟的名字，覺得釋去了心中一個塊壘，心情更
加舒暢，隨即又乘興吟詩一首：

雲飛鶴舞，綠野仙蹤。
福興聖地，瑞鼓祥鐘。

據說後來該寺失火，一切皆被燒燬。不知何年，又有人在原地建起了一座
新寺，依然香火繁盛。因「日日香菸繚繞，瀰漫如海」，故又得名「香海寺」。

一九四五年蘇聯紅軍進駐寺廟，解放喇嘛。一九四六年設定向海區，更名為「向海廟」。一九五二年土地改革拆除了部分殿堂，到了二十世紀七十年代，該廟逐漸損毀。

▲ 香海寺神樹

　　十一屆三中全會後，向海廟得以重建。中華佛教協會主席趙樸初先生為該廟題寫匾額「香海寺」。現在的香海寺坐北朝南，山門的格局是三門並立，以象徵佛教的「三解脫門」。院外建有千佛殿、天王殿、觀音殿、大雄寶殿、三聖殿等多重殿。在大雄寶殿後五十米，矗立著一尊高六點九米的阿彌陀佛像，規格宏大，氣勢雄偉。

▲ 香海寺外景

巴特爾避難香海寺

　　嘎達梅林起義失敗後，其先鋒官巴特爾單槍匹馬逃出重圍，躲過亂軍追殺，輾轉逃到向海。穿過片片榆林，早已盼望到達的這座寺廟，真的就出現在了眼前。巴特爾對這廟宇很熟悉，因為

早年他曾隨嘎達梅林來過這裡，
於是便翻身下馬，欲進去避難。
但由於天色已晚，廟門早已緊
閉，加之巴特爾已是疲倦得沒了
半點兒力氣，便爬到他當年拴過
馬的那棵老榆樹旁一頭栽倒沉沉
睡去了。

　　睡夢中只見兩個仙姑端著熱
氣騰騰的飯菜款款來到他的面前。細一端詳，原來是嘎達梅林的兩個妹妹。飢
渴難當的巴特爾也顧不上打聽嘎達梅林的去向，接過飯菜就狼吞虎嚥地大吃大
嚼起來。兩個仙姑等他吃完便收拾了盤碗，臨行前囑咐他好生休息，於是他就
又倒頭酣酣地睡去。

　　一覺醒來，天已經大亮了。巴特爾一骨碌爬起來，夢中的經歷記憶猶新，
定睛一看，原來嘎達梅林兩個妹妹站立的地方竟然是兩棵榆樹。他驚奇萬分，
心想：「這一準是嘎達梅林知道我逃到了這裡，專門把兩個妹妹派來送飯，才
救我不死。」巴特爾不禁悲從中來，感念不已。從此他就在這廟裡剃度為僧，
並通過化緣在這兩棵榆樹旁為嘎達梅林建了一座塔，作為「衣冠塚」，再把嘎
達梅林贈給他的戰袍、戰刀和馬鞍都珍藏進塔內，取名「梅林塔」。他還常常
守塔打坐，閉目誦經。後來巴特爾就圓寂在香海寺，再後來，「梅林塔」因年
久失修，漸漸地在風雨飄搖中頹塌毀掉了。

抗日名將莅廟賦詩

　　抗日戰爭期間，東北抗日名將李兆麟將軍在與日寇周旋作戰中，曾經過此
廟，聽了廟內住持講述完巴特爾為嘎達梅林建塔守塚的感人故事蹟後，還題詩
一首：

　　嘎達梅林征朔方，此地留有拴馬樁。

椿左曾建梅林塔，塔毀人空事可傷。

險時容留革命後代

新中國成立後任國家政協副主席、中共中央統戰部部長的烏蘭夫參加革命後，在南征北戰和白色恐怖中根本無暇保護身邊弱子，他的兩個兒子布赫和烏可力為躲避反動勢力的追殺，不得已而亡命他鄉，輾轉躲進了香海寺。廟內喇嘛得知兄弟二人的真實身分後，冒著生命危險，祕密將他們收留，從此好生照顧。於是兄弟二人隱姓埋名，在廟內住了一年，一直等到形勢好轉後，才與對他們有救命之恩的喇嘛們戀戀不捨地灑淚而別。

兄弟倆告別香海寺後，雖然因水遠山遙而很難再來這裡，但始終對香海寺和這裡的喇嘛懷著一顆念念不忘的感恩之心。一九四四年冬，烏可力去蘇聯時路過白城，又專程繞道百里來香海寺拜訪，並在此住了一夜。五十餘年後，烏可力還是沒有忘記這個救過他命的地方，一九九八年，他還帶著哥哥布赫的重託，在耄耋之年又重訪了香海寺，並在寺外找到了他當年拴馬的那棵老榆樹。

公主廟的傳說

這裡說的公主廟，指的是建在大清太祖努爾哈赤從子恪僖貝勒固倫之第二女和碩公主肫哲陵寢上的陵廟。

傳說在建廟之前，當地有位年愈八旬的老太太，逢人就說她做了一個公主顯靈的夢。說有一天夜間，她躺在炕上翻來覆去怎麼也睡不著。一直到後半夜睡著後卻做了個稀奇的夢，夢見一個公主頭戴鳳冠，身著鳳袍，長得莊重俊秀，慈眉善目，一副菩薩模樣，騰雲駕霧而來。老太太邊向公主打躬作揖，邊壯著膽子說：「公主你從天上來，一准就變成神靈了。」於是就祈求她為這裡的百姓降福。只見公主微微點了下頭，接著用手向大江一指，江水就碧波翻騰，金色鯉魚躍出水面。又向大地一指，莊稼立刻變得一片金黃……老太太急忙叩拜謝恩，公主微笑著乘風而去。

夢醒後，這老太太就在心裡嘀咕著，再也睡不著了。一骨碌起得床來，跑

出屋外，逢人就說：「公主顯靈啦！公主顯靈啦！」

　　聽者有的點頭稱奇，巴望在神仙的保佑下能過上好日子；有的則搖頭不信，說是老太太老糊塗了說夢話，反正都有些將信將疑。可是從此以後，還真是靈驗，只見地裡的莊稼越長越壯，河裡的魚蝦也越長越肥。這一年到頭果然是魚碩糧豐，比哪一年的收成都好。

　　夢，終究是夢，日有所思，夜有所夢。自從公主葬在這裡，人們時時想起公主的身世和命運，儘力地編織著和她那美麗的形象相媲美的神話。相信她會化為神仙庇護這一方百姓，也願將她奉為神祇，讓她享受人間香火的同時，也讓百姓們多一種精神上的寄託。這大概便是修建公主廟的起因吧？

　　公主廟的具體建造時間已不可考。在人們的記憶中分為前後兩殿，有牆圍成一個長方形的大院落。前殿是磚木結構，三開間，當中立朱紅雙扇門，兩邊各有一八角雲櫺木窗。屋脊鑲有小走獸，飛簷掛有風鈴，屋頂鋪著青色筒子瓦。殿內不設神位，繞過前殿，再登上六級台階便可步入正殿。正殿為五開間，全部為木槅扇，等距夾有木柱。進門正面鋪有拜墊，壇上擺香爐鐘磬等。北牆正中懸掛一巨幅絹帛的和碩公主畫像，容貌娟秀，面如敷粉，通身衣袍和冠帶頭飾皆為滿人貴族打扮，表情坦然地懷抱琵琶坐在蓮花座上，頗有昭君出塞風範。公主像的東側供奉一尊泥塑千手觀音，體態豐滿，一張善面。佛眼微睜，手持法器。東山牆上懸掛著一大幅布質彩繪關公畫像，臉如重棗，身著戰袍，儀態威嚴。西山牆的最高處也是一幅畫，但常年用藍綢遮掩，相當神祕，外界無人知曉圖中內容。

　　從廟的建築結構、材料、工藝、風格和廟內神像、壁畫及各種陳設看，明顯地體現了漢、蒙、滿文化的融合，特別從公主懷抱琵琶坐在寶座上的畫像看，無論從構圖形式還是從用筆設色等技法上研究，明顯看出中原文化藝術的特點，還有些許佛教唐卡藝術的影子。

　　據說公主廟自建成以來，求財祈福、抽籤問卜的善男信女總是絡繹不絕。直到清光緒二十六年（1900年），沙俄匪兵盜墓後，幾聲驚天動地的炮響，那

莊嚴肅穆的公主廟，連同公主陵園，便一起消失在罪惡的硝煙之中了。

老坎子與「扳倒王」的傳說

提起嫩江老坎子，出名就出在這一個「坎」字上，先得從一個不愉快的故事「半道亡」講起。

相傳，滾滾嫩江呼嘯而來，當繞到大賚城東時，因地勢所導，水勢不急，水流也不深，江面和城內的街路幾乎在一個平行線上，既沒有什麼溝，也沒有什麼坎。因為這條江出的魚多，所以這裡的人們世世代代以捕魚為生。真可謂世世悠然自得，人人其樂無窮。

▲ 白城草原的雄鷹

遠在東海有一個人說人怕的怪物，叫「魚鷹王」，其體型龐大，似鷹非鷹、似鯨非鯨，竟日以魚為食。這魚鷹王落地時像一座黑山隔路，飛起時如一團烏雲蔽日，方圓幾十里的範圍都黑壓壓陰森森的。因其喜歡晚上捕食，所以白天很少有人看見。再加上此物性情凶猛，心地不善，尤其那血盆大口更是威力無窮，啄一啄就能形成一道深谷，啄兩啄就能形成一片大湖，所以周邊百姓總是談鷹色變，避之唯恐不及。但這魚鷹王卻有個致命的弱點，就是只要雙腳朝天超過半個時辰，必死無疑。

魚鷹王有次聽說嫩江的魚味奇美，欲嘗其鮮，便晝夜兼程向嫩江飛來。自朝至暮，掠過遼東，不吃不喝地一氣飛到這裡。剛一落地便把那張巨口一下子插進水裡美美地大吃大嚼起來，不一會兒就把這段江槽啃凹下去，給江岸鑿出了一道三四丈深的坎壁。

第二天早晨，漁民們像往常一樣出江打魚。到江邊一看，一夜之間竟然多出了一道壁立數丈的坎子，甚覺奇怪。站在坎頭，俯視坎底，望著這麼深的懸

崖峭壁不禁人人生畏。就是有三頭六臂也過不去的，可還得靠捕魚生存呀！於是岸上的漁民們聯合起來，往坎下填土、扔石，終於墊出了一條由上而下的小道通到江邊，又重新開始了打魚生活。

陰險的魚鷹王把這一切都看在了眼裡，心想：「你們不來敬我拜我，反倒截我食路，哼，走著瞧吧！」於是悲劇又開始了。從此以後，每天出江打魚的第一個人準會走在這條道一半的位置上脖子流血而死。後來人們就無奈地把死人的那條道叫「半道亡」，很多人被迫放棄了漁業。可時間一長，人們的生活成了問題。漁民中的一個長者見此情景，憑著多年的經驗，判斷肯定是魚鷹王所為，便把大家聚到一起，研究出了一個主意。第二天凌晨，先是派一個人裝作打魚的樣子仍然順著「半道亡」往江邊走，四處樹叢中則早已藏好了近百名青壯漁民，拿著刀斧鉤叉、棍棒繩索，單等那魚鷹王的出現。

就在假裝的打魚人剛剛踏上「半道亡」的時候，毫無防備的魚鷹王果然從遠處飛來，落到坎上，還沒來得及行兇，就突然被一張大網結結實實地罩住。說時遲，那時快，埋伏在四周的青壯漁民一擁而上，吶喊一聲，合力把魚鷹王仰面朝天扳倒在地，並死死地將其雙爪架在半空，把頭和兩翼牢牢捆住。這魚鷹王儘管是個龐然大物且力大無比，但畢竟雙腳朝天接不著地氣。半個時辰後，果然就一命嗚呼了。

「魚鷹王扳倒啦！」人們歡呼雀躍，奔走相告，重新恢復安寧愜意的漁業生活。為紀念這一特大喜事，人們便把原來的「半道亡」改成了「扳倒王」，而這一充滿驚悚意味的故事則在嫩江兩岸世世代代地口耳相傳。

老道溝名字的傳說

老道溝位於白城境內洮南市東北端一百五十千米處的胡力吐蒙古族鄉的九頭山下。

相傳很久以前，八仙之一的張果老參加王母娘娘的蟠桃盛會之後，於返回途中，在領略大興安嶺山脈雄偉氣勢之時，感到此地風景絕妙，不可多得，於是便流連於群山溝壑、花草樹木、珍禽異獸之間，遊歷數日不忍離去。直到如

今，九頭山坡的大塊岩石上，還留有張果老坐臥的印痕和他坐騎的驢蹄印數枚，此地因而得名「老道溝」。

另據史料記載，一百多年前，從武當山來了一位遊方道士，自號玉虛真人。他十分迷戀此地山清水秀的景色，於是便在九頭山頂修建起一座石砌道觀，並在此煉丹修術，傳經布道，還常為當地百姓祛病消災，保一方平安。後來百姓為了紀念這位道人，便把九頭山東坡這一帶稱作老道溝。

其實老道溝一帶是古代北方少數民族的游牧地，有溝溝壑壑、山山嶺嶺，也有平原和水泊，人稱「敖包」的牧人標記隨處可見。「棒打狍子瓢舀魚，野雞飛到飯鍋裡」是那裡原始生活、原始生態的真實寫照。

沿著玉虛真人當年開闢的山路拾階而上，老道溝風景便盡在眼前。蒼翠欲滴的濃蔭中，樟子松、小山楊、山裡紅、蒙古黃榆、山杏等形態各異的樹種雜

▲ 老道溝

然相擁，野雞、沙半雞、山兔、狍子等野生動物出沒其間，雄健的山鷹、碩大的禿鷲凌空飛翔。

穿越老道溝，登臨九頭山頂，垂首俯瞰，一片奇異景色映入眼簾：溝谷中雲煙縹緲處便是一座座美麗的村莊，它們在織錦般的植被襯托下，在裊裊炊煙的籠罩中，若隱若現，既如海市蜃樓，又似蓬萊仙境。

皇姑攜手牛尾巴郎的傳說

嫩江自大興安嶺的伊勒呼里山發源，穿密林，越平原，流至今松原境內的三岔河便直入松花江。而流經白城的一段江面，江水平曠，水流緩慢，溝汊縱橫，泡沼連綴，水肥草豐，江內有三十多種魚，而其中有兩種特殊的魚，一種叫皇姑，一種叫牛尾巴郎。

傳說皇姑魚是天上玉皇大帝的一個女兒變的，皇姑過膩了天宮裡的生活，有一次就偷偷逃出天宮來到人間。當她降落凡塵一看，到處綠草如茵，百花盛開，五穀豐登，六畜興旺，人們過著耕讀傳家的幸福生活，很是羨慕。她走到嫩江岸邊，看到一個年輕帥氣的放牛郎正在放牛，牛兒安詳地一會兒在草地上吃草，一會兒踱到江邊喝水，放牛郎則悠閒地臥在樹下，嘴裡銜著一枚草葉，竟然奇妙地吹出一首首悠揚而又動聽的樂曲。皇姑躲在小樹叢裡偷看，偷聽，真是越看越愛看，越聽越愛聽，於是便對放牛郎產生了愛戀之情。

玉帝得到女兒私自下凡的密報，龍顏大怒，一掌擊向嫩江。頓時，大地震顫，洪水氾濫。皇姑一時間竟惶惶然不知往哪裡躲。這時，她彷彿聽見一隻蛤蟆說話：「快攘那放牛郎，拉住他，他就是你的郎了。」皇姑隨即向放牛郎奔去，可轟的一個大浪打上岸來，把放牛郎和那頭牛都捲進了江裡。皇姑一下子撲過去，沒能拉住放牛郎，卻拉斷了牛尾巴。皇姑放眼追望，只見一片汪洋，放牛郎不見了。皇姑放聲大哭，握著那隻牛尾巴，向著江水「郎！郎！」地呼喚著，最後也一頭紮進了洶湧的波濤裡。

風平了，浪靜了，只見水面上互相追逐著兩條金光閃閃、不同尋常的魚，一條叫皇姑魚，一條叫牛尾巴郎魚。從此，它們就永遠生活在這條江裡，並生

生不息地繁衍著子孫後代。

　　這兩種魚的樣子的確特殊。牛尾巴郎魚狀似鯰魚，但沒有寬大的尾鰭，通體呈金黃色，真的如牛尾形狀，成年魚重約一斤，但市場上很難見到，因此非常珍貴。皇姑魚體貌也很特殊，身體呈梭形，體表白中泛黃，鱗片間雜有金星。此魚製成罐頭後口感更佳，如今在香港極為暢銷。

鶴龍匯的傳說

　　從白城市區西南部出城入洮白一級公路，前行八千米，矗立著一座水利配套工程——陽山節制閘。就是在這個建閘的位置，歷史上還曾有過一個美麗的傳說。

　　傳說白城及其周邊地區，在上古時代是一片汪洋大海。天宮有個黑魚怪因在蟠桃會上犯下大罪而逃到這裡興風作浪，使附近一帶的打魚人朝夕不得安寧。王母娘娘便派出瑤池的銀鶴仙子和金龍護衛下凡追捕。可他們來到人間一看，出現在眼前的早已不再是那一片汪洋，海水不知何時突然退去，整日黑風捲著黃沙漫天飛舞。海底的沙床裸露無遺，到處舟船擱淺，檣傾楫摧，成了一眼望不到邊的不毛之地。百姓的生活更加艱難了。有好多人家已拖兒帶女遠走他鄉。善良的銀鶴仙子不忍看到眾生遭受如此的苦難，便拔下自身的羽毛在地上一掃，綠浪滾滾化作了萬頃草木，黑風也停了，飛沙也住了。金龍護衛在銀鶴仙子的感召下，也忍痛揭下鱗片，向天上一揚，一朵烏雲頓時飛來，下起了滂沱大雨，很快就聚成了一條波濤滾滾的撻魯河，也就是今天的洮兒河。從此後，這裡的水草變豐美了，土地變肥沃了，百姓們又恢復了和諧安定的漁獵生活。

　　然而，當銀鶴仙子和金龍護衛追捕到黑魚怪並將其捆赴瑤池時，由於他們化鶴羽為草木和化龍鱗為河流之舉事先沒有得到王母娘娘的懿旨，而且王母娘娘還發現他們之間有曖昧之情，一氣之下，便把銀鶴仙子和金龍護衛連帶黑魚怪一同貶到人間受苦。

　　不知在哪一天，這片科爾沁大草原上突然搬來了一家姓銀的農戶，夫妻二

人抱著出生不久的女兒住進了一座牧人遺棄的氈房，並早出晚歸地掄鎬揮鋤，開墾出了這片草原上的第一塊農田。漸漸地，他們又和當地的漁民和牧人們交上了朋友，於是氈房裡便經常傳出婉轉動聽的歌聲和歡笑聲，也飄出奶茶和美酒的芳香。

科爾沁大草原的肥沃和撻魯河的甘洌，不但孕育出年復一年的好收成，也使銀家的女兒銀鶴姑娘出落得如花似玉。一天傍晚，有個年輕健壯的名叫金龍的蒙古族後生騎馬路過這裡，被坐在氈房旁的銀鶴姑娘的動人美貌和低吟淺唱的歌聲所吸引，就在馬上邊走邊唱起了深情的牧歌：「她的雙眸如明澈的撻魯河水，在星光下也會閃亮。她的歌喉如歡快的百靈，白雲也會停下來聽她歌唱。她的心地如皎潔的明月，慰藉著草原上孤寂的氈帳。」並信手從腰間摘下一把小巧的尖刀投到姑娘面前的草地上後揚鞭離去。從此，一個騎在馬上的雄健的背影，就深深留在了銀鶴姑娘的心中。

其實，有一夥強人早就覬覦著銀鶴姑娘。原來在押解黑魚怪下凡時，由於銀鶴和金龍的一時疏忽，黑魚怪逃去了，現在它變成了一匹凶惡的黑狼，經常與這夥強人為伍，殘暴地殺人劫財。因為撻魯河水只給善良的人們造福，所以它在水邊待得極不舒服。它更垂涎銀鶴姑娘的美貌，於是就在一個月黑風高的夜晚，夥同這夥強人不僅把銀家的財物洗劫一空，還搶走了銀鶴姑娘。

金龍聽說後非常憤怒，就召集草原上一群勇敢而強悍的青年，順著足跡找到了黑狼的巢穴。此刻，恰逢黑狼逼迫銀鶴姑娘與其成親，銀鶴誓死不從，並瞅準機會用暗藏在腰間那把金龍贈給的尖刀，一下刺中了黑狼的左眼。黑狼惱羞成怒，雙手狠命地掐住了銀鶴的喉嚨。當金龍他們殺散正在飲酒作樂的強人並闖進洞穴砍死黑狼時，銀鶴姑娘那雙緊緊握著尖刀的手早已冰涼僵硬了⋯⋯

金龍流著淚抱著銀鶴姑娘回到了草原，並把遺體葬在了自己的氈房旁邊。從那以後，每天夜晚總會有嗚咽的馬頭琴聲伴著撻魯河慘澹的流水聲在草原上飄蕩，經常聽得長夜難眠的牧民們流淚到天明⋯⋯

王母娘娘知道了此事，為徹底消除金龍對銀鶴的眷戀之情，撒下一道閃

電，把金龍變回龍身投到河裡，讓它漂流到天邊，使銀鶴的香魂只能與金龍隔著遼闊的科爾沁大草原而遙遙相望。

從此，豐茂的草原逐漸消瘦，風沙旱鹼日益嚴重。草木枯萎了，人們自然為尋生路而再一次遠走他鄉，大地就一天天變得更加荒涼。

一天，一位年長的老者對不願離開故土的人們說，只有讓金龍與銀鶴重新相會，才能給這塊土地找回重生的希望。於是勤勞的人們開始在這裡開關河道，從春挖到夏，從夏挖到秋，終於開關出東西和南北各一條河道，引撻魯河水與銀鶴姑娘的那座香塋重新相會了。

一個月明星稀的夜晚，有人遠遠見到在兩條河道的交匯處，有一隻白鶴與一條金龍在月光下翩翩起舞。從此，這片草原又恢復了生機，五穀豐登，牛羊肥壯，漁歌悠揚，到處都是一片欣欣向榮的景象。

後人為了緬懷金龍和銀鶴除暴安良的壯舉，紀念他們忠貞不渝的愛情，在他們相會的地方修了一座涼亭，名叫「鶴龍匯」。願金龍和銀鶴永遠廝守在這片神奇的土地上，庇護這裡的人們永遠享受著幸福美好的生活。

神鷹的傳說

綿延起伏的大興安嶺，猶如婀娜多姿的少女一路逶迤走來，路經古城洮南，與浩瀚遼闊的科爾沁草原相約。深情的依偎廝守，孕育出了風景怡人的昂岱山、鬧牛山。兩山皆在今洮南境內。其山雖不甚高，其峰也不甚險，但卻有著十分誘人的美麗傳說。

昂岱山，位於古城洮南那金鎮境內，屬大興安嶺餘脈。昂岱，蒙語意為獵物，一說為狐狸。昂岱山的南坡，有一常人很難攀登的陡峭處，幾塊巨石錯落覆蓋著一神祕的洞穴。傳說很久很久以前，有一條大蛇不知從何而來，盤踞在此，開始餐風飲露，修仙練道。但由於它意難守正，禪心不牢，一千年後沒有成仙，卻修成了蛇妖。

這蛇妖修成之日，洞中黑煙瀰漫，山頭現出藍光，幾十里外都能看見。只因它未修成正果，自然專幹壞事，常常晝伏夜出，吞噬六畜，騷擾村莊，惱怒

時還會攝人魂魄，當地百姓苦不堪言。據曾經見過蛇妖的人講，其目光慘慘如閃電，搖尾沙沙似山風，吐舌迅迅賽利劍，噴氣嘶嘶起陰風。它還曾變為人形遊走四圍的村莊，要求每年五月初三必獻一童女，否則方圓百里的人就是逃到天邊也會得瘟疫而死。從那以後，百姓懾於淫威，只能每年乖乖地按時進貢，才得以世代苟活。

為救民於水火，也曾有自稱法術高超的大師與蛇妖鬥法，時而張大網、挖陷坑、設暗器，時而披髮裸身、踏罡佈陣，或以黃酒瀝劍，或用黃符壓石，或念動真言求天神下界以祛禍禳災，但最終也沒能鎮住蛇妖，反每每遭蛇妖噴芯中毒，吐血而亡。

又是一年的五月初三，天陰陰的。百姓們準備好了貢童，燃起香燭正打算上山的時候，只見天邊飄來一片鑲著金邊的雲朵，接著就是一陣瓢潑大雨。半個時辰後，雨停了，天晴了，從金邊雲朵中飛出一隻金眼神鷹，落在村口，對著準備上山的隊伍點了三下頭，啄了三下地，扇了三下翅膀，掉頭就直向蛇洞飛去。人們當然很好奇，紛紛跑去觀望。此時，只見那山頭時而藍煙騰起，時而金光四射。原來是金眼神鷹與蛇妖鬥起法來。經過九天九夜的搏殺，神鷹終於啄死了蛇妖，並占據了此穴，從此為這方百姓帶來了永久平安。

多少年過去了，人們上山時，還常見有老鷹圍繞著洞穴飛出飛進，從此就叫它「老鷹窩」了。每當春暖花開時節，蜂舞蝶飛，百鳥啁啾，滿坡的野杏花朵朵怒放，紅如火，粉似霞，白若雪，馨香馥郁，沁人心脾，也為這留有傳奇故事的老鷹窩平添了幾分神祕色彩。

神牛的傳說

從洮南市區出發，向西北驅車一百六十千米，便來到了風景宜人且久負盛名的鬧牛山景區了。鬧牛山屬大興安嶺西南麓餘脈，海拔六百六十一點四米。這裡群山環繞，峰巒起伏，景色優美。

鬧牛山原名樺樹山，因漫山遍野長滿樺樹而得名。早些年，山上林深草密，是虎、鹿、獐、熊、豬等野生動物的樂園。山腳下不遠處有一座小村，也

因山而得名，叫樺樹村。這裡原來非常貧窮，有一天，突然從山上下來一頭健壯無比的野牛，每天都到村旁的河邊飲水，村裡人只是覺得它較一般的牛略顯高大凶悍。

這一天，有個雲遊道士路過此地，看出了端倪。他遠遠指著那頭牛對村裡人說：「那可是頭寶牛，如果把它抓住了，你們大夥兒就富了。」鄉親們趕緊湊過來問要怎樣才能抓住它。道士說，要抓住寶牛不難，但要先把這村名改為「鐵樁子」，意思要先用村名拴住寶牛的魂魄。村裡人當即請示了村中耆老，同意改了村名。

可就在改名後的第二天，村裡人正摩拳擦掌，等待看道士抓牛時，那頭牛卻像蒸發了一樣，再也不見蹤影。

見村民一個個垂頭喪氣的樣子，道士說：「不要緊。」然後從隨身攜帶的葫蘆中倒出一粒瓜籽，告訴大家：「我把這瓜籽種在你們這裡，要好生蒔弄，待出芽長大直到秋天，一準能結五個瓜出來，但是你們誰也不能動它。必須等我返回親自摘下來，那時候就能用瓜來幫你們抓牛了。切記！切記！」道士種下瓜籽後便揚長而去。

幾天過去了，果真從土裡鑽出了兩片綠芽。村民們不敢怠慢，又是施肥又是澆水。就這樣，在眾鄉親的呵護下，那綠芽便一天天長葉、爬蔓、開花。到了秋天，瓜秧上果然結了五個圓圓的瓜。於是村民們望眼欲穿地天天盼著道士的歸來。可一直等到秋去冬來，天上飄起了雪花，道士也沒回來。大家合計著怕把這瓜凍壞了，就一個一個摘下來了。

剛摘下不久，道士就回來了。他聽說此事，大吃一驚，說這瓜是神瓜，不會凍壞的，早摘不熟。瓜不熟，力不夠，這牛就不好抓了。

事已至此，無奈的道士為了兌現諾言，第二天還是拿上五個未熟的神瓜，帶著村民直奔樺樹山。爬上山梁，下到山谷，左尋右覓，終於在一個山窪的樹叢裡找到了那頭牛。道士便和這牛閃轉騰挪地搏鬥起來，奮力用這五個瓜瞄準牛頭打去。一個不行，兩個不行，三個不行，四個不行……半個時辰過去了，

這時道士手中只剩下最後一個瓜了，村民們乾著急卻幫不上忙。道士早已累得手腳發軟，但還是再鼓餘勇，不給那頭牛以喘息的機會，終於瞅準一個空當，冒險貼近牛身，拼盡全力，把這最後一個瓜奮力砸向牛頭。這瓜真還發出了神力，竟然打掉了一根牛角，那牛痛得哞哞亂叫，四蹄狂蹬亂刨，身上放出萬道金光。忽然，牛腳下的地面裂開個大縫，寶牛隨即鑽入地縫就不見了。

大夥兒跑到近前，撿到了那根牛角，一看是金的。道士嘆著氣說：「唉！神瓜摘早了威力不夠，不然定能抓到它的。」大夥問牛逃到哪兒去了，道士說：「已化作萬寶藏於地下矣。」說完就化作一陣清風不見了。

從此，這一帶就取名「萬寶」，而山腳下的小村依然叫「鐵椿子村」，並一直沿用到現在。從那以後的每天清晨，樺樹山裡都會傳出那頭牛的痛叫聲，有時還地動山搖的，因而老百姓就把樺樹山改稱為鬧牛山了，而萬寶鎮一帶的地下也確實蘊有了金、銀、銅、鐵、煤等多種礦藏，其中煤、銅已開採近百年。看來那頭牛真的化作「萬寶」了。

▲ 鬧牛山秋色

吉林文庫 A0703A22

文化吉林：白城卷

主　　編	莊　嚴
版權策畫	李　鋒
責任編輯	林以邠

發 行 人	陳滿銘
總 經 理	梁錦興
總 編 輯	陳滿銘
副總編輯	張晏瑞
編 輯 所	萬卷樓圖書股份有限公司
排　　版	菩薩蠻數位文化有限公司
印　　刷	維中科技有限公司
封面設計	菩薩蠻數位文化有限公司

出　　版　昌明文化有限公司
桃園市龜山區中原街 32 號
電話 (02)23216565

發　　行　萬卷樓圖書股份有限公司
臺北市羅斯福路二段 41 號 6 樓之 3
電話 (02)23216565
傳真 (02)23218698
電郵 SERVICE@WANJUAN.COM.TW
大陸經銷　廈門外圖臺灣書店有限公司
　　　電郵 JKB188@188.COM

ISBN 978-986-496-277-8
2018 年 1 月初版
定價：新臺幣 460 元

如何購買本書：

1. 轉帳購書，請透過以下帳戶
   合作金庫銀行　古亭分行
   戶名：萬卷樓圖書股份有限公司
   帳號：0877717092596

2. 網路購書，請透過萬卷樓網站
   網址 WWW.WANJUAN.COM.TW

大量購書，請直接聯繫我們，將有專人為您
服務。客服：(02)23216565 分機 610

如有缺頁、破損或裝訂錯誤，請寄回更換
版權所有·翻印必究
Copyright©2016 by WanJuanLou Books CO., Ltd.
All Right Reserved　　　**Printed in Taiwan**

國家圖書館出版品預行編目資料

文化吉林. 白城卷 / 莊嚴主編.-- 初版.-- 桃
園市：昌明文化出版；臺北市：萬卷樓發
行, 2018.01
　　冊；　　公分
ISBN 978-986-496-277-8(平裝). --
1.文化史　2.人文地理　3.吉林省
674.2408　　　　　　　　107002184

本著作物經廈門墨客知識產權代理有限公司代理，由時代文藝出版社授權萬卷樓圖書
股份有限公司出版、發行中文繁體字版版權。